직장 생활
이대로 괜찮을까요?

'좋아하는 일'과 '잘하는 일'은 다르다

직장 생활

이대로

괜찮을까요?

데이브 신 지음

매일경제신문사

당신의 결정은 당신의 미래다

사람들은 묻는다.

"박사님, 좋은 직장의 기준이 뭡니까?"

"자신이 생각하는 의미와 가치에 따라 달라지겠지요."

"사람에 따라 어디에 가치를 두느냐의 차이 말씀이지요."

"그래요. 사람마다 좋은 직장 기준을 성장, 연봉, 재미, 비전, 환경, 워라밸 등에 둘 수 있겠지요."

"박사님은 어디에 기준을 두었는지 궁금합니다."

"나는 성장에 기준을 두고, '성장의 즐거움'이 가져다주는 일의 의미와 가치를 공유하려고 했습니다. 돈은 성장하면 보상으로 주어지기 때문에 굳이 기준을 설정하지 않아도 됩니다."

"저도 성장에 기준을 두지만, 지금 성장하고 있는지 잘 모르겠어요."

"성장에 초점을 맞추고 최선을 다하면, 마치 콩나물시루에 물을 주면 물이 밑으로 빠져 아무 소용이 없는 것 같지만, 그 물로 인해 콩나물이 자라요. 매일 0.1%씩 자라면 언젠가 100%가 된답니다."

"인내가 필요하다는 말씀이네요."

"그래요. 인내는 멈추지 않는 것입니다. 우리는 인내를 참고 견디는 것으로 생각하는데, 그러면 오래도록 지속할 수가 없어요. 인내는 '올바른 기회가 올 때까지 기다리는 것'입니다. 미래를 시각화하며, 행복한 마음으로 기다리지 않으면 극복할 수 없으니까요."

"요사이 사람들은 인내가 부족해 저부터도 기다리려고 하지 않습니다."

"자신이 하는 일을 사랑하면 인내할 수 있습니다. 사랑하지 않은 사람과는 한 시간도 함께 하기 힘들지만, 사랑하는 사람과는 며칠을 함께 있어도 아쉬운 것과 같아요."

좋은 직장의 기준은 남에게는 좋을 수 있지만, 나에게는 안 좋을 수도 있다. 각자 하고 싶은 일과 할 수 있는 일은 서로 다르기 때문이다. 좋아하는 것을 잘하는 것으로 착각하는 사람이 있다. 나는 음악을 감상하고 듣는 것은 좋아하지만, 누가 노래를 시킬까 봐 노래방도 안 가는 사람이다.

사람들은 좋아하면 잘한다고 생각한다. 물론 좋아하면 잘할 확률이 높다. 쉽게 말해 좋아하는 일을 하면서 '먹고사는 직업'이 될 수 있는가다. 내가 골프를 좋아한다고 해 직업이 될 수 있는 것은 아니다. 조기 축구에서 아무리 잘해도 프로에 스카웃 될 수 없는 것과 같다.

내가 좋아하는 일을 한다고 해서 좋은 직장이 아니라, 나에게 맞는 일을 하는 일터가 좋은 직장이다. 좋아한다는 것은 추상적이고 관념적인 정신세계로 적용하는 데는 다음 단계가 필요하다.

좋아하면 열심히 할 수 있다. 그러나 많은 시간을 쏟아부어서 '많은 오류'를 만들어낼 수도 있다. 그러면 본질로부터 멀어지고 '열심히 하는 것'보다 '잘하는 것'이 왜 중요한가를 알게 된다. 드러나는 오류는 방향을 바꾸라는 신호다.

손이 난로에 데었을 때 고통을 느낀다. 그것은 난로에서 손을 빨리 떼라는 신호다.

좋아하는 일을 잘하기 위해서는 생각의 방향이 달라야 하고, 목적이 달라야 하고, 가치관이 달라야 한다. 비전이 분명하면 시간이 흘러가도록 내버려두지 않는다. 하루하루 시간에 떠밀려서 살아왔다면, "멀리 내다보지 않으면 반드시 가까운 곳에 근심이 있다"는 공자(孔子)의 말을 새길 필요가 있다.

멀리서 크게 보면 주위에서 일어나는 일은 부스러기에 불과하며, 사소한 일에 매이지 않는다. 작은 일에 크게 스트레스받지 말고, 늘 바쁘다고 말하지 말라. 기회는 바쁜 사람에게 손을 내밀지 않는다. 바쁘게 살지 않으면 스스로 무능한 인상을 준다고 생각하지 말라.

나는 그대들이 퍼스트 무버(First Mover)가 되어 글로벌 시대에는 둥지만 지키는 텃새보다는 먹이를 찾아 대륙을 횡단하는 철새의 생존 본능을 가지길 바란다. 상상의 사이즈를 키우면 마음가짐부터 달라지고, 시각이 달라지고, 행동이 달라진다.

요즘처럼 치열한 취업경쟁을 뚫기 위해서는 그저 그런 스펙이 아니라 확실한 자기 브랜드가 있어야 한다. 브랜드의 핵심은 '하나의 초점'이다. 스펙을 쌓겠다면 넓고 얕은 스펙보다는 좁고 깊은 스펙이 쓸모가 있다.

"이것 하나는 내가 제일이다"라고 어필할 수 있는 능력을 보여주면 전문가로 인정받는다. 생각이 높은 차원에 머물도록 하라. 그러면 럭셔리(Luxury)한 사람이 된다. 럭셔리의 반대말은 천한 것이 아니라, '흔한 것'이다. 그대들은 평범한 것이 좋은가? 평범한 일은 누구나 할 수 있는 일이다. 평범한 것은 흔한 것이다.

평범한 일에 도전하는 사람은 아무도 없다. 흔한 일은 내가 안 해도 할 사람이 차고 넘친다. 10년 뒤, 그동안 도전해 쌓여 있는 실적과 경험이 그대들의 몸값을 결정한다. 도전하고 실패하는 것이 도전하지 않고 후회하는 것보다 낫다.

"나는 모든 면에서 좋아지고 있다"고 매일 말하면, 성공의 강렬한 열망이 우리의 잠재의식까지 스며들어 그렇게 생각하고 행동한다. 10년 뒤 나의 모습을 상상해보라. 약점이 장점으로 바뀌고, 걸림돌을 디딤돌로 만들기 위한 작은 울림이 내 가슴에 여전히 남아 있을지 생각해보라.

평범함에 길들여진 자신을 거부하는 데서부터 변화는 시작된다. 만약 '이렇게 사는 것은 아니야'라고 생각하면, 지금 변화가 필요하다는 말이다. 지난날 과거의 삶을 송두리째 부정해야만 미래가 열린다. 어릴 때 그렇게 크게 보였던 학교 운동장이 지금은 그렇게 작아 보일 수 없다. 운동장이 작아진 게 아니라 내가 큰 것이다. 이제는 전에 보았던 학교 운동장은 잊고 광활한 대륙을 볼 수 있게 높은 꿈을 설정하기를 바란다.

우리의 시간과 자원은 제한되어 있기에 원하는 것을 다 얻을 수는 없다. 지하자원이 부족하다고 해서 땅을 다 팔 수 없고, 소금이 필요하다고 해서 바닷물을 다 퍼낼 수 없는 것과 같다.

그러나 나에게 주어진 시간과 자원을 최대한 활용해 어려운 일은 쉬운 일부터, 큰일은 작은 일부터, 안 되는 일은 되는 일부터 시작하면 된다. 어려운 일을 어렵게 시작하고, 큰일은 크게 시작하고, 안 되는 일부터 시작하려고 하기 때문에 실패한다. 따라서 인생에서 성공하는 방법은 멀리 있는 게 아니라, 내 안에 있는 생각의 벽을 넘어서는 것이다.

직장의 성공은 인생 절반을 행복으로 채울 수 있다. 성공은 분명 기회를 만들어주고, 사람에게 희망을 주고, 축복해줄 수 있는 도구다. 직장 생활을 풍성히 하기 위해 물감을 아끼지 말라.

그런데 사실 중요한 것은 선택이 아니라 결정이다. 중요한 변화를 위한 선택의 기회가 찾아와도 용기 있는 결정을 내리지 못한다면 아무것도 달라지지 않는다. 나에게 필요한 변화가 무엇인지, 개혁의 대상은 무엇인지, 어떤 결정을 내려야 할지는 나만 알고 있다. 세상에 쉬운 건 없다. 근데 못할 것도 없다. 도전하라고 있는 게 청춘이다. 넘어지면 한 번 더 일어나면 된다. 누구나 설명하기 어려운 것을 설명할 수 있는 것은 도전으로만 가능하다.

자신이 생각하는 내 장점 3가지를 적어보라. 장점을 그대로 두면 약점이 된다. 장점 옆에 챌린지(Challenge)라고 적어보자. 도전하고 극복해야 할 목표라는 뜻이다. 장점에 도전하면 할 수 있는 일이 많아지고, 할 수 있는 일 중에 가장 잘하는 일을 하면 된다. 바로 그 일이 그대들의 인생을 부유하게 이끌어갈 것이다.

데이브 신

CONTENTS

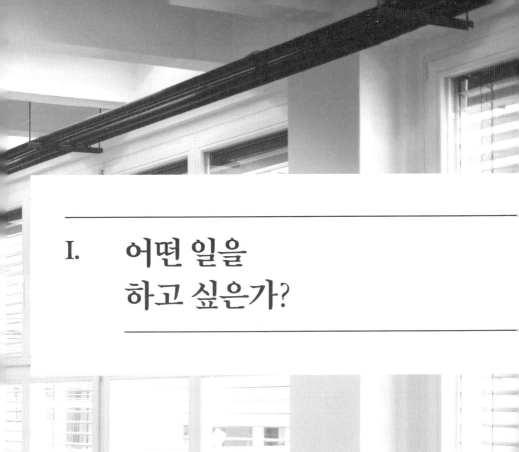

I. 어떤 일을
하고 싶은가?

좋아하는 일과
잘하는 일

진로를 고민하는 젊은이들에게 먼저 묻는다.

"좋아하는 일은 무엇인가요?"

"이 일도 좋아하고요. 저 일도 해보고 싶고요."

"그중에서 더 좋아하는 일은요?"

"음, 이것은 이런 면에서 좋고요. 저것은 저런 면에서 좋아요."

"그럼, 경험해본 것 중에서 시간 가는 줄 모르고 빠져본 적이 있나요?"

"네, 게임할 때와 웹툰 볼 때 시간이 너무 잘 가요."

"네, 좋아요. 좋은 건 좋은 거니까요. 근데 젊은이들이 그런 시기에 다 한 번씩 그런 것에 빠지지 않나요?"

"친구들도 다 좋아하지만, 특별히 무엇을 더 좋아하는지는 모르겠어요."

"게임하는 것을 좋아하면 남들이 하는 것만큼 어설프게만 하지 마세요. 적당히 하는 건 누구나 해요. 임요환처럼 프로게이머로 챔피언이 되세요."

"저는 그렇게까지는 못해요."

"그럼 게임은 취미로 남겨두고, 다른 일을 찾는 게 좋지 않을까요?"

"네, 좋아하는 몇 가지가 있는데, 잘하는 것은 무엇인지 잘 모르겠어요."

도전하지 않는 사람이 도전하는 사람보다 걱정이 많고 두려움이 많다. 산에 오르는 사람은 생각을 비우고 오르는 데만 집중한다. 그런데 산에 오르기를 두려워하는 사람은 힘들면 어쩌나, 비가 오면 어쩌나, 추우면 어쩌나, 내려올 산을 왜 올라가야 하나 걱정만 한다.

어려운 길을 작정하고 태어난 것은 아니지만 만족스럽지 못한 환경에 놓인 사람이 다수이고, 만족할 만한 환경에 놓인 사람은 극소수다. 인생을 이렇게 살고, 저렇게 살아도 힘든 것은 마찬가지다. 남들은 나보다 모두가 행복해보인다. 다만, 그렇게 보일 뿐이다. 여러분이 그 사람을 잘 몰라서 그렇다. 모두 실패에서 시작하는 것은 마찬가지다. 도전도 실패에서 시작하고, 성공도 실패에서 시작한다.

'할 수 있는 일'이 '좋아하는 일'이 되면 관심을 끌어내고, 흥미를 가질 수 있다. 좋아한다고 잘한다는 보장은 없지만, 싫어하는 일보다 시작하는 데 매우 유리하다. 흥미 없는 일은 언제 그만둘지 모르기 때문이다. 최상의 시나리오는 '좋아하는 일'이 할 수 있는 일이 되고, '할 수 있는 일'이 '잘하는 일'이 되도록 하는 것이다. 따라서 잘하는 일에 맞춰져야만 성장의 기쁨을 누릴 수 있다. 자신의 일을 잘하지 못하면서 성공한 사람은 없기 때문이다. 좋아하지 않는 일을 버텨내는 것으로는 성과가 없을 뿐만 아니라 오래가지 못한다.

좋아하는 것을 여러 개 나열하는 젊은이들이 많다. 젊을 때는 이것저것 좋아하는 것들을 해보고 싶은 것이라고 충분히 이해하고 공감한다. "그럼, 자신이 잘하는 일은 무엇인가요?"라고 물으면, 머뭇거리며 나를 쳐다보며 어떻게 말해야 할지 모른다. 일을 해보면 '좋아하는 것'과 '잘하는 것'이 어떻게 다르다는 것을 알기 때문이다. '하고 싶은 일'과 '할 수 있는 일'이 완전히 다르듯이 말이다.

잘한다는 기준이 어느 수준인지 애매모호하기는 하다. 아직 '이거다'라는 것을 찾지 못했을 뿐만 아니라, 어느 정도가 되어야 잘한다고 할 수 있는지 헷갈리기 때문이다. 좋아하는 일이 잘하는 일이 되기까지는 많은 과정이 필요하다.

처음 입사 면접을 볼 때 면접관이 "잘하는 일이 무엇인가요?"라고 물었을 때 적잖이 당황했던 적이 있다. 순간 얼마만큼 해야 잘하는 것인지 기준을 몰랐기 때문이다. 그렇다고 "못하는 거 빼고는 다 잘합니다"라고 할 수는 없었다. 그래서 엉겁결에 "그림을 잘 그리고요. 운동을 잘하는 편입니다"라고 했다. 실제로는 "그림 그리는 걸 좋아하고요, 책 읽는 걸 좋아하고요, 운동하는 것도 좋아합니다"라고 하려고 했다. 그런데 내가 잘한다고 해서 화가가 될 수준이거나 운동선수를 직업으로 할 만큼은 절대 아니다.

대부분의 사람들이 좋아하는 것은 몇 개가 생각이 나지만, 잘한다고 말하기는 뭔가 부족한 느낌이 들기에 말하기가 꺼려진다. 처음부터 좋아하는 일을 선택하고, 그 일이 직업이 되어 일터에서 능력을 발휘한다면 분명히 행운이지만, 인생이 그렇게 흘러가지 않을 때가 많다. 시간이 지나면 더 좋아하고, 더 잘하는 것이 나타날 수 있기 때문이다.

나는 입사 초기에 보고서를 작성하고, 해외 기업 현황과 경제 동향을 예측·분석하는 일이 지루해 역동적인 일이 내 적성에 맞다고 생각했다. 그래서 해외 주재원으로 나가고 싶었다. 그러나 시간이 갈수록 내 보고서가 인정을 받기 시작하고, 중요한 프로젝트를 이사회에서 브리핑까지 하게 되었다.

재능이 있다는 것을 아는 것만으로 더 공부하고, 그 일을 사랑하게 되는 이유가 된다. 20대에 좋아하는 일과 해보고 싶은 일이 많은 것은 환영할 일이다. 따라서 가능하면 다양하게 경험해보고, 최선의 방법과 최대의 결과를 만들어 낼 수 있는 것이 무엇인지 고민하라. 30대가 되면, 좋아하는 일을 다 시도해보고 결정할 수가 없다. 시간이 절대적으로 부족해 이것저것 기웃거리다가 자칫 하나도 제대로 경험하지 못할 수도 있다. 시간이 지나 40대가 되면 '하고 싶은 일'을 하는 게 아니라, 결국 '할 수 있는 일'을 하는 사람이 많다.

한 분야만 최소 5년의 경험치가 있어야만 자신의 기준점을 어느 정도 설정할 수 있다. 자신에 대해 누구보다도 정확하게 잘 안다고 생각하는데, 아이러니하게도 잘 모른다. 거짓말 같지만 이것이 사실이라는 것에 사람들은 더 놀란다. 지금까지 '그림자로 살아왔는가'라는 생각이 들기도 한다. 의외로 자신을 모르는 사람이 많다는 건 찾고, 경험하는 데 일정한 시간이 필요하다는 뜻이다. 사람들이 자신을 잘 모르는 이유는 다음과 같다.

첫째, 자기 자신에게 너무 관대해 객관적인 평가에 눈을 감는다.

남의 허물은 잘 지적하면서 자신의 허물에 대해서는 지나치게 호의적이다. 자신이 괜찮은 사람이라고 생각하지 않으면서도, 후한 점수를 주는 딜레마를 가지고 있다. 남이 하면 비난의 대상이 되지만, 자신이 할 때는 합리화가 되는 '내로남불'에서 벗어나지 못하는 성정(性情)을 가지고 있다.

둘째, 자기 자신을 누구보다 잘 알고 있다고 착각한다.

업무상의 문제는 철저히 분석하고, 객관적인 평가 자료를 내놓으면서도 자기 자신을 객관적으로 평가하고 분석한 데이터가 없다. 사람은 자신의 치부를 건드리고 약한 부분을 드러내는 것을 극도로 싫어한다. 그러나 의외로 자신에게 솔직하지 못한 부분이 객관적 평가에 나쁜 영향을 미칠 수도 있다. 우리의 공교육이 틀에 박힌 도식적인 커리큘럼인 것과도 관계가 있다. 자신을 잘 안다는 덫에 걸려 돌고 돌아 비로소 깨닫게 되는 인생이다.

셋째, 어떤 문제를 나의 관점에서 해석하는 것이 아니라, 외부에 시선을 돌려 환경 탓, 남의 탓으로 돌리는 습관을 가졌다. 살다 보면 억울한 경우가 있다. "은행 대출을 받아서 열심히 사업했는데 금리가 오르는 것이 왜 내 책임이야!" 맞다. 내가 금리를 올린 게 아니다. 그런데 나의 능력 밖의 일들은 과거에도, 지금도, 미래에도 계속 일어날 것이다. 그럼에도 온전히 나의 것으로 받아들이고 감내해야만 한다. 내게 일어난 일이 남에게도 똑같이 일어나기 때문이다. 반대로 나의 불이익이 어떤 사람에게는 반사이익이 된다. 회사에서 옆 동료가 승진하면 내가 승진하지 못하는 경우처럼 말이다. 모든 일의 원인만 따지다 보면 원망이 늘고, 사회는 불공정하다는 생각이 잠재적 능력을 소멸시킨다.

내 생각과 선택이 얼마든지 틀릴 수도 있다고 가정하면, 문제를 유연하게 해석하고 대처할 수 있다. 어떤 일을 집중해서 해보기 전에 섣부른 판단을 할 수 있고, 또 시작만 요란하고 끝이 없는 경우가 허다하다.

좋아하는 일을 선택하는 것은 연애하는 것과 비슷하다. 연애를 처음 시작하는 청춘들은 만나는 사람마다 다 좋아 보인다. 그런데 그렇지 않다는 것을 여러 사람을 만나면서 점차 비교의식이 생겨 알게 된다. 만나는 사람들이 좋아 보인다고 해서 만나는 사람을 다 사귈 수도 없고, 연인이 될 수도 없다.

결혼은 내가 좋아하는 사람이 아니라, 나와 맞는 사람과 해야 한다. 좋아하는 감정은 일시적이지만, 생각과 지향하는 가치관이 같으면 오래갈 수 있을 뿐만 아니라 장점을 이끌어주고 단점을 보완해줄 수 있다. 좋아하는 사람보다는 잘 맞는 사람과 함께해야 행복해진다. 물론 좋아하는 사람이 잘 맞는다면 더 바랄 것이 없다. 따라서 자신이 좋아하는 일을 모두 할 수는 없다. 결국, 좋아하는 일보다 나에게 맞는 일을 하는 사람이 성공한다. 좋아하는 일을 하면서 나에게 맞는 일을 선택하면 최고의 선물이 된다.

좋아하는 일도 이와 마찬가지다. 그냥 좋게만 보일 확률이 높다. 대부분의 사람들은 엄밀히 말하면 '좋아하는 일'보다는 '좋게 보이는 일'을 선호한다고 할 수 있다. 일반 회사에서 신입 직원을 여러 직종을 나누어 채용하고, 오리엔테이션이 끝나고 다시 1지망과 2지망을 받는다. 이때 지원자들이 몰리는 부서가 있다. 일하고 싶은 부서로 영업부, 총무부, 인사부, 홍보·마케팅부, 기획부 등에 지원하는 사람들을 보면 거의 한두 부서에 몰려 있다. 자신의 능력과 적성을 고려하기에 앞서 '그럴듯하게 보이는 일'을 선호한다는 것이다. 평소에 내가 어떤 일을 하고 싶었는가, 나의 적성에 맞는 일이 무엇인가는 저편에 묻히고 만다.

직장에 다닌다고 전문 직업이 생기지 않는 이유다. 직업이 없는 직장을 다니는 사람이 많다. 다시 말하면 다니던 직장을 떠나 하던 일이 바뀌어도 전혀 문제 될 것이 없는 사람들이 수두룩하다는 말이다. 누구나 할 수 있는 일은 어느 사람이 해도 일의 능률에 변함이 없다.

어느 누구나 할 수 있는 일은 사람이 바뀌어도 문제가 없지만, 직업이 필요한 일은 사람이 바뀌면 그 일을 대체할 수 있는 전문가를 구해야 한다. 직업이 바뀌는 것은 이전의 일을 접어두고 새로운 전문지식을 쌓고 경험의 시간에 적응하는 시행착오를 거치게 되어 있다.

좋아하는 일을 잘하는 일로 착각하는 젊은이들이 많다. 어떤 일이 자신에게 맞다는 것은 그 일을 좋아하느냐, 아니냐에 달려 있지 않다. 일이 힘든 것 같지만 싫증 내지 않고 지속적으로 몰입하는 태도에서 결정된다. 좋아하면 전혀 힘들지 않은 것으로 생각하는 사람들이 있다. 아니다. 똑같이 힘들다. 다만 금방 싫증이 나지 않을 뿐이다.

세상에 힘들지 않은 일이 어디 있겠는가. 다른 사람이 힘들고 어렵다고 불평할 때 그 일을 멈추지 않고 묵묵히 해내고 있다면 좋아하고 사랑하는 일이다. 긴 인내의 터널을 지나야만 잘하는 일이 완성된다. 가능하지 않은 것은 결코 지속될 수 없다.

사람들을 만나면 인사치레로 "어떤 일을 하세요?" 혹은 "어느 직장에 다니세요?"라고 묻는 것은 우리뿐만 아니라 외국에서도 마찬가지다. 그만큼 서로를 알아가는 데 필요하다는 뜻이다. 이때 회사 이름을 말하는 사람이 있다. 회사에 대한 프라이드가 높다는 뜻이다. 또 어느 회사의 어떤 파트에서 일하고 있다고 구체적으로 말하는 사람도 있다. 유명한 회사의 핵심 부서에서 일한다는 뜻이다. 또는 "샐러리맨이에요"라고 답하는 경우도 있다. 지금 다니고 있는 회사나 직업을 드러내고 싶지 않은 경우다. 현재 상태에 만족하지 못한다는 뜻이기에 더 이상은 물을 필요가 없다.

현재 자신이 하고 있는 일을 어린아이에게도 쉽게 설명할 수 있고, 꿈을 현실로 만들기 위해 한 걸음 한 걸음 내디딜 수 있는 선명한 목표를 세우기 위해 필요한 다섯 가지가 있다.

첫째, 나는 왜 이 일을 하는가(Why Am I Doing This)?
왜(Why)는 목적과 방향이 선명하다면 멈추지 말아야 할 이유를 말해준다. 목적의식을 놓치지 않기 위해 그 일에 집중하는 것이다. 지쳐 포기하고 싶을 때, '왜'는 손을 내밀어 잡아주는 동기부여의 역할을 한다. 왜 해야 하며, 왜 할 수밖에 없고, 왜 하지 않으면 안 되는지 말해준다. 만약 직장에서 목적이 흐릿하고, 방향이 불분명해 혼란스럽다면 '왜'라는 질문을 빨리 찾아라.

둘째, 지금 하고 있는 이 일이 나에게 어떤 '가치와 의미'가 있는가(What Value And Meaning Does This Work Have For Me)?

나는 가치와 의미에 대해 많이 생각한다. 내가 하고 있는 일의 가치는 어느 정도가 될까? 그리고 하고 있는 일의 의미를 어디에 두어야 하는지 생각하게 된다. 글로벌 기업은 조직 전체가 핵심 가치를 공유하고, 그 가치를 실현하기 위해 행동해왔다. 가치와 의미를 극대화해 팬덤을 만들고, 대중에게 사랑을 받고 있다. 애플은 '다르게 생각(Think Different)'하는 기업, '자유의 기치(Title Of Liberty)'로 추앙받는 기업으로 추종자를 만들어내고 있다. 사우스웨스트항공은 다른 항공사에 비해 그다지 특별한 서비스도 없는 것 같은데 어째서 특별한 사랑을 받고 있는 것일까? 세계 최초 저비용 대형 항공사로 우수한 서비스 정신과 낮은 가격으로 가성비 좋은 항공사로 꼽히는 이 회사는 무려 47년 연속 흑자를 기록하고, 고객 만족도와 직원 근무 만족도가 높기로 유명하다. 이렇게 고객의 가치를 실현하는 항공사처럼, 돈으로 살 수 없는 가치와 의미가 나에게도 있는가?

셋째, 나는 무엇을 하며 사는가(What Do I Do For A Living)?

인간은 일생 동안 가만히 있을 수 없는 존재기 때문에 '무엇을' 하며 사느냐는 매우 중요하다. '사람이 직업을 만들고, 직업이 사람을 만든다'는 말이 있다. 현대 사회는 일로 사람을 평가한다. 일을 잘하는 사람과 일을 못하는 사람, 성공한 사람과 실패한 사람으로 나뉜다. 나는 대학 때 인문학 강좌 숙제로 '내가 잘할 수 있는 5가지 일'을 찾아서 그 이유에 대해 꼼꼼하게 적었다.

그리고 내가 좋아하는 5가지 일 옆에 그 이유를 설명하기 위해 여러 장의 노트를 채워본 적이 있다. 좋아하면 할 수 있을 것 같고, 할 수 있으면 잘할 것 같았던 그때의 생각이 지금 생각하면 반은 맞고, 반은 틀리다. 잘하는 일과 좋아하는 일의 경계를 허무는 일이 있다는 데 집중하면 된다.

넷째, 나는 무엇을 위해 사는가(What For Do I Live)?

목적이 있는 삶이 아름다운 이유는 소명의식이 있기 때문이다. 사회학자 막스 베버(Max Weber)는 "모든 사람들은 자신의 소명이 있다"고 했다. 모든 사람은 각자 고유한 능력이 있고, 그 능력으로 세상이 필요로 하는 일을 하고, 자신만의 방식으로 사회에 기여함으로써 보람을 느낀다.

힘든 길을 가면서 무언가를 위해 혼신의 힘을 다하는 모습은 인간에게만 있는 '고유한 힘'이다. 인간은 누구를 위해서 살 때 보람을 느끼는 존재다. 원하는 목표에 도달하고 나서 당신이 보답할 수 있는 유일한 방법은 다른 이를 돕는 것이다. 다른 이가 원하는 것을 성취하도록 도와준다면 결국 당신을 돕는 것이다. 훗날 되돌아보면 가장 잘한 일은 자립을 돕고, 용기가 되어 주고, 이웃에게 나누며 베풀고 산 삶이고, 가장 후회되는 삶은 도움이 필요할 때 손을 내밀지 못하고, 자기 중심적으로 산 삶이다. 세상이 필요로 하는 곳에 자신의 재능을 쓰고, 배우고 익힌 것을 가까운 이웃에게 실천함으로써 자신의 가치를 증명하는 것이다.

서로가 서로를 위하지 않으면, 그 누구도 행복하지 않다는 것을 우리는 안다. 세상에 함께하는 이들이 없거나 함께하는 이들이 불행하다면, 나도 결코 행복하지 않은 공동사회에 살고 있기 때문이다. 우리는 계획부터 세우지만, 정작 '무엇에' 대한 고민이 빠져 있는 경우가 많다. 목표를 세우고 열심히 노력하는 것에 중심을 두면 플랜을 위한 플랜이 될 수 있다. '만족시켜야 할 대상은 누구인가? 무엇을 최우선 순위에 두어야 하는가? 노력의 가치를 어디에 두어야 하는가?'에 대해 치열하게 고민해야 한다.

다섯째, 나는 어떻게 해야 하는가(How Shoud I Do)?

'어떻게 접근해야 하는가? 어떤 실행 방법이 있는가? 아이디어를 어떻게 연결해 결과를 창출할 것인가?' 같은 일이라도 어떤 아이디어로 어떻게 하는가에 따라 상황이 완전히 바뀔 수 있다. 계획서는 생각나는 아이디어를 풀어내는 곳이 아니다. 아이디어만 있고 그것을 '할 수 있는 일'로 바꾸는 실행력이 없으면 메모에 불과하다. 실현 가능한 것으로 시작해서 계획대로 마무리한다는 대원칙에 부합해야 한다. 그리고 계획은 할 수 있는 것에서 시작해 다음 단계에 도전하는 것이다. 계획서를 검토해달라는 요청을 받고 살펴보면, 단계를 생략하고 장미빛 결과만 늘어놓는 플랜이 많다. 야구 경기에서도 1, 2, 3루를 차례로 돌아야 점수가 나고, 홈런을 쳐도 각 베이스를 밟아야만 홈런으로 인정된다. 억만장자가 되기 위해서는 일단 백만장자가 되어야 하는 것과 같다.

사람들은 '어떻게 해야 원하는 삶을 사는가(Remember Who You Are)'에 대한 여러 가지 방법을 제시하고 자신에게 맞는 방법을 찾기도 한다. 먼저 미래를 위해 어떤 결정을 하고, 과거 어떻게 해서 현재의 생각을 만들어냈는지 생각하면 오늘의 나를 알고 이해할 수 있다. 과거의 생각과 태도가 지금의 나를 부유하게 하고 있는가, 아니면 삶을 피폐하게 하고 있는가를 생각하면 어떻게 해야 하는지 금방 알 수 있다.

좋아하는 일에는
싫어하는 일도 끼어 있다

좋아하는 일과 잘하는 일은 4가지 유형으로 나눌 수 있다.

첫째, 좋아하는데 잘하는 일

좋아하는 일이 잘하는 일이면 가장 이상적인 모델이다. 처음부터 잘하는 일은 없기 때문에 좋아하는 일들을 먼저 해보면, 그중에 흥미를 끌고 몰입하게 하는 일이 있다. 같은 나무에서 열린 과일의 맛이 다를 수 있듯이 이전과 지금이 다를 수 있다. 재능이 빠르게 나타날 수도 있고, 서서히 나타날 수도 있다. 빠르게 재능을 발휘하는 사람이 젊은 나이에 성공을 이룬 사람들이다.

실제로 좋아하고, 잘하는 일은 '어디서', '어떻게', '누구'와 시작하느냐가 매우 중요하다. 잘하는 일은 어떤 환경에서 어디서, 무엇을 누구와 시작하느냐에 따라 완전히 달라질 수 있다. 기억하고 싶지 않은 사람이거나 열악한 환경이었다면 좋아하고 잘하는 일로 기억될 수 없을 것이다.

일이란 실제로 좋은 일, 나쁜 일이 존재하는 것이 아니라, 하고 싶은 일과 하기 싫은 일로 나눌 수 있다. 그런데 직장에서는 어떤 일이든 좋아하고, 하고 싶은 일만 계속할 수 있는 것은 아니다. 내가 하고 싶은 일을 할 때도 하고 싶지 않은 일도 일부 포함되어 있다는 것을 알고 시작해야 한다.

어떤 영화인이 칸 영화제 심사위원으로 참가한다고 하니 사람들은 "좋은 영화도 많이 보고 좋겠다"고 부러워했다고 한다. 그런데 그는 심사위원들이 "호텔 방에 갇혀서 여드레 동안 하루에 세 편씩 영화를 보는 일은 고역 중 고역이다"라고 했다. 또 칸 경쟁 부분 진출작들은 대부분 예술영화인 데다 영어 자막으로 봐야 하기 때문에 7~8시간을 보면 재미, 감동, 힐링과는 거리가 완전 멀다고 했다. 어쩌면 하고 싶지 않은 일을 어떻게 잘하느냐에 따라 성공할 수도 있고, 실패할 수도 있다는 사실을 잊으면 안 된다.

좋아하는 일을 시작하는 사람들 중에 일하는 내내 좋아하는 일만 할 것이라고 생각하는 사람들이 있다. 일이란 알고 보면 '좋아하지는 않지만 해야 하는 일'을 할 경우가 훨씬 많다. 집안일을 하는 것조차도 좋아서 하는 사람은 거의 없을 것이다.

내가 좋아하지 않으면 남들도 좋아하지 않을 확률이 높다. 내가 할 수 있는 일은 몇 가지로 정해져 있지만, 할 수 없는 일은 거의 전부다. 할 수 없는 일이 미션으로 주어졌다면, 스트레스를 받을 수밖에 없을 것이다. 따라서 그나마 '할 수 있는 일'은 불안하지 않지만, '할 수 없는 일'은 시작하기가 두렵고 불안하다.

프로그래머로 성공하고 싶다면, 개발하는 일을 좋아한다고 웹 콘텐츠 개발만 할 수 있는 것이 아니다. 알고리즘 설계, 웹디자인, 애플리케이션 개발, 모바일 개발, 시스템 분석, 데이터베이스 관리 등이 한 팀으로 구성되어 있다고 하면, 다른 분야의 개발자와 협업을 위해 버그 수정, 기능 추가, 보안 업그레이드, 테스트 등 성능 최적화를 위해 지루한 미팅을 계속해야 하고, PT 자료를 만들어 공유하고, 비즈니스도 해야만 성공할 수 있다.

좋아하는 일을 한다고 해도 매 순간이 좋을 수는 없다. 다만 '덜' 힘들 뿐이다. 좋아하는 일도 직업이라고 생각하면 싫어진다는 사람도 있다. 일을 미션이 아니라, 밥벌이로 생각하면 좋아했던 일도 의미가 달라질 수 있기 때문이다. 일에서 재미를 찾기보다는 '의미와 가치'를 찾으면 꾸준함이 생기고, 여러 사람을 유익하게 하는 기술 진보가 나를 이끌어가는 힘이 된다.

좋아하는 일을 한다고 해서 시작했는데 중간에 그만두는 사람이 많다. 왜일까? 일을 늘 취미로 할 수 없을 뿐만 아니라 일은 시간과 노력으로 성과가 나오는 작업이다. 결과물이 없고 보상이 없으면 아무리 재미있는 일이라도 지속하기가 어렵다.

좋아하는 것으로 치자면 일보다 흥미로운 것들이 많을 것이다. 좋아하는 것만을 추구하다 보면 끝에는 아무것도 없는 무지개 환상에 갇히게 된다. 올바른 직업을 가지기 위해 먼저 '좋아하는 일'을 시도해보고, 다음은 '하고 싶은 일'에 도전해보고, 그다음은 '할 수 있는 일'에 도전해보면 자신의 일을 찾을 수 있을 것이다. 직업은 생기는 것이 아니라 오랜 시간 동안 만들어지기 때문에 소중한 것이다. 결국, 좋아하는 일은 잘하는 일에 묻히고, 잘하는 일에 대한 보상이 좋아하게 되는 계기가 되어 더욱 잘하게 한다. 과거에 좋아했던 일을 지금도 좋아할 수 없는 이유가 여럿 있겠지만, 그중에 지금은 결과를 남기지 않아도 좋을 만큼의 경제적 여유가 없다는 이유도 있다.

그 사람은 '좋은 사람'이다라고 할 때 장점을 말할 뿐이지, 단점은 감추어져 있다. 따라서 어떤 사람에게는 '나쁜 사람'으로 기억될 수 있다. 반대로 '좋음'과 '싫음'의 기준이 주관적이 아니라 객관적인 태도를 유지하는, 행동이 존경할 만한 '훌륭한 사람'은 객관적 판단 기준에 따라 바뀌지 않는 것과 같다.

둘째, 좋아하는데 잘 못하는 일
중학생 딸아이를 둔 엄마가 상담을 요청했다.

"우리 아이가 아이돌 가수에 완전히 빠져 있어요. 말릴 수가 없는데, 어떻게 하면 좋은지 모르겠어요."

"재능이 있나요?"

"춤추는 것은 좋아하고 잘하는데, 노래는 좀 아닌 것 같아요."

"무엇을 하기를 원하나요?"

"가수요."

"좋아하는 가수는 누군가요?"

"트와이스요."

"어떤 그룹인지는 잘 모르지만, 어머님은 아이가 트와이스의 어떤 점을 좋아하는지 아세요?"

"노래 부르고, 춤추는 것이 멋있다네요."

"가장 정확한 판단은 전문가에게 테스트를 받아보고, 아이와 함께 상담하고 조언을 듣는 것입니다. 그리고 전문가의 의견에 따르겠다는 약속을 받고 테스트를 받으세요."

"네, 그 방법밖에는 없는 것 같네요. 설득해봐야겠어요. 감사합니다."

노래를 뛰어나게 잘하고 춤을 좋아하면 성공할 수 있는데, 핵심이 흔들리면 다른 것을 아무리 잘해도 성공하기 힘들다. 좋아하는 것을 잘할 뿐만 아니라, 하기 싫은 것까지도 잘해야만 진정한 엔터테이너가 될 수 있다.

좋아하면 잘할 수 있을 거라고 생각하는 젊은이들이 의외로 많다. 완전히 틀린 말은 아니지만, 그렇다고 완전히 맞는 말도 아니다. 좋아하는 것은 '생각의 세계에 머물러' 있고, 잘하는 것은 '생각이 행동으로 표현되는 능력'을 말하기 때문에 생각과 능력을 혼동하면 안 된다.

새장에 갇힌 새는 푸른 창공이 얼마나 높고 넓다는 것을 알지만, 날 수 있는 능력이 없다. 당연히 푸른 창공이 존재한다는 사실이 아무 의미가 없다. 자신이 좋아한다는 이유 하나만으로 그 일에 매달리면, 자신이 잘하는 일이 얼마나 값지고 소중한 일인지도 모르고 죽는다.

나는 연구하고, 분석하고, 글 쓰는 것을 좋아하지만, 특별히 재능이 있어 글을 쓰는 것이 아니기 때문에 작가로 밥벌이를 하겠다는 생각을 단 한 번도 해본 적이 없다.

셋째, 좋아하지 않는데 잘하는 일

이 경우는 종종 있는 케이스다. 좋아해도 잘하기가 쉽지 않은데, 좋아하지 않으면서 잘하기란 쉽지 않다. 그러나 처음에는 싫었지만, 나중에 좋아질 수가 있다. 환경이 바뀌고, 리더가 바뀌면 얼마든지 있을 수 있는 일이다. 실제로 좋아하는 일도 반복을 거치면서 조금씩 숙달되는 것이다. 보통 사람들은 자신이 한 번도 경험하지 않았던 일을 되도록 멀리하려고 한다. 자신감이 없으니 자연히 피하게 된다. 그래서 남들이 해보지 않은 일을 하고, 남들이 가지 않은 길을 간다는 것은 대단한 용기가 필요하다.

두려워서 시도하지 않는 것이 아니라, 시도하지 않기 때문에 두려운 것이다. 나는 다니던 회사의 임원일 때 50세에 유학을 결정하고, 떠날 날이 다가오니 여러 두려움이 몰려왔다. 먼저 부모님을 비롯한 회사와 동료들의 만류에 나의 섣부른 판단이 아닌가 흔들리기도 하고, 두려움이 몰려와 잠을 설치곤 했다. 주변에서는 50세에 유학을 떠나면 언어가 안 되는데, 엄청난 과제를 어떻게 소화하며, 젊은 친구들과 체력 면에서도 경쟁이 쉽지 않다고 만류했다. 유학하면서 불면증과 위장병으로 고생할 때, 그때 만류하던 분들의 충고를 듣지 않았던 게 얼마나 어리석은 짓이었는가 후회하기도 했다.

수업 중에 "인생에서 한 번은 자신을 벼랑 끝에 세워야 할 때가 있다"는 미국 교수님의 이야기를 듣고 '바로 지금'이라고 여겼다. 교수님은 자신을 벼랑 끝에 세우지 않았던 사람이 크게 성공한 경우를 본 적이 없다고 하셨다. 모든 상황이 녹록하지 않았고, 후회도 했지만 지금 생각하면 가장 잘한 일로 기억된다. 만약 두려워 시도하지 않았다면, 지금은 도전을 두려워하며 남들만큼만 사는 게 목표가 되었을 것이다. 도전하지 않으면 이룰 수 있는 게 하나도 없다.

우리가 멀리하려고 하는 것도 실제로 지식이 부족해 기피하는 것일 수 있다. 우연한 기회에 잘하게 되면 좋아하게 되고, 설렘을 느끼게 된다. 우리 직원 중에 10년 이상 한 일보다 새로 시작한 일에 훨씬 더 몰입하고 잘하는 직원이 있다. 젊은이들은 여러 가지 일을 경험할 수 있으면 의외로 진정 좋아하고 잘하는 일을 발견할 수 있다.

그러나 이 일 저 일로 많은 시간을 보내면, 한 가지 일에 몰입할 수 있는 절대적 시간이 부족하기에 대기만성(大器晚成)할 수 있는 기회도 놓칠 수 있다. 자신을 정확하게 탐색하고, 가진 능력을 효율적으로 작동하도록 만드는 것도 큰 능력이다.

넷째, 좋아하지 않는데 잘 못하는 일

싫은 일은 당연히 능률이 오르지 않을 뿐만 아니라 집중되지 않는 것이 정상이다. 싫은 일을 계속하는 것처럼 고통스러운 것은 없다. 시지푸스가 신들을 속인 죄로 고통스럽게 돌을 밀어 올리는 일을 반복해야 했던 것처럼 고통스럽다. 문제는 하기 싫은 일을 시도도 해보지 않고 섣부른 결론을 내리는 것은 경계해야 한다. 싫어서 잘 못하는 것인지, 잘 못하기 때문에 싫어하는지, 이 둘 중에 하나는 정답이다. 정해진 결과를 가지고 흑백으로 단정 짓는 것은 위험한 발상이다. 일을 하다 보면 좋은 일, 싫은 일의 경계가 흐려진다. 모두가 해결해야 할 과제일 뿐이다. 좋아하는 일을 하기 위해서 싫어하는 일들을 돌파해나가지 않으면 목표에 도달할 수 없다.

내가 싫어하는 일을 남에게 떠넘길 수도 없다. 만약 싫어하는 일을 주저 없이 할 수 있는 사람은 그 어떤 일도 잘할 수 있는 역량이 있다고 할 수 있다. 사람들은 일을 좋아한다고 하지만, 실제로 일하고 싶어 하는 사람은 그렇게 많지 않다. 우리 주위에 일하는 데 적성과 능력을 고려하고, 처지를 따질 형편이 안 되는 사람들도 얼마든지 있다. 자신이 원하지 않은 일을 하게 될 때 직업으로 일하는 것이 아니라, 단순한 생계를 위해 일하게 된다.

나는 강의에서 "여러분은 할 일이 없어 회사에서 떠밀려 나가는 사람이 되지 말라"라고 강조한다. 전문 직업이 없으면 어쩔 수 없이 은퇴를 선택할 수밖에 없는 상황으로 몰린다. 더 일을 하고 싶어도 자신을 위한 일자리가 마땅치 않거나 전문 직업이 없는 경우는 하루아침에 경제적 빈곤의 나락으로 추락한다.

일하지 않으면 안 되기 때문에 일하는 것과 자신이 좋아서 일하는 것은 근본적으로 다르다. 화가가 팔리는 그림을 그리는 것과 그리고 싶은 것을 그리는 것이 다르듯이, 예술가가 그리고 싶은 것을 그리는 것과 그리지 않으면 안 되는 그림을 그리는 것은 자존심의 문제다.

현역으로 있을 때 노후에 경제적으로 자유로울 수 있게 준비되었다면, 은퇴하는 게 문제되지 않는다. 그동안 시간이 없어 바빠서 하지 못했던 취미활동과 이웃을 위한 봉사활동에 시간을 할애할 수 있다. 인간은 죽을 때까지 사회적 유대관계를 형성하며 살아가기 위해 돈이 필요하고 시간이 필요하다. 나이가 들어서도 하고 싶은 일을 하며 산다는 말은 건강하다는 말이고, 열정이 있다는 말이고, 돈이 있다는 말이다. 사회생활을 한다는 것은 다양한 인간관계를 통해 삶의 대부분을 일터에서 보낸다는 뜻이다. 그에 따라, 직장에서 여러 가지 부딪히는 고민도 대부분 일과 인간관계에 관한 것이다.

오랜 직장 생활을 해보니 어려운 프로젝트를 수행할 때 시도해보지도 않고 '할 수 없다'고 하는 그룹과 '어렵지만, 노력해보겠다'고 하는 두 그룹이 있다. 결과론적으로 보면 모두 똑같은 결과를 얻을 수도 있다. 할 수 없는 것을 할 수 없다고 하면, 자신을 잘 아는 것 같지만, 중요한 것은 그 일을 능숙하게 잘 해내는 사람이 있다는 것을 알았을 때, '나도 할 수 있겠다'는 생각을 하게 되는 게 정상이다.

처음부터 잘하는 사람이 없기에 꾸준히 배우고, 경험을 쌓으면 할 수 없었던 일이 언젠가는 '할 수 있는 일'이 된다. 할 수 있는 일이 쌓이면 '잘하는 일'이 된다. 문제는 실패가 두려워 시도하는 것을 포기하는 사람들에게는 할 수 없는 일만 쌓인다는 것이다. 좋아하면서도 잘하지 못하거나, 열심히 하는 데도 잘하지 못하면 방향을 바꾸라는 신호다.

오늘날은 사람의 숫자대로 일하지 않고, 각 파트에서 전문 직업을 가진 사람이 일하는 시대다. 따라서 직장은 있으나 전문직이 없는 사람이 설 자리는 점점 줄어든다. 조직 속에 '직업이 없는 사람'이 많은 그룹일수록 능률이 오르지 않을 뿐만 아니라, 해결할 능력이 없기 때문에 자연히 혁신과 변화에 둔감할 수밖에 없다. 혁신과 변화에 있어 책임감이 있느냐, 없느냐의 문제가 아니다. 당연히 할 수 있는 것을 넘어서 쉽게 하기 어려운 일을 하기 위해 모인 이익 공동체가 직장이다. 그 어떤 기업도 누구나 할 수 있는 일을 하도록 정규 직원을 두고 투자해 사업하려고 하지 않을 것이다. 기업에 부담이 없는 일용직을 쓰든지, 아웃소싱(Outsourcing)을 하려고 할 것이다.

노동력 잉여 시대에 기업이 원하는 전문 인력을 제공하는 위탁 서비스의 도움을 받을 수 있다. 직장이 없어도 직업으로 할 수 있는 일이 늘어나는 만큼 고용 가능성 극대화를 위해 늦게 입문해 새로운 트렌드에 도전해 자기 자리를 찾아가는 사람들도 있다.

직장에 맞는 일에 커리어를 쌓는 것이 가장 좋은 방법이지만, 그렇지 못할 경우는 직업을 먼저 고려하는 것이 좋다. 나에게 맞는 일을 골라서 할 수 없을 뿐만 아니라, 좋아하는 일만 해서는 전문가가 될 수 없다는 것을 알고 뛰어들어야 한다.

학생 시절에 직장에서 일하는 것만큼만 열심히 공부했으면, 이렇게 고민하지 않을 것이다. 학교 다닐 때는 공부하라고 해도 하지 않았지만, 지금은 공부하지 말라고 해도 하지 않으면 안 되는 상황이다. 싫어하는 공부로부터, 도전으로부터 전문가가 된다. 우여곡절 끝에 전문가가 되어보면, 왜 하기 싫은 일도 돌파해야만 되는지 비로소 깨닫게 된다. 제대로 된 직업을 가지면 나를 필요로 하는 곳이 많다. 내가 기업에 원서를 들고 찾아 나서는 것이 아니라, 기업이 나를 찾고 원하도록 자신의 능력을 보여주어라.

기업 생존 수단의 하나인 아웃소싱은 기업의 핵심 인력 외 일반인력을 축소하기 위한 다운사이징(Downsizing, 조직 축소)으로 조직의 일부 기능을 외부로 돌려 군살을 빼겠다는 기업의 경영 전략이다. 대기업도 국내가 아닌 해외에서 아웃소싱하는 사례가 빈번해지고 있다. 이것을 '글로벌 소싱(Global-sourcing)'이라고 한다. 반대로 두뇌 인력이 많은 인도의 정보 기술(IT) 업체들이 외국 기업의 일감을 하청받기 위해 발주 기업 가까이 옮기는 사례도 많아지고 있다. 이것을 '니어 소싱(Near-sourcing)'이라고 한다.

언제 그만두어도 바로 재취업할 수 있는 직업을 가질 수 있는 전문 지식과 능력을 스스로 갖추어야 한다. 평생 후회하지 않으려면 자신에게 맞는 직업을 찾고, 경쟁력을 갖추어야 찾는다. 인생의 마지막 순간까지 후회하지 않기 위해 잘하는 일을 할 수 있다면, 잘 산 인생이라고 할 수 있다.

자신의 가장 소중한 재능을 빨리 발견하면 인생을 살아가는 데 큰 축복이 된다. 자녀에게 가장 큰 선물을 주고 싶은가? 그렇다면 어릴 때 재능을 발견해주고, 그 길을 갈 수 있도록 지원하고, 잘할 수 있도록 길을 열어주어라. 그러면 반드시 성공한다.

이것저것 많이 가르치려고 하지 말고, 재능이 있는 분야에 집중해서 투자하면 꽃을 피울 수 있다. 여러 개를 조금씩 잘하는 것은 성공에 큰 도움이 안된다. 경쟁력 있는 재능을 가지려면 원픽(One Pick)에 집중해 가능성을 극대화시킬 필요가 있다.

글로벌 기업은 여러 가지 일을 하는 사람을 원하는 게 아니라, 한 가지 뛰어난 재능을 가진 사람을 지금도 찾고 있다. 자신이 원하는 것을 찾고 계속 노력하면 시차(時差)가 있을 뿐 반드시 원하는 결과를 얻게 되어 있다. 그 과정에는 누구나 싫어하는 일도 끼어 있기 때문에 멀리하려고 하지 말고 친해져라. 실패는 단지 새로운 시도를 위한 기회일 뿐이다.

직장은 위기가
아닌 적이 없다

직장은 학교처럼 가르쳐주고 학습하는 곳이 아니다. 직업을 가진 사람들이 각자의 일을 하면서 스스로 학습하고 터득한 것을 적용해 성과를 내는 현장이다. 학교가 리허설이라면 직장은 실전이다. 시간 관리부터 인간관계에서 협업하는 법을 배우고, 내 파트에서 집중할 부분이 무엇인지 자신의 역량을 결집해 결과를 만들어내는 집단이다.

이런 반복적인 루틴이 언제나 직장이 위기라는 전제하에서 나은 방법을 찾고, 변화와 혁신을 추구하게 한다. 실제로 회사는 위기가 아닌 적이 창립 이후 한 번도 없었다. 종무식에서는 언제나 '다사다난했던' 한 해로부터 시작한다. 위기의식을 고조시키는 것이 일상화되면, 아이러니하게 위기의식이 진짜 위기에 빠뜨릴 수도 있다. 전 직원이 공유할 수 있는 위기의식은 조직의 각성과 응집력을 결속시키기도 하지만, 만성적 위기의식은 역효과를 낸다.

회사가 위기일 때 성장의 기회를 만들어가는 기업이 되어야 한다. 회사가 위기의식 없이 느슨하면 추락하는 것은 시간의 문제다. 늑대소년이 되지 않도록 신뢰를 회복하는 게 먼저다. 회사의 위기가 곧 나의 위기가 된다. 망한 회사의 사람을 스카웃하려고 하는 기업은 없기 때문이다. 개인도 자기계발을 게 올리하면 경쟁에서 밀려나는 것과 마찬가지다. 위기를 극복하기 위해서는 글로벌 시장을 정확하게 예측하고, '선택과 집중'을 해야만 선점할 수 있는 기회가 주어진다. 열 번의 작은 실패를 딛고, 한 번의 큰 성공으로 기업은 생존하고 성장하는 것이다.

새로운 일을 시도하다가 실패하면 실패로부터 배우지만, 똑같은 실수를 반복하면 자신감이 없어지고 동료로부터 '일 못하는 사람'으로 인식되는 시선이 부담스러워 시도하지 않으려고 한다. 우리 기업문화는 숫자와 확률에 민감해 10%의 성공 확률이 있다면 시도 무용론이 나온다. 그럼에도 불구하고 10번 실패를 거쳐 성공할 수 있다면, 시도를 용인하는 기업문화가 글로벌 기업을 만들어간다는 것은 분명하다. 내가 본 실리콘밸리는 실패를 당연히 받아들이는 문화가 정착되어 있다. 오히려 성공은 있을 수 없는 일, 즉 '대단한 기적'으로 받아들인다. 실패의 부담감이 큰 기업문화로는 글로벌 기업이 되지 못한다.

실패의 원인을 분석하고, 문제를 알아가면 실패의 시간과 횟수를 줄일 수 있다. 상대방의 패를 알기 위해서는 또 다른 패가 필요한 것과 같다. 실패의 대부분은 학습이 덜 되거나 접근 방식이 미숙해서 놓칠 수 있고, 시스템 자체의 문제일 수도 있다. 스피드를 요구하는 문제에 의사 결정이 늦어 시기를 놓칠 수도 있고, 혁신과 변화의 문제 인식이 안일해 타이밍을 놓칠 경우도 있다.

당장 성과가 없다고 포기하지 말고, 느리다고 조급해하지 말고, 결과가 만족스럽지 않다고 속단하지 않으면 잘하고 있는 것이다. 다만 멈추지 않는 이상, 능숙하게 할 수 있는 날이 언젠간 온다는 것을 믿으면 문제가 되지 않는다. 업무 중에 모르는 일이 있으면 그대로 두지 말고 묻거나 공부하는 습관을 길러야 한다. 밤을 새우더라도 공부하고 깨우쳐야 직성이 풀리는 습관을 가지면, 경쟁력과 차별화로 앞서갈 수 있다.

일을 잘하고 싶다면 잘할 때까지 반복해서 시간을 투자하고 탐색해야 한다. 어려운 일, 하기 싫은 일, 시간이 많이 걸리는 일을 뒤로 미루거나 건너뛰는 사람이 있다. 해야 할 일은 이번에 운 좋게 넘어간다고 하더라도 영원히 사라지는 게 아니라 다시 똑같은 모습으로 나타난다. 주어진 일을 피하면 기회도 지나가고, 성공도 지나간다.

누구나 할 수 있는 일을 하며, 지극히 평범한 사람으로 남고 싶으면 편한 길을 선택하면 된다. 언젠가는 할 일이라면 하루빨리 도전하고 극복하는 게 좋다. 결정을 미루면 시간만 흘러가고, 기회도 지나가고, 걱정만 쌓인다. 항상 상사의 지시를 기다리는 수동적인 사람은 외부의 충격으로 발등에 불이 떨어지면, 그때 난리법석을 떠는 사람이다. 수동적인 사람은 책임지는 것을 싫어한다. 따라서 시키는 일만 하는 것에 길들여져 주어진 일을 처리하는 것을 편하게 생각하는 사람이다. 절대로 혁신과 변화를 좋아하지 않을 뿐만 아니라, 일을 만들어서 책임감 있게 하는 스타일은 더더욱 아니다.

일을 좋아하는 사람과 잘하는 사람은 일을 두려워하거나 겁내지 않고 뛰어든다. 그렇지 않고서는 일을 좋아하거나 잘할 수 없기 때문이다. 그래서 자신에게 맞는 일을 찾고, 그 길을 가려고 하려는 것이다. 일을 잘하는 사람의 특징은 이유와 절차가 단순하지만, 일을 못하는 사람은 시작부터 이유와 절차가 복잡하고 변명도 다양해 시작이 언제나 늦다는 것이다.

청년들에게 도전하면 잃는 것보다 얻는 것이 많기 때문에 실패를 무릅쓰고 도전하라고 하면, 대개 할 수 없는 이유가 두 가지다. 하나는 실패에 대한 '두려움'이고, 또 하나는 맞닥뜨리는 문제에 뛰어들고 해낼 수 있는 '용기'가 없는 것이다. 사람에게는 누구나 실패하고 싶지 않은 마음이 자리를 잡고 있다. 유튜브나 SNS를 보면 쉬운 콘텐츠로 빠른 성공을 부추기고 있는 영상들이 넘쳐난다. 그 영상들을 보면 누구나 한두 달 안에 다 성공하고, 부자가 될 것 같다.

영상대로라면 이미 성공한 사람이 실패한 사람보다 많아야 한다. 자신만 낙오자가 된 것 같은 생각이 들도록 부추기고, 정상을 비정상으로 만들고, 비정상을 정상으로 만드는 콘텐츠가 넘쳐나고 있다. 그러면 누구나 성공하는 게 맞다. 그런데 왜 부자보다 가난한 사람이 절대적으로 많을까? 부자가 못 되는 것은 유튜브 강사의 말을 잘 따라 하지 않아서 그런가? 이런 영상 때문에 젊은이들은 인내하지 않고 쉽게 결과를 얻으려고 하는 경향이 있다.

실패하지 않고 배우고, 경험 없이 성장할 수 있다면 좋겠지만, 아이가 일어서기 위해 수백 번 넘어지며 걸음마를 배우듯이, 어느 날 벌떡 일어나 걸을 수 없는 것과 같다. 아기가 넘어지는 것은 당연하다. 속성 성공 드라마를 가까이 하지도 말고, 꿈도 꾸지 마라. 쉽게 빨리 성공할 수 있는 방법을 찾는 사람은 숨 쉬는 일조차도 '근육 운동'이라고 우기는 사람과 같다.

성공하는 데는 버티고 견디는 인고(忍苦)의 시간이 필요하고, 심지어 실패하는 데도 절대적인 시간이 필요하다. 가성비 좋은 물건이나 음식은 있어도 가성비 좋은 '시간'과 '경험'은 결코 없다. 인생 공부도 속성반이나 월반이 따로 있는 것처럼 보이지만 다만 그렇게 보일 뿐이다. '가성비 좋은 성공'이 의미가 없듯이 제대로 된 성공이 아닌, 무늬만 성공을 원하는 사람은 없을 것이다. 가성비를 따지는 사람들은 장점만 쏙쏙 취해 성공하겠다는 마음이다. 분명한 건 실패를 통하지 않으면 좋은 콘텐츠가 만들어지지 않을 뿐만 아니라, 시행착오를 건너뛴 성공은 오래가지 못한다.

실패의 과정을 거치는 동안 '나은 일'과 '덜 나은 일' 그리고 '힘든 일'과 '덜 힘든 일'이 교차로 경험을 빚어내고, 성공의 기준을 만들어가는 것이다. 사람은 마음만 먹으면 무수한 실패를 감당할 만큼 버티고 견디는 의지와 에너지가 있다. 인생에서 성공의 길이 어디에서 시작되고, 어떻게 만들어진다는 것을 알면 이게 바로 가성비 좋은 인생이 될 텐데 말이다.

인간은 생각하는 '사고(思考)의 힘'을 가지지 않으면 행동이 생각보다 앞서는 우를 범한다. 우리의 행동과 의사 결정은 생각에서 시작한다. 생각이 말이 되고, 말이 행동이 되고, 행동이 습관이 되고, 습관은 우리 인생을 결정한다. 생각하고 일하는 사람과 일하고 나서 생각하는 사람의 차이도 결국 습관에서 비롯된다. 생각하면 스트레스를 받기 때문에 생각과 담을 쌓고 아무 생각 없이 즉흥적으로 사는 사람들도 있다. 그런데 사람은 멍하게 있으면 자신도 모르게 부정적인 생각을 하게 된다.

"내가 뭘 할 수 있겠어!"
"실패만 안 하면 다행이야!"
"누가 나를 인정하겠어!"

"내가 할 수 있는 게 뭐가 있겠어!"라는 '닫힌 질문'을 하지 말고, "내가 할 수 있는 게 뭐가 있을까?"와 같은 열린 질문을 해보라. "실패만 안 하면 다행이다"라고 말하지 말고, "실패하지 않으면 성공하지 않을까?"라고 해보라. "누가 나를 인정하겠어?"라고 말하지 말고 "내가 나를 먼저 인정하면 사람들도 나를 인정하지 않을까?"라는 긍정적인 질문을 해보라. 그러면 열린 질문은 할 수 있는 가능성을 열어주고, 행동할 수 있는 상상력과 용기가 앞으로 나아가게 한다. 잠재의식에 긍정적인 지식이 들어가면, 그때 뇌는 아이디어를 만들어내고 가장 좋은 방법을 찾기 시작한다.

가끔 나는 경제인의 세미나에 패널로 참석할 일이 있다. '경제에 쓰나미가 온다'라는 주제 모임에 온 사람들의 이야기를 들어보면 모두 망한 사람밖에 없다. 뇌는 무의식적으로 현재를 불황으로 느끼고 그것을 증명하려고 한다.

경제가 불황이 아닌 적이 거의 없었다. 반대로 불황에 잘되는 기업은 더 성장하고 시장의 지배력을 높이는데, 이런 기업은 참석하지 않는다. 코로나19 팬데믹에도 성장한 기업은 따로 있다. 온라인 산업인 검색, SNS, 모바일, 쇼핑, 배송, 간편 송금 오픈뱅킹, 바이러스 퇴치 및 방역 물품 등은 특수를 누렸다. 전체적으로 경기가 침체된 것은 맞지만, 기업이 성장과 침체의 운명을 어떻게 해석하고 대응할 것인가의 숙제를 던져주고 있다.

반대로 '경제 쓰나미를 극복한 리더십'이라는 세미나에서는 모두가 불황을 딛고 위기를 극복한 사람들만 모인다. 성공한 사람들의 이야기를 들으면 뇌는 자신의 가능성을 믿기 시작한다. 남들이 해낸 것은 나도 할 수 있다는 뜻으로 받아들인다. "남들도 하는데 나는 왜 안 돼!"라는 말이 자기 인식으로 입력된다. 만약 경기가 좋아서 성공했다면, 경기가 좋을 때만 가능하다. 경기는 좋을 때보다 나쁠 때가 훨씬 많다. 사업하는 사람에게 "경기가 좋다"는 말을 거의 들어본 적이 없을 정도다.

얼마 전까지 우리는 "주식 시장이 활황이다", "주택 가격이 천정부지로 오른다"는 말을 들었다. 이건 국민의 삶의 질을 높이는 실질소득의 문제가 아니라 투자 시장의 심리적 부침 현상이다. 대부분 기업의 위기경영 기본 원칙은 '리스크 회피'다. 일반적인 대응책으로 기업들이 선호하는 '생존전략' 방법이다.

하지만 기업의 목표는 단순히 '생존' 혹은 '현상 유지'가 아니라 '성장'에 초점을 두어야만 최소한 '현상 유지'라도 할 수 있다. 어느 사업이나 리스크 없는 사업은 존재하지 않는다. 예측할 수 없는 투자에 대한 리턴이 불확실한 '리스크 회피'에 초점을 둔다면 기업은 성장하지 못하고 역사의 뒤안길로 사라진다는 교훈을 얻었다. 시장 경제가 좋아지면 소비가 촉진되고, 생산량이 증대되고, 실업자가 줄어 경제가 지속적으로 성장한다는 장밋빛 시장 예측은 움츠렸던 기업이 투자의 기지개를 펴고, 신제품 개발에 힘쓰게 한다. 하지만 경기가 불황으로 접어들 때 소비자의 구매력이 떨어지는 동시에 위기감이 제품 개발 투자를 멈추게 한다.

그런데 소수의 기업은 위기가 기회라는 것을 인식하고, 소비자들이 무엇을 원하는지를 알고, 적극적인 투자 개발 전략을 세워서 새로운 마켓쉐어(Market Share, 시장 점유율)를 높인다. 신제품 개발을 멈추는 것은 기업의 운명을 좌우하는 것이기에 핵심 가치를 훼손하면 안 된다. 경영 기조가 런웨이 전략으로 슬림화를 통한 생존력 강화와 저비용 경영을 통한 시스템 혁신이 필요하다.

슬림화는 단순히 비용을 줄이자는 목적이 아니며, 고성장 과정에서 발생하는 비용을 줄여 선택과 집중의 비즈니스 모델을 만들어가야 한다는 말이다. 경기가 어려울수록 선택과 집중이 필요한 이유다. 위기에 강한 기업만이 살아남고 글로벌 기업이 된다. 경기가 호황일 때 위기를 치밀하게 준비하고, 전략을 세우는 플랜이 필요한 것이다. 성공한 기업들은 위기 상황에서 군살을 빼고 아이디어 사업에 집중해 차별화와 경쟁력으로 위기를 기회로 만들어가는 핵심 인력 몇 명이 기업을 살린다.

성공하고 싶다면 회사에서 어떤 사고를 하고 행동해야 하는지 알 것이다. 부정적이고 소극적인 사람은 '현상 유지'만 하면 잘한 것으로 생각한다. 반에서 매번 꼴등을 하는 학생이 이번 시험에서 뒤에서 세 번째면, 매우 잘한 것으로 아는 것과 같다. 셈법이 서로 달라 내 앞에 몇 명이 있는가를 세는 것이 아니라, 내 뒤에 몇 명이 있는지를 센다. 셈법이 이상한 사람과 어울리면 자신도 모르게 이상한 사람이 모인 실패의 그룹에 편입된다. 실패한 사람들은 항상 만만하고, 자기 편한 사람과 어울리기를 좋아한다. 자기가 실패의 길을 가면서도 거부할 수 있는 용기가 없어 끌려다닌다. 유사성 이론에 따르지 않더라도 실패한 사람은 익숙한 환경과 사람을 좋아하고 선호한다.

물론 스트레스를 풀 수는 있고, 편한 사람을 만나면 안정감은 있겠지만, 만나면 만날수록 여러분의 잠재의식이 돌아올 수 없는 부정의 늪으로 빠져든다는 사실을 알아야 한다. 그 중심에 여러분이 있다고 상상해보면, 미래가 여러분을 환영하지는 않을 것이 뻔하지 않은가.

'우리는 할 수 있다'고 해도 사실은 제대로 할 수 있는 일은 다섯 손가락 안에 든다. 그런데 '할 수 없다', '못한다', '해도 안 된다'라고 하면 할 수 있는 것조차도 가능성이 없어진다. 아직 피어나지도 못한 가능성이 여러분을 만나 과거 속에 묻힌다면 돌이킬 수 없는 안타까움이 아니겠는가?

회사가 위기를 극복하기 위해 몸부림치는 것은 생존전략이기도 하지만, 결국 성장하기 위해서다. 회사 성장에 기여한다면, 바로 나의 성장 스토리가 되고, 위기를 돌파할 수 있는 생각의 전환과 능력이 축적된다. 생각이 머물러 있으면 과거에 매이고 답습하게 된다. 인생을 잘 산다고 살아도 지나고 나면 후회하는 것들로 가득하다. 조금이라도 더 후회하지 않을 삶을 살기 위해 노력하는 것이다.

그런데 하루를 허투루 산다면 바로 어제 한 일에도 후회가 곳곳에 남아 있다. 하루는 인생의 축소판이자 바로미터다. 하루를 잘 사는 데도 노력과 결단이 필요하다. 매일 맞이하는 오늘을 어제와는 다른 하루로 만들고, 지루함에서 벗어나 생각의 수준을 높여보라. '남들처럼 이 정도면 괜찮지 않아?'라는 생각을 '이 정도는 해야지!'라고 바꾸어보면 기대하지 않았고, 준비되지 않았던 위기가 갑자기 닥칠 때, 위기 뒤에 숨겨진 그 기회가 무엇인지 알고 잡을 수 있다.

지금도 기회는 위기의 가면을 쓰고 다가오고 있다. 밤이 깊을수록 별이 빛을 발하는 것처럼, 인생의 무게가 무거울수록 간절함이 길을 찾고, 꿈을 현실로 만들어간다. 대부분의 사람은 위기 없이 일찍 성공하기를 바란다. 인생의 3

대 실패 중에 '청년 성공'이 있다.

위기나 실패 없이 운이 좋아 빨리 성공한 사람은 반드시 위기가 오고 실패한다는 말이다. 그렇다고 '가늘고 길게 살자'는 말은 아니다. 위기가 있어야 자신을 돌아보게 되고, 또 위기가 닥쳐야 자신의 한계를 느끼고 필요한 부분을 채우고 수정해나갈 수 있다. 인간은 불행의 깊이만큼 행복을 느끼고 감사하게 되어 있다. 위기는 흘려보내고 기회만 잡을 수 있으면 좋겠지만, 인생은 그렇게 설계되어 있지 않다.

위기를 기회로 바꾼 기업들도 많다. 그중 하나인 후지 제록스의 경우 디지털 수요에 밀려 시장에서 점차 쇠퇴해가는 필름 사업을 과감히 축소하고, 식품 및 화학 업종으로 전환해 현재 성공적인 기업의 사례가 되고 있다.

반대로 필름의 대명사였던 코닥은 디지털카메라 시대에 적응하지 못하고 결국 2012년에 파산했다. 백과사전으로 유명한 브리태니커의 경우 온라인 백과사전 및 정보제공 편의성에 밀려 도태되어가는 사전 사업 대신 온라인 교육 시장에서 성공적인 기업으로 전환하고 있다.

반대로 두산세계대백과사전은 인터넷 시대의 도래와 불법복제의 성행으로 역사의 뒤안길로 사라졌다. 출판을 중단한 뒤로 인터넷상에서만 무료로 열람할 수 있다.

전통 산업이 IT 산업으로 바뀌는 패러다임을 막을 수는 없지만, 영원히 사라지는 것은 아니다. 지금까지는 인공지능(AI), 반도체, 전기차, 로봇, 바이오, 메타버스가 주식 상승을 주도했지만, 경기 불황 때 나타나는 현상인 전통 산업이 주식 시장을 견인하고 있다. 전기, 은행, 원자재, 건자재, 농기계, 철강, 철도 등이 주가 상승을 주도하고 있으며, 원자재 업종 전체가 상승을 이끌고 있다. 위기는 반복적으로 나타난다. 이전 강세장 주도 주(株)는 다음 강세장의 주도 주가 되지 못한다는 오래된 주식 시장의 이론이 있다. 위기가 반복되는 것만큼 기회도 반복해서 공평하게 찾아온다는 말이다. 직장만 위기가 반복되는 것이 아니라, 인생길도 언제 어디서 위기가 찾아올지 아무도 모른다. 다만 위기를 맞이할 수 있는 충분한 준비가 필요할 뿐이다.

'직장'보다
'직업'을 찾아라

"어떤 직업을 가져야 하나요?"
"어떤 일을 하면 좋은가요?"
"일이 직업이 되려면 어떻게 해야 하나요?"

이 질문은 대학 졸업을 앞둔 예비 직장인과 신입 회사원에게 가장 많이 받는 질문이다. 좋은 직업, 나쁜 직업은 없다. 다만 대기업에서 일할 수 있고, 중소기업에서 일할 수 있고, 나에게 맞는 일과 안 맞는 일이 있을 뿐이다. 젊은이들을 대상으로 동기부여 강의를 하면, 의례 받는 질문이기는 하지만, 그때마다 내가 더 난감하다. 나는 반대로 이렇게 묻는다.

"어떤 직업을 가지고 싶나요?"
"어떤 일을 하고 싶나요?"
"어떤 일을 어떻게 계획하고 있나요?
사람마다 자신이 가야 할 길이 있을 뿐만 아니라, 각자의 길이 다르다. '속도보다 방향이다'라는 말이 있듯이 조금 늦게 가더라도 제대로 된 방향을 설정해야 멀리 갈 수 있다. 속도는 언제든지 조절할 수 있지만, 한 번 정해진 방향을 조절하기에는 많은 시간과 노력이 들기 때문이다.

시행착오를 통해 배우고 자리를 잡아가는 과정일 수 있지만, 해야 할 일에 몰입할 시간이 늦어진다면 수많은 기회도 함께 사라진다. 지금 나의 위치에서 '무엇을' 선택하고 '어떻게' 하면 최선인지 고민해야 하는 것은 당연하다. 무엇에 가장 가치를 두고, 어떻게 해석하고 풀어갈 것인지 생각만 하면 된다. 졸업을 앞두고 있거나 사회 첫발을 내딛는 청년들의 걱정은 엇비슷하다.

직업을 통해 자기가 하고 싶은 일을 하는 자아실현의 직업관이 있고, 생계수단이 목적인 직업관이 있고, 직업을 통해 선한 영향력을 미치는 것에서 보람을 찾는 직업관을 가진 사람이 있다.

직업을 의미하는 여러 표현(Work, Career, Vocation, Profession)은 약간씩 그 의미가 다를 수 있지만, 보편적으로 사용되는 단어다. 내가 하는 일이 전문적인 일일수록 직업으로써의 가치가 높을 수밖에 없다. 직업은 '전문적인 일' 자체를 의미하며, 경쟁력과 차별화가 선명한 객관적인 일을 말한다. 나만 할 수 있는 일을 통해 자아실현이 가능하며, 전문적인 지식이나 기술이 필요한 전문가 그룹이다. 예전에는 사람의 숫자로 일했지만, 지금은 전문가가 일하는 시대다. 필요를 해결할 난제들이 많아짐에 따라 전문가를 필요로 하는 수요가 늘어나고 있다. 회사의 중요한 프로젝트가 있거나 침체기를 벗어나지 못하고 있다면 누구를 찾겠는가? 그 일을 계획할 때 나라는 존재가 생각나야 한다. 가족이 큰 수술을 한다면 그 분야의 전문가를 찾고, 중대한 소송이 있다면 유능한 전문 변호사를 선임할 것이다. 피부가 좋지 않은 피부관리사, 뚱뚱한 비만 전문 의사, 몸매가 좋지 않은 헬스트레이너에게 관리를 맡기고 싶지 않을 것이다.

부동산 투자에 관한 여러 권의 책을 저술한 저자가 '부동산 투자가 답이다'

라는 주제로 호텔에서 세미나를 한다고 해서 참석한 적이 있다. 나는 우연한 기회에 강사가 땅 한 평도 소유하고 있지 않다는 데 놀랐다. 여러분은 이런 강의를 설득력 있게 받아들이겠는가?

직장(Office, Workplace, Place Of Work)은 다양한 표현이 있지만, 결국 사무실, 일하는 장소 즉 공간적인 개념을 말한다. 하나의 직장도 다양한 직업을 가진 사람들의 집합체로 구성되어 있다. 우리나라에서는 직업보다 직장을 더 중시하는 경향이 있다. 직장을 오래 다녀도 직업이 만들어지지 않는 이유다. 대기업에 다닌다고 하면 거기서 구체적으로 어떤 일을 하는지에 대한 관심은 크게 없다. 그래서 많은 사람이 잘 알려진 대기업에 취직하려고 한다. 대학교 진학할 때 학과나 적성보다 서울대학교라는 간판에 집착하는 사람들이 있는 것과 같다. 지금도 어느 대학에 다니는지를 그 대학에서 어떤 전공을 하고 있는지보다 더 중요하게 여기는 사람들이 있다. 그러나 실제로 어떤 회사에 다니는지보다는 그 회사에서 무슨 일을 하는지가 훨씬 중요하다. 따라서 사람들은 어떤 일을 하느냐고 묻는다. 직업이 직장보다 더 중요하다는 것을 알기 때문이다.

졸업하고 나면 학교 이름보다 적성에 맞는 전공이 훨씬 중요하다는 것을 점점 깨닫게 된다. 그래서 전공이 적성에 맞지 않아 다시 입학해 졸업하는 사람들도 있다.

우리나라와 미국의 대학 진학 방법은 현저하게 다르다. 우리나라 고등학교 학생들은 진학할 때 내신, 수능 고사 등의 성적으로 갈 수 있는 학교를 정한 다음 그 점수 내에서 갈 수 있는 학과를 선택한다. 이러다 보니 다수의 학생이 적성에 맞지 않는 전공을 선택해 공부에 흥미를 느끼지 못하고 겉돌다가 졸업장만 받는 경우가 많다. 점수로 학교를 정하고, 학과를 정하다 보니 자연히 적성과 장래 직업도 성적에 따라 정해지는 어처구니없는 일이 벌어진다. 취직할 때도 회사를 먼저 정한 후에 그 회사에서 어떤 일을 해야 잘하게 될지 결정조차 못 하고 덜컥 입사한다.

미국의 고등학교 학생들은 자신이 전공하고 싶은 분야를 가르치는 대학들의 리스트를 만든 후, 그중에서 지원하고 싶은 대학을 골라서 방문해 교수들과 학생들이 질의응답을 하는 자리를 마련한다. 그 이후에 자신의 진로를 결정하는 프로그램이 있다.

우리는 수도권과 대도시 중심으로 대학이 있지만, 미국은 명문 대학교들이 '이런 외딴곳에 있어?'라는 생각이 들 만큼 믿기지 않는 장소에 있기도 하다. 전공해보고 싶은 학과가 있는 학교라면 어디에 있든 상관이 없다.

'좋은 직장'을 찾기 전에 자신에게 '맞는 일'을 찾는 것이 더 중요하다. 자기에게 맞는 일은 하면 할수록 성과가 나타나고 자신감이 재미로 나타난다. 왜냐하면, 능력을 발휘할 수 있기 때문이다. 적성에 맞지 않는 일은 열심히 하는 것만큼 지친다. 자신에게 맞지 않는 일을 하면서 성공한 사람은 없기 때문이다. 직장에서 전문적인 직업이 만들어지면, 어디에서나 능력을 발휘할 수 있다. 직장을 위해 만들든 나를 위해 만들든 결국은 같은 말이라는 것을 알게된다.

이력서를 수십 군데 보내며 채용을 구걸할 것이 아니라, 기업이 나를 원하는 레퍼런스 체크에서 좋은 점수를 받으면 그레이드를 높이고 몸값을 올릴수 있다. 실제로 좋은 직장이란 나의 가치를 인정해주고, 충분한 보상을 해주는 돈과 연관되어 있다. 적성에 맞는 일에 몰입하면 깊이와 넓이를 알게 되고, 자기도 모르게 지식의 바다에 뛰어들게 된다.

돈이 우선일 필요는 없다. 연봉이 적으면 나의 능력으로 어필하면 된다. 적성에 맞는 일은 몰입하면 잘하게 되어 있다. 그러면 돈은 따라온다. 2021년 도시생활근로자 평균 월소득은 1인 가구는 264만 원, 2인 가구 기준 438만 원, 3인 가구 526만 원, 4인 가구 622만 원이다. 2021년 통계청이 발표한 임금근로일자리 소득(보수) 결과에 따르면, 월급을 받고 근무하는 사람 중 절반은 월급이 250만 원 미만이었고, 대기업과 중소기업 사이 평균 월급은 두 배이상 차이 나는 것으로 조사되었다. 시간이 지나면 대기업과 중소기업의 임금 격차가 더 벌어진다. 50대가 되면 대기업 평균소득이 중소기업의 2.5배가 된다. 2023년 올해는 최저임금이 올라도 금리 인상과 원자재 급등이 물가상승에 지대한 영향을 미쳐 실질임금은 떨어졌다는 분석이다.

여러분 중에는 통계청 발표보다 수익이 많을 수도 있고, 적을 수도 있을 것이다. 빚, 임대료, 이자 등 고정지출이 없으면 실질적인 수입의 크기는 달라질 것이다. 무엇보다 젊은이들이 '영끌', '빚투' 하면서 대출을 받아 집을 사거나 투자하면서 가정 경제에 큰 부담을 지고 있는 경우가 많다. 대출금리도 4~6%까지 거치 기간 중에 금리가 치솟아 부담감이 어느 때보다 높다. 최근에는 고정금리보다 변동금리가 대부분이라 거치 기간이 끝나고 이자와 원금을 함께 상환해야 한다면 부담이 더 크다. 게다가 시장 물가를 비롯해 각종 공과금도 하루가 다르게 오르고 있어 서민 경제에 주름살을 더하고 있다.

돈이 필요하다고 해서 회사는 월급을 올려주지 않는다. 회사에 기여하는 것만큼만 준다. 월급을 많이 받고 싶으면 자신의 능력을 증명해보여야 한다. 능력이란 '남들이 어렵게 하는 것을 쉽게 할 수 있는 재능'을 말한다. 작가, 유튜버, 예술가, 탤런트, 운동선수 등 개인적인 능력이 중시되는 직업에서 성공한 사람이 많다. 그리고 사람을 상대하는 일을 좋아하는 사람은 판매, 영업, 컨설턴트, 교사, 강사, 의사, 가이드 등에서 능력을 발휘하는 사람들도 있다.

또 자신의 일에만 몰두하는 것을 좋아하는 사람은 연구원, 개발자, 인플루언서, 일러스트레이터, 프로그래머가 적성에 맞으면 그 일에 매진하면 된다.

같은 직업인데도 상당히 다른 경우가 있다. 같은 물건을 파는 세일즈라도 온라인과 오프라인 세일즈는 전혀 다르다. 또 같은 온라인 판매라도 인터넷을 통한 판매와 콜센터를 이용한 판매는 또 다르다. 연구원도 혼자서 할 수 있는 연구도 있지만, 팀워크를 중심으로 프로젝트를 협업해야 하는 과제도 있다. 내가 원하는 직장에서 '하고 싶은 일'을 하면서 능력을 발휘해 '잘할 수 있는 일'이 되면 좋은 직업이 생기는 동시에 회사로부터 인정받을 수 있다.

직장인의 바람으로는 나의 전공과 적성을 가장 잘 살릴 수 있는 회사면 최선이겠지만, 내가 원하는 일을 다른 사람들도 선호할 수 있기 때문에 여러 변수가 작용할 수 있다. 하지만 어느 곳이나 경쟁이 치열하기 마련이다. 멈추지 않고 노력하면 '누구나 할 수 있는 일'에서 '나만이 할 수 있는 일'이 된다.

그렇다면 직장을 다니면 직업이 생기는가? 직장에 다닌다고 직업이 생기는 것이 아니다. 직장에 입사해 특정 부서에서 직급인 '대리', '과장'으로 불리는 것만으로 직업이 생기는 것이 아니다. 물론 한 파트에서 오래도록 일하면 직업이 생길 확률이 높다. 한편으로는 한 직장에서 두 개 이상의 직업을 가질 수도 있고, 직업이라 하기 어려운 일을 평생 하다가 퇴직하는 사람도 있다.

앞으로는 평생 직장이 아닌 '평생 직업'을 가지도록 인생을 촘촘하게 설계해야만 직장의 굴레로부터 자유로울 수 있다. 이제 직장이 더 이상 여러분의 미래를 책임질 수도, 보호해줄 수도 없기 때문에 기대하지 않는 것이 좋다. 자신을 보호해줄 수 있는 것은 오랫동안 노하우가 축적된 '직업'이다.

우리나라 퇴직 평균연령은 52.6세로 법적으로는 60세까지 정년이 되어 있지만, 대다수 사람은 50세를 전후해 직장을 떠나게 된다. 자녀들이 대학을 다닐 때쯤에 대책 없이 직장을 떠나는 경우가 대부분이다. 자신이 원해서 떠나는 경우보다 떠밀려 '명퇴(명예 퇴직)'라는 이름으로 그만두는 경우가 많다.

명예 퇴직의 사전적 의미는 명예롭게 스스로 직장을 떠나는 것이지만, 실제로는 회사가 사직을 권유하고, 근로자가 이를 수락하는 형태로 이루어진다. 명퇴의 대상은 대개 15년 이상 근무하고, 만 50세 이상인 직원이다. 정리 해고에 가까운 '자발적 퇴직'을 유도하는 이유는 '일반 해고'를 하면 분쟁이나 소송에 휘말릴 수 있기에 회사가 리스크를 피하는 최선의 방법이기 때문이다.

직장에서 그토록 꿈꾸었던 억대 연봉자는 3.2%밖에 안 된다. 또 더 큰 꿈의 목표인 임원이 될 확률은 0.74%에 불과하다. 대기업은 더 낮아서 선호 기업에 따라 0.2~0.45%밖에 되지 않는다.

먼저 성공하려면 자신이 하는 일이 이 세상에서 가장 중요하고 가치가 있다는 확신이 있어야 한다. 일을 많이 한다고 성과가 나는 것이 아니라 고도의 집중에서 오는 몰입의 상태를 유지할 수 있는 모멘텀에서 경쟁력이 있는 직업이 생긴다. 그래야만 한 번뿐인 인생을 던져서 그 일을 하게 되고, 지속할 수 있는 에너지가 원하는 결과를 만들어낸다.

내가 하는 일이 즐겁고 재미있으면 잘할 수 있을 뿐만 아니라, 그 분야에 정상(頂上)이 되고, 최고가 된다. 일이 즐겁고 재미있다는 말은 '의도된 즐거움'이 포함된 것이다. 직장에서 그리고 자신의 일에서도 해방되고 싶어 하는 사람이 얼마나 많은가를 생각하면, 매일 하는 일이 즐거우면 단순한 행복을 넘어 기쁨과 감사가 된다.

일하는 것을 큰 희생을 치르면서 하고 싶은 것을 포기하고 얻은 보상으로 생각하는 사람이 많다. 완전히 틀린 말은 아니지만, 그렇다고 모두 맞는 말도 아니다. 종종 하던 일을 계속하고 싶고, 회사도 일찍 나가고 싶을 때가 있어야 정상(定常)이다. 일에 대한 보람이든, 동료들을 만나는 기쁨이든 아니면 휴가를 가고, 월급을 받는 즐거움이든, 어느 하나라도 즐겁고 신나는 일이 있어야만 지치지 않고 다닐 수 있다.

아무리 자신이 좋아하는 일을 한다고 해도 완전히 좋은 일만 할 수 있는 것은 아니다. 싫어하는 일이 끼어 있다고 해서 벼에 가라지를 뽑아내듯 모두 뽑아낼 수 있는 것은 아니다. 결국은 좋은 일, 나쁜 일이 있는 것이 아니라 각자의 생각의 차이일 뿐이라는 것을 알게 된다. 내가 좋아하지 않는 일을 다른 사람도 좋아하지 않을 수 있다. 어떤 일을 하든 생각의 온도 차는 존재하고, 인간관계에서도 직장 내의 갈등은 피할 수 없는 과정이라고 할 수 있지만, 일에 감정이 개입되는 것을 경계해야 한다.

건설적인 고민과 갈등은 나를 단단하게 하고 성장시키는 계기가 된다. 부정적인 생각을 긍정적으로 바꾸면 전에 보이지 않았던 것이 보이기 시작하고 할 수 있는 에너지가 생긴다. 탁월한 리더가 되기 위한 일련의 과정이라고 여겨 받아들이고 즐겨라.

'왜 이렇게도 일이 많고 힘든가?'
'왜 이렇게 일찍 출근하라고 하는가?'
'일찍 출근했으면 최소한 남들이 퇴근할 때는 해야 하는 것 아닌가?'
'야근하라는 말은 안 해도, 야근하지 않으면 안 되는 상황은 왜 만드는가?'

나는 신입 직원 때 늘 불만이 많아 입이 툭 튀어나와 있었다. 자연히 이직하려고 기웃거렸다. 그 당시 선배가 눈치채고 추천해준 책, 데일 카네기(Dale Carnegie)의 《인간관계론》과 《자기관리론》 그리고 나폴레온 힐(Napoleon Hill)의 《성공의 법칙》과 《긍정의 힘》을 읽고 생각을 전환하는 계기가 되었다. 몇 년

사이에 수정·보완한 유작이 단행본으로 출판되고 있다.

현재의 고난과 시련을 어떻게 극복해야 할지, 자신의 능력과 잠재력을 제한하지 말고, 가능성을 열어두면 자신의 역량을 발휘할 수 있는 기회가 오고, 이미 난관을 헤쳐나간 사람이 있기 때문에 나도 돌파할 수 있다는 내용에 도전을 받고 따라 해보기로 했다. 남들도 하는데 나도 할 수 있지 않을까?

한숨만 쉬고 걱정만 하는 소극적인 모습으로는 할 수 있는 것이 아무것도 없다는 것을 깨닫는 것만으로도 인생의 터닝포인트(Turning Point)가 된 것이다. 생각의 관점을 머리에서 가슴으로 옮기는 것이 가장 어려운 일이다. 관점의 변화는 곧 행동의 변화다. 그저 그런 사람으로 남는 가장 좋은 방법은 남이 하는 대로만 하는 것이다.

회사원이라는 말은 회사의 구성원이라는 말이다. 회사의 어느 한 부분을 맡아서 업무를 해보지만, 딱히 '이게 내 직업이다' 하기도 애매한 경우가 많다. 특히 일반직으로 입사하면 특정한 기술이 없어도 할 수 있는 영업, 총무, 인사관리, 자재구매·관리, 영업지원 등의 일을 오랫동안 하지만, 나만의 핵심 기술이 있다고 하기가 그렇다.

회사들은 영업, 영업지원, 마케팅, 비품관리 부서를 통칭해 SAMS(Sales Account Management Specialist) 부서라고 하고, 한 번 들어도 잘 모르는 이름만 조금씩 다르게 CSM(Customer Service Manager)이라고 부르는 회사도 있다. 서로 호환해 이것저것을 할 수 있다는 말이다.

'고객관리 기술이 탁월하며, 영업 노하우 기술이 특별하다' 또는 '고객 응대 기술이 있어 사람을 잘 다룬다', '재고 파악과 비품관리를 잘한다' 등은 사실 기술이라고 하기에는 애매해 '노하우가 대단하다'고 말한다. 기술은 성과가 바로 보이지만, 비즈니스의 노하우는 바로 보여줄 수 있는 것이 아니다. 내가 기술이라고 해도 남들이 얼마나 인정해줄지 모르지만, 비즈니스의 기술은 배울 것이 많은 만큼 공부해야 할 분야도 넓다. 협상 세계에서 상대방을 설득하는 것만큼 어려운 것도 없다. 언어에서부터 현지 문화와 규범, 협상심리, 응대기법, 상담 매뉴얼 등 다양하다.

어떤 분야를 하든 아마추어가 되지 말고, 프로가 되면 하는 일이 전문화되고 확장된다. '이 일은 내가 아니면 안 된다'는 자부심을 가질 수 있도록 진정한 프로가 되어라. 수행하는 업무의 숙련도에 따라 그레이드가 정해진다. 직업을 제대로 가지면 남들이 할 수 없는 것을 차별되게 할 수 있고, 결과물을 만들어내는 능력(기술)을 가지게 된다. 지금 받고 있는 연봉은 이 회사가 아니더라도 나의 능력으로 받을 수 있는 내 몸값이다.

회사를 위해 일하는 고용인(雇傭人)이라고 생각하면, 자기 일을 하지 못하고 늘 남의 일을 하는 것으로 만족한다. 능동적이지 못하고 시키는 일을 수행하는 수동적인 사람이 된다. 직장에 있을 때 전문 직업을 가진다는 결심으로 공부하고 경험을 쌓으면 잘할 수 있는 일이 보이고 기회가 온다. 여러분이 직장에 몸담고 있을 때 후회하지 않도록 최선을 다해 배우고 경험을 쌓아서 자신의 직업을 만들어라.

직장에 있을 때 일터의 소중함을 모르고 퇴근 시간을 기다리고, 월급과 휴가를 기다리는 재미로만 직장을 다닌다면 자신의 모습이 얼마나 초라해지겠는가? 퇴사하고 나서 비로소 직장에 있을 때 '잘할걸' 하고 후회한다. '있을 때 잘해'라는 말이 정답이다.

고용인 없는 자영업자인 '나 홀로 사장'이 427만 명으로 매년 증가하고 있다는 보도가 있다. 2021년까지 전체 취업자 중 자영업자의 취직 비율이 40%대에 육박했던 것이 2022년에는 10%대까지 뚝 떨어지면서 고용인이 없는 자영업자 수는 계속 증가하고 있다. 근로자 임금 상승과 고금리·고물가·고환율 그리고 3년여의 코로나 팬데믹과 공공요금 인상까지 겹치면서 자영업자들이 수익을 낼 수 없는 구조로 고착화가 되고 있는 것이 그 원인이다. 특히 전문 직업이 있는 경우와 없는 경우에 사업의 위험 부담이 확연하게 드러날 수밖에 없다.

회사가 어려우면 고용주가 고용인과 우정(友情)처럼 계속 좋은 관계를 유지할 수 없는 게 사업이다. 사업이 어려울 때 고정비용, 즉 인건비를 가장 먼저 줄이게 된다. 결국, 인간관계는 손익계산서상의 관계로 남는 게 기업의 논리다.

그저 그런 사람이
되고 싶은가?

밑 빠진 양동이에 물을 가득 채우기 위해서 가장 먼저 해야 할 일은 새는 구멍을 막는 것이다. 마찬가지로 성공하고 싶다면, 성공의 열망을 가지는 것도 중요하지만 어떤 마인드셋을 해야 성공하고, 망하는지도 알아야 한다. 아무리 좋은 계획을 갖고 있더라도 현재 나의 위치와 상황을 모르면 아무 쓸모가 없다. 현재 있는 위치를 모르면 가장 좋은 내비게이션을 가지고 있다고 해도 소용이 없는 것과 같다. 목표에 도달하려면 현재의 위치를 정확하게 알아야 어떤 경로와 과정을 거치는지 알 수 있다.

나의 수많은 구멍 중 긴급하게 보수할 것이 무엇인지 알아야 한다. 지식과 경험이 쌓이기 위해서는 유혹을 먼저 차단해야 한다. 지금 나에게 낭비되고 버려지는 구멍들이 어떤 것들이 있는지 적어보자.

'그저 그런 사람'은 망했거나 망할 수밖에 없는 사람이다. 그래서 이 세상에서 가장 비참한 말이 '그저 그런 사람'이다. 그저 그런 사람은 그저 그렇게 생각하고, 그저 그런 일을 하면서, 그저 그렇게 사는 사람이다. 나는 글을 쓰면서 '그저 그런 글'을 쓸까 봐 긴장의 끈을 놓지 않고, 원고를 보고 또 생각한다.

"그 책 어때?"

"그 책은 그저 그래."

"읽어도 기억나는 게 없다는 말이지?"

"그저 그런 책들이 그렇지 뭐."

강의할 때도 '그저 그런' 강연이 되지 않도록 원고를 다듬고 수정하고 보완한다. 강의료를 내고 시간을 들여서 왔는데 얻어갈 것이 없다고 한다면 화나지 않겠는가? 회사도 '그저 그런 일'을 하려고 사람을 모아 월급을 주며 사업하려고 하지 않을 것이다. 회사가 새로운 프로젝트를 수행할 때마다 인력난을 호소한다. 오늘날 기업은 중장기적인 마스터플랜을 핵심 인력 몇 사람이 설계하고 이끌어간다.

지난날을 돌아보며 후회되는 것들은 '그저 그런 만남', '그저 그런 말과 행동', '그저 그런 일' 등이다. 회사에서도 '그저 그런 사람'인지, '없어도 되는 사람'인지, 아니면 반드시 '필요한 사람'인지 스스로에게 물어보면 자신이 어디에 속하는지 알 것이다.

'그저 그런 사람'이 되기를 작정하고, 그 길을 자원해서 가는 사람은 없을 것이다. 첫 단추가 잘못 끼워져 여기까지 온 이들도 있을 것이고, 시작한 일이 마음대로 풀리지 않아 시도를 멈춘 사람도 있고, 일이 두려워 시작할 용기를 내지 못하는 사람도 있을 것이다. 성공한 사람들을 따라 반드시 맞출 필요는 없다. 따라 하고 맞춘다고 맞춰지는 것도 아니다. 그러나 배울 것이 있다면 자신의 처지만 생각하지 말고 완벽하게 배워야 한다. 배움을 내게 적용할 수 있으면 내 것이 된다. 나답게 살기 위해 나만 가능한 것이 분명 있다. 내가 그 사람이 될 수 없고, 그 사람이 내가 될 수 없다. 마음만 먹으면 지금 바로 시작할 수 있는 것들인데, 어려워서 못하는 것이 아니라 안 하려고 하니 못하는 것이 된다. 그런 사람들에게는 다음과 같은 특징이 있다.

　첫째, 결심은 오늘 하고 실행은 내일부터 시작한다.
　조지 패튼(George Patton)은 "오늘 당장 하는 실행은 다음 번의 완벽한 계획보다 낫다"고 했다. 모든 일은 결심(決心)에서 시작한다. 특히 새해가 되면 여러 가지 계획을 세우는데, 그중 빠지지 않는 것이 다이어트 결심이다. 물론 성공하는 사람은 소수지만 계획을 세우지 않으면 불안하기 때문에 계획이라도 세워야 위안이 되는 사람이 많다. 오늘까지는 좋아하는 것 실컷 먹고, 내일부터 시작하자고 다짐한다. 내일은 다시 오늘이 되기 때문에 결국 실패한다.
　건강한 몸매를 유지하면 '자신감'이 생긴다는 말을 100% 공감한다. 자신감은 어떤 일도 해낼 수 있는 에너지다. 에너지 넘치는 사람과 일하고 싶고, 친하게 지내고 싶다. 건강한 몸매가 주는 에너지를 인정하는 사람들이 새해에 러시를 이룬다. 그러나 '편한 옷이 좋다'는 사람이 새해가 지나면 점차 늘어나고, 옷을 입어도 약점을 가려주는 편한 옷만 입고, 결국 일 년 내내 편한 옷만 찾는다.
　커리어우먼들은 전문 직업에 뛰어난 실력을 발휘하면서 자신을 가꾸는 일에도 부지런하다. 한 분야에 전문적인 직업을 가진 사람은 생활 수준도 높아 자신을 가꾸는 것은 기본이라고 생각한다. 자신도 케어하지 못하는 사람이 남을 케어한다고 하면 "너나 잘하세요"라는 소리를 들을 수 있다. 일상에서 꾸준하게 운동하고 있는 사람은 다이어트를 결심할 필요가 없다. 또 성공할 자신이 없는 사람도 결심할 이유가 없다.
　사랑하는 사람이 없는 사람은 사랑을 '고백할 결심'이 필요 없다. 반대로 '헤어질 결심'도 할 필요가 없다. 목표를 세워 오늘부터 시작하기로 한 것을 내일부터 하겠다고 한다면, 오늘 할 수 있는 일이 내일로 미루어짐에 따라 오늘은 할 일이 아무것도 없어진다. 오늘 할 수 없었던 일이 내일이라고 할 수 있다는 보장이 없다. 우리가 죽는 날까지 내일은 있다. 실패하고 게으른 사람들이 가장 좋아하는 전매특허가 '내일'이다. 내일이 오기 전에 오늘 할 일을 하지 않으면, 내일 할 일이 없어진다. 무계획이 계획이면, 자유인으로는 나쁘지 않을 것 같다.

둘째, 전문가에게 묻지도 않고, 공부도 안 하는 것은 교만이다.

전문가의 도움을 구하지도 않고, 공부도 안 하면서 '하는 것마다' 안 된다고 푸념하는 사람이 있다. 일을 잘하기 위해서는 잘할 수밖에 없는 짓을 해야 한다. 주위에 있는 사람을 잘 안다는 이유로 평범한 사람에게 조언을 구하거나 협력을 요청한다. 그들에게 잘하는 방법을 물을 바에는 안 묻는 것이 더 낫다. 채식주의자가 정육점을 하면서 고기가 좋다고 하며 파는 것과 같다. 인생은 한곳에 머물면서 아래로 향해 날개를 펴는 것이 아니라, 비상하고자 날개를 펴도록 설계되어 있다. 미래는 꿈꾸라고 있는 시간이다. 사람에게만 성장이 있는 것은 꿈을 이루고 앞으로 나아가라는 뜻이다. 만약 동물에게도 성장이 있었다면 인간은 벌써 멸종했을 것이다.

현실에 안주하면 현실을 직시하기 전에 과거의 사람이 된다. 인생은 길기 때문에 멀리 보아야 보이는 것들이 진짜다. 일터에서 일하는 기간도 40년으로 길어졌다. 멀리 보지 않으면 눈앞에 닥친 현재의 일이 인생에서 가장 중요한 일이라고 여기며, 집중하다가 정작 중요한 것을 놓치고 껍데기에 집착하게 된다. 가만히 두어도 과거가 그렇게 흘러갔듯이, 현재도 그렇게 흘러가게 되어 있다. 다만, 미래를 향해 현재에 꿈을 싣고 흘러서 보내느냐, 빈 배로 흘러서 보내느냐에 따라 인생의 지도는 완전히 달라진다.

낮은 시선은 언저리에 맴돌다가 낮고 작은 결과를 가져오고, 높은 시선은 한계를 허무는 높고 큰 결과를 가져다준다. 먹고사는 것으로 만족하면, 인생은 그 수준만큼 세팅된다. 목표를 향해 날고자 하면 날 것이고, 이대로 좋다고 여기고 머물고자 하면 날개를 접을 것이다. 실제로 날 준비가 되지 않으면, 전문가에게 조언을 들어도 자신이 실제로 무엇을 원하고, 또 무엇을 어떻게 해야 하는지 전혀 모르는 경우가 있다.

셋째, 빨리 포기할 것과 끈기를 발휘할 것을 구분하지 못한다.

진작 포기했어야 할 것을 끊어내지 못하고 끙끙거리다가 좋은 기회를 다 놓치는 경우가 있다. 그럼 성공한 사람은 끝까지 포기하지 않고 물고 늘어질까? 아니다. 자기에게 '맞는 일'을 찾았을 때만 환경을 탓하지 않고 끈기를 가지고 완성하는 저력을 발휘한다.

성공은 '끈기의 선물'이 분명하다. 그러나 시작한 일이라고 다 끈기를 발휘할 필요는 없다. '좋아하는데 잘하지 못하는 일'도 빨리 포기하지 않으면, 그 끈기 때문에 인생이 기회를 얻지 못하고 추락한다. 성공한 사람들은 무엇에 어떻게 끈기를 발휘하느냐에 있어, 자기에게 '맞는 일' 이외에 다른 건 모두 끊어내고 쳐다보지도 않는다. 한 가지 일에 몰입한다.

나에게 맞는 일이라고 해서 실패하지 않는 것이 아니다. 자주 시도하기 때문에 더 많이 실패할 수도 있다. 한 번 실패하면 그만두겠다는 생각이라면 아무리 좋아하는 일이라도 시작하지 마라. 인복이 없고 운이 없어서 실패했다고 분노하거나 좌절한다면 모든 사람이 시작을 미루어야 할 것이다.

한 번의 실패로 한 번의 기회가 주어진다. 결국, 인생도 한 번의 성공을 위해 멈추지 않고 시도하고 도전하는 것이다. 여러 번 성공할 필요가 없다. 한 번 성공하면 나머지는 절반만 노력해도 원하는 것을 얻을 수 있다.

대부분의 사람들은 치밀한 계획을 세워 시작해도 처음으로 마주하는 것에서 성공이 아니라 실패에 직면하는 경우가 많다. 사람들은 '이 일이 나에게 맞지 않는 것 같다'고 할 것이다. 맞지 않는 것이 아니라 어려울 뿐이다. 이 일을 넘어서야만 다음 문으로 들어설 수 있다. '이 일이 맞지 않다'고 하는 것은 '이 일을 하기 싫다'는 전제가 깔려 있기 때문이다. 어렵다고 피하면 계획을 세울 필요도, 시도할 필요도 없을 뿐만 아니라 성취한다고 해도 가치가 없다. 실패와 친해지지 않으면 실패가 성공으로 가는 길을 가르쳐주지 않는다. 실제로는 실패가 아니라 '성공으로 가는 과정'이라는 말이 더 정확하다.

낯선 길을 찾아가고 있는데 시행착오 없이 단번에 찾아가는 게 더 이상하다. 내비게이션의 말을 잘 들어도 엉뚱한 곳으로 갈 때가 있다. 실패하면 배우면서 깨닫거나 성공하거나 둘 중 하나다. 평생 가난한 상태로 남고 싶다면, 한 번만 실패하고 영원히 그만두면 된다.

넷째, 세상이 공평해야 한다고 생각한다.

사람들은 세상이 공평해야 하고, 공평이 정직과 정의라고 생각한다. 인권과 자유, 권리에서는 맞는 말이다. 그러나 자본주의 시장 논리에서는 역설적으로 공평하지 않아야 공평한 것이다. 능력이 있는 사람이나 없는 사람이 공평한 대우를 받는 사회를 기대하는 사회주의자들이 지금도 있다. 경쟁하지 않고, 능력 있는 자들이 대우받지 못하고, 최선을 다하지 않을 세상을 생각해보라. 기업은 그저 그런 물건을 만들어내고, 인프라는 붕괴되고, 서비스 산업은 종적을 감출 것이다.

공평하지 않은 환경을 탓하기 시작하면 나만 못난이가 된다. 억만장자 중에서도 열악한 환경을 딛고 성공한 사람이 더 많다. 지금의 상황에서 할 수 있는 일이 무엇인지, 현실을 극복할 방법을 찾는 일부터 시작하면 된다. 이러한 환경에 처하게 된 것은 무언가 여러분에게 기회의 메시지를 전달하고 있는 것이다. 나도 가끔 안 되는 일, 없는 것을 생각하다가도 있는 것을 생각하면 감사하게 된다. 기회라고 생각해도 좋다. 크게 성공하려면 큰 시련이 필요하고, 작게 성공하려면 작은 시련이 필요하다. 다만, 그저 그렇게 살려면 시련이 필요 없다.

다섯째, 되는 이유보다 안 되는 이유가 많다.

무엇을 시작하려고 하면 안 되는 이유가 웅크리고 있다가 들고 일어난다. 되는 이유가 많아도 시작은 두려움과 설렘이 교차하기 마련이다. 할 수 있는 것보다 할 수 없는 것에 대한 불편함을 피하다 보면 피할 수 없을 때가 온다. 불편한 것을 피한다면, 원하는 것을 성취하지 못할 뿐만 아니라 사는 것이 가장 불편한 것으로 남게 될 것이다.

아침 일찍 출근하는 것이 불편해서 회사를 그만두고, 일이 많아 감당하기 벅차서 그만두고, 싫은 사람이 많아서 회사 생활을 접고, 비교적 자유로운 자영업을 선택한다면, 이런 마인드로는 어떤 사업도 성공하기 어려울 것이다. 내일을 직장 일보다 더 열심히 해도 성공하기 쉽지 않다. 평생 열심히 살았지만, 성공하지 못한 이유는 남들처럼 해서는 남 이상 될 수 없다는 간단한 진리에서 찾아야 한다. 계속 가난하게 살고 싶다면 안 되는 이유를 찾고, 불편함을 언제까지나 피하면서 살면 된다.

여섯째, 평범하게 살겠다고 생각한다.

여러분들이 지극히 무난하고 평범하게 살면서 현실에 만족하면 여러분은 더욱더 평범해질 것이다. 평범함에 길들여지면 자신을 그저 평범한 사람이라고 세팅하며 살아가게 된다. 혹자는 "평범하게 사는 것이 가장 어렵다"고 한다. 불행하게 사는 사람의 모델이 될 수도 있을 것이다. 여기서 평범은 의미와 가치가 없는 삶을 선택하는 것을 말한다.

성공을 원한다면 평범함에서 벗어나야 한다는 것은 알고 있다. 그러나 성공한 사람들은 자신과는 차원이 다른 사람이라고 생각하면서도 성공한 사람들이 자신들과는 어떻게 다른지에 대한 관심은 없다. 성공한 사람들은 자기만의 높은 기준을 가지고 있고, 그들이 그 기준에서도 최고의 위치를 차지하려고 한다는 것을 알 수 있다. 분명한 것은 낮은 기준을 높은 곳에 설정해 더 가치 있는 인생을 살 수 있다면 백 번이고 고치고 수정해야 한다. 세상에서 내가 하는 일이 가장 중요하다는 믿음이 있어야만 그 일에 몰입할 수 있는 에너지가 생긴다. 그런 믿음이 없으면 엉덩이를 빼고 시늉만 하는 습관으로 망하게 된다. 평범하게 사는 것으로 만족한다면 남들만큼만 하면 된다.

일곱째, 완벽한 조건이 갖춰질 때까지 기다린다.

내일로 미루기 가장 좋은 방법이다. 최적의 조건과 타이밍에 시작하겠다는데 누가 뭐라고 할 사람도 없다. 그러나 완벽한 조건은 지금도 앞으로도 절대 찾아오지 않을 것이다.

그럼에도 불구하고 성공을 위한 완벽한 조건이 있다고 상상해보자. 그리고 시작했다고 가정해보자. 그러면 어떤 문제가 발생할까? 환경과 상황이 조금이라도 변하는 순간 완벽한 조건은 사라지고 여러분의 행동은 또다시 멈추게 될 것이다. 완벽한 조건으로 착각하지 않은 다음에는 그런 상황은 지속적으로 조성되지 않는다. 결과적으로 완벽한 조건에서 시작하겠다는 말은 '안 하겠다'는 말이다. 회사에서도 마찬가지다. 완벽한 조건에서 근로자들이 일하겠다면 모두 손을 놓고 있어야 할 것이다. 어려운 환경에서 시작해 이 상황이 더 나아진다는 것말고는 증명할 길이 없다.

그저 그런 일을 하며, 그저 그런 직업으로 평생 살기로 작정한 사람이 의외로 많다. 좀 더 생각하고, 좀 더 준비하지 않으면 결과도 언제나 그저 그런 결과밖에 얻지 못한다. 만약 열악한 상황에서 성공을 증명해냈다면, 다른 어떤 일도 똑같이 성공할 수 있을 것이다. 성공은 복제가 가능해 시간을 단축하고, 더욱 확장할 수 있는 기회를 제공한다. 모든 기회에는 어려움이 있으며, 모든 어려움에는 기회가 있다.

직장에서 성공하면
인생의 절반은 성공한 것이다

생각하고, 계획하고, 시도하는 것이 적성에 안 맞다고 하는 사람이 있다. 적성에 안 맞는 게 아니라 생각하는 것부터가 귀찮은 것이다. 생각하는 습관이 없는 사람은 의도적인 생각이 당연히 귀찮고 힘들다고 느낀다.

직장에서 열심히 일하면, 창조적이고 생산적인 결과를 얻기도 하지만, 항상 그런 것은 아니다. 때로는 사람을 지치게 하고, 결과에 대한 보상을 기대하고 낙망하기도 한다. 그리고 열심히 하는 것만으로는 부족하다는 것을 알게 된다.

늘 생각의 중심에서 멀어지지 않으려고 해야 한다. 열심히 일하면 남들보다 2배 이상 잘하기도 힘들지만, 생각의 부유함을 키우면 10배, 100배 아니, 1,000배까지도 잘할 수 있다. 이른바 'Work Hard'의 패러다임에서 'Think Hard'의 패러다임으로 방향을 전환하는 것이다. 나폴레온 힐의 저서 《생각하라 그리고 부자가 되어라(Think and Grow Rich)》에서는 부의 이동도 생각에서 시작된다고 한다.

지금까지 내 생각이나 의지대로 살아오지 않았다고 하더라도 내가 선택한 이 일이 나에게 어떤 의미며, 무엇을 위해 살고 있는지 돌아보면 후회하지 않을 자신이 있어야 한다. 내가 지금 하는 일에 인생을 던질 준비가 되어 있어야만 최소한 30년은 지루함과 따분함을 느끼지 않을 것이다. 인생의 마지막 순간까지 선택한 일에 가치를 부여하고 최선의 삶을 살았다고 생각된다면 잘산 것이다.

반대로 과거를 돌아보면 아쉽거나 미지근한 부분이 많아 후회한다면, 다시 돌아가 그저 그런 인생이 아니라 의미 있는 삶으로 고쳐보고 싶은 삶이다. 비단, 일뿐만 아니라 인간관계에서 성공했다면 인생을 얼마든지 부유하게 살 수 있었을 것이다.

청년들이 정녕 힘든 이유는 부단히 쌓아야 하는 스펙 때문이 아니다. 한 치 앞을 내다볼 수 없는 미래에 대한 불안감 때문이다. 그러나 잊지 말아야 할 것은 청년의 미래가 불안한 이유는 역설적으로 그만큼 가능성이 열려 있기 때문이다. 선택 사항이 많으면, 그만큼 스펙트럼이 넓어 할 수 있는 일이 많다는 의미다. 선택지가 줄어들 때는 그만큼 가능성이 줄어들고 나이가 들었다는 뜻이다. 그러므로 선택의 폭이 좁다는 것은 결코 좋은 것이 아니다. 할 수 있는 일이 정해져 있다는 말이다.

나는 나이가 들수록 젊을 때 일을 많이 하지 못해서 후회되는 것이 아니라, 인간관계를 소홀히 한 것이 못내 아쉽다. 직장 생활이 너무 바빠서 소홀히 했다고 핑계는 댈 수 있지만, 합리화는 안 된다. 바쁘고 멀리 있다는 핑계로 부모님을 자주 찾아뵙지 못한 것이 지금 가장 아쉽다. 다음부터는 자주 찾아뵈어야지 하면서 미루었던 것이 큰 회한(悔恨)으로 남는다. 인생이란 어디로 가느냐가 중요한 것이 아니라, 누구와 함께 가느냐가 더 중요하다.

인생 고백에서 "당신과 함께여서 정말 행복했습니다"라고 말할 수 있다면, 후회하지 않을 인생을 산 것이라고 생각한다. 직장에서 "당신과 함께 일할 수 있어서 감사하고 행복했습니다"라는 말을 듣는다면 직장에서 성공한 것이다.

한 직장에서 23년 동안 함께했던 동료가 내가 미국 유학길에 오를 때 "나는 신 이사가 있어 외롭지 않았네. 어려울 때 힘이 되어주어 지금 여기까지 왔네. 고맙네. 꼭 학위 받고 돌아오길 기도하겠네"라고 했을 때 여러 가지 일들이 순간적으로 지나갔다.

"나도 자네 때문에 여기까지 올 수 있었네. 감사하네. 함께했던 때가 그리울 거야. 건강하시게나"라고 답했다. 치열한 현장에서도 우정을 꽃피우며 행복을 누릴 수 있지만, 관계에서 얻는 동행의 소중함은 변하지 않고 오래간다. 그리고 직원들이 손편지를 써주었을 때 눈시울이 뜨거워졌다.

미국 카네기 공과대학에서 인생에서 실패한 1만 명을 대상으로 조사했는데, 그들의 실패 원인 중 85%는 원만치 못한 인간관계였다. 이제 타인과 잘 어울리는 것도 능력으로 인정받는 시대가 되었다. 직장은 '일 중심'이기 때문에 '관계'에 상처를 입을 수 있다. 관계보다 일을 먼저 생각하는 것이 조직이니, 논쟁과 갈등이 일어나는 것 자체에 과민하게 반응하면 동료가 적으로 보인다.

직장은 서로 다른 파트에서 다른 직업을 가지고 일하는 곳이다. 따라서 의견 대립은 항상 존재한다. 그렇다고 내 편 네 편으로 갈라서 대립하면 안 된다. 갈등을 조정하고 통합하는 것은 리더의 몫이다. 건강한 직장은 서로가 다른 것을 인정하고 비판하지 않는다. 다름이 있기에 서로 배우고 성장하는 것이다.

마음에 맞지 않는 사람까지도 끌어안고 설득하는 것 또한 직장 생활의 한 부분이다. 인생의 절반을 직장에서 보내는데, 직장 생활이 만족스럽지 못하고 우울하다면 어디서 행복을 찾겠는가?

사람들은 행복하기 위해 다른 많은 것들이 있어야 한다고 생각한다. 좋은 직장이 있고, 그 위에 돈도 있고, 건강도 있고, 좋은 배우자, 훌륭한 자녀도 있어야 한다고 생각한다. 진정한 행복은 많은 것을 요구하지 않는다. 요구가 많으면 이미 행복이 아니다. '좋은 직장' 하나만으로도 충분히 행복하다. '더 많은 병(The Disease Of More)'에 걸린 사람 중에 '더 많은' 목표에 도달한 사람은 지금까지 한 사람도 없다. 원하는 것을 가질 수는 있지만, '더 많은 것'을 채우거나 충족시킬 수 있는 것은 존재하지 않는다.

인간은 이미 가지고 있는 것에 대해서는 만족을 느끼는 시효(時效)가 짧다. 행복의 요소가 시간이 지나면 더 이상 행복감을 주지 못한다. 소유의 행복이란 매우 상대적이다. 물질세계는 그냥 얼마나 많이 가졌느냐가 아니라, 남보다 얼마나 더 가졌느냐가 훨씬 더 중요한 요소기 때문이다.

비교할 때도 자기보다 남의 행복을 과대평가하는 경향이 있다. 자기가 가진 것은 과소평가하고, 남이 가진 것은 과대평가에 초점을 맞추어 판단하는 것을 '초점주의(Focalism)'라고 부른다. 남에게 손 벌리지 않고 가진 것에서 나눌 수 있는 여유가 있으면 그것으로 충분하다.

행복이란 불행에서 되돌아볼 때만 진정한 가치를 알 수 있다. 벼랑 끝에 서보지 않은 사람은 행복의 조건들을 당연하게 생각한다. 세상에는 당연한 것이 없다는 것을 알기 전까지는 행복을 행복으로 느끼지 못한다. 직장에 다닐 때는 그만두고 싶은 그 직장이 취준생에게는 얼마나 부러운 대상인지 모른다. 그래서 우리는 있을 때 잘하고, 좋은 이미지를 남겨야 한다.

20대는 하고 싶은 것을 두루 해보고, 30대는 가장 잘하는 것을 찾고, 40대는 잘하는 것을 더 잘할 수 있도록 노력하고, 50대는 나만의 노하우로 성공의 길로 들어서야 한다. 60대부터는 돈이 조금 있다고 해서 이것저것 벌리지만 않으면, 아침에 눈을 떴을 때 걱정 없이 하고 싶은 일을 할 수 있을 것이다.

직장에 다니거나 사업을 할 때는 항상 스트레스를 받고 전전긍긍해야만 현재 상태를 유지할 수 있기에 소중한 것을 놓치고 살아가기 마련이다. 그렇기에 힘들면 잠깐 쉬어갈 수 있는 여유, 생각이 정리가 안 되면 따사로운 햇살과 스치는 바람결에 나를 내려놓을 수 있는 힐링의 공간이 더욱 필요하다.

일이 밀려 바쁘다 보면, 생각할 여유가 없이 일을 처리하고 나중에 생각하게 된다. 행동이 생각보다 빠르면 계획되지 않았던 방향으로 걷잡을 수 없이 흘러가는 경우가 있다. 그저 그런 삶을 살기를 원하는 사람은 없을 것이다. 원하지 않은 방향으로 흘러가는 것을 적극적으로 개입하지 않고 방치하다 보니 인생도 그렇게 흘러간 것이다. 나는 강의할 때면 사람들에게 목표를 적을 때 목표를 이룬 것처럼 현재 시제로 적으라고 한다.

"나는 올해 무엇을 어떻게 해서 얼마를 벌고 있다. 어떤 것을 성취해서 내가 원하는 집에 살고 있으며, 내가 하고 싶었던 것을 할 수 있어 너무 좋다."

"나는 올해 진급을 위해 이 일은 이렇게 공부하고, 저 일은 저렇게 경험을 쌓아서 소망하던 목표를 이룰 수 있어 감사하다."

인생에서 '명확성'은 너무나 중요하다. 목표가 분명하면 24시간 무의식적으로 생각하고, 우리의 삶 속에서 현실로 만들어준다. 현재 시제로 상상하면 뇌는 이미 이루어진 것처럼, 구체적인 대안을 제시하고 그림을 그린다.

처음부터 잘할 수도 없을 뿐만 아니라 잘하는 사람도 없다. 처음에는 50% 안에 들고, 30%, 10% 안에 드는 계획을 세워보라. 여러 분야에서 1% 안에 들 수도 없지만, 들 필요도 없다. 좋아하고 잘하는 것에 집중하고 몰입하면 누구나 한 가지는 가능하다.

요즘 젊은이들은 집중하기가 어려운 환경에 놓여 있다. 정보 과잉 시대에 해야 할 것과 알아야 할 것이 너무 많아 무엇에 집중해야 하는지 분별하기가 쉽지 않다. 자고 일어나면 새로운 정보가 쏟아진다. 통계에 따르면 대부분 국가에서 다섯 명 중 한 명 정도만 몰입을 경험한다고 한다. 몰입의 횟수와 시간에 따라 다르겠지만, 장시간 몰입하지 않고서는 잘할 수 있는 일이 없다. 직장생활은 시간과 밀접한 관련이 있다. 그 시간을 동일하게 사용하는 근로자들 중에 몰입하는 사람이 분명히 있다.

몰입을 왜 해야 하는가?
몰입 외에는 잘하는 방법이 없는가?
몰입이 어떤 효과가 있는가?

그 이유는 몰입 외에는 그 어떤 일도 잘할 수 없기 때문이다. 그냥 잘하는 것이 아니라, 탁월하게 잘하기 위해서 몰입하는 것이다. 몰입은 여러분이 하고자 하는 일을 잘하게 하고, 완성시키기 때문이다.

강의할 때 "몰입하지 않으면 제대로 완성되는 것이 하나도 없다"고 하면 사람들은 "해야 할 것이 너무 많아 한 가지에 집중하기가 더 어렵다"고 말한다. 모두 다 중요하다는 전제는 몰입의 최대 적이다. 만약 돈을 많이 벌려고 해도 생각해야 할 분야가 한두 가지가 아니다. 공부하고 탐구해야 할 분야도 여러 가지다. 아무리 능력이 뛰어난 사람도 한 번에 두 가지 생각을 하지 못한다. 그리고 두 가지 일을 하지 못한다.

물론 TV를 보면서 밥을 먹을 수 있고, 걸어가면서 전화할 수 있고, 기타를 치면서 노래할 수 있다. 이런 일은 한 가지에 집중하지 않아도 되는 일이다. 시간을 줄여주는 멀티태스킹이 가능한 일이 늘어나고 있기는 하다. 음악을 들으며 파워포인트를 만들거나, 파일을 다운로드 받으면서 이메일을 작성하고, 동영상 인코딩을 하면서 웹서핑을 하면 시간을 절약할 수 있다.

그러나 한 가지 일에 집중하면서 다른 일을 생각하며 할 수 없는 게 몰입이다. 만약 여러분이 딱히 노력하지 않아도 자연스럽게 그 일에 몰입이 된다면, 여러분에게 정말 잘 맞고, 좋아하는 일을 하고 있다는 것이다. 그리고 실력도 있는 것이다. 좋아하는 일이지만 실력이 부족하다면 몰입이 안 된다. 실력이 약간 부족하면 조금의 스트레스를 동반하는 '각성' 상태가 찾아올 것이다. 그리고 실력이 많이 부족하다면 '불안감'이라는 형태로 찾아올 것이다. 젊은이들에게 강의하거나 상담할 때 "어떤 일을 하면 좋은지 말씀해주세요"와 같은 질문을 받았을 때 나는 이렇게 대답한다.

"좋아하는 일을 해보고, 그중에 잘하는 일을 찾으세요."

"제가 무얼 좋아하고 잘하는지도 모르겠어요."

"지금까지 살아오면서 좋아해서 심취해본 적이 있는 것을 말해보세요."

"굳이 이야기하자면 여행하는 것과 맛집 탐방을 좋아해요."

"그건 누구나 다 좋아하는데요. 직업이 되려면 다르게 생각하고, 관점도 달라야 해요. 누구나 좋아하는 취향이 직업이 되기 위해서는 더 생각하고, 더 고민해야만 경쟁력 있는 콘텐츠가 만들어져요. 한마디로 성공하기 어렵다는 말이지요."

"박사님, 그럼 어떻게 하면 좋을까요?"

"먼저 '무엇을' 할 것인가를 정하세요. 그리고 '어떻게' 할 것인가를 생각하세요. 그러면 방향은 정해진 것입니다. 그다음은 몰입하면 됩니다."

이 두 가지만 확실히 개념을 잡으면 된다. 그리고 자연히 흥미를 끌고 시간 가는 줄 모르고 몰입하는 일이 나의 일이다.

좋아한다고 덜컥 시작하면 사업을 제대로 해보기도 전에 파산하기 딱 좋은 모델이다. 좋아한다고 직업이 되거나 비즈니스가 된다고 생각하는 것은 천진난만한 생각이다. 누구나 좋아하는 것을 비즈니스 모델로 만들기가 가장 어렵다. 사업은 재미로 하는 게 아니라 투자 대비 수익구조에 초점을 맞추어 디

테일한 플랜을 짜야만 비즈니스가 되고 오래갈 수 있다. 좋아하는 기분이나 감정은 한 달이면 사라진다. 그리고 주위에 보면 퇴직하고, 가진 돈에 따라 사업 아이템을 정하는 사람들이 있다. 이 경우도 시간의 차이일 뿐 오래 버티기 어려운 케이스다.

일본의 한 여성은 명품을 너무 좋아해서 원정까지 가서 사야만 직성이 풀렸다. 그런데 지출이 수입을 초과하게 되어 파산했다. 그런데 이 사람은 파산으로 끝내지 않고, 과소비하게 된 동기와 과정을 책으로 출판하게 되었는데, 반응이 좋아 유명인이 되었다. 만약 그냥 좋아했다면 다른 사람들과 차이가 없었을 것이다.

지금 정말 좋아하는 것이 생겼다면, 지금까지 했던 일을 모두 버릴 수 있어야 잘할 수 있다. 처음에는 좋아하는 일을 해야만 꾸준히 지속할 수가 있다. 좋아하지 않으면 싫증을 내고 중간에 그만두기 때문이다. 꾸준히 한다는 것은 좋아한다는 것이고, 좋아하는 것은 잘할 수 있는 확률을 높이는 것이다. 지난 일에 대한 반사이익까지 미련 없이 포기하고, 백지 상태에서 시작할 수 있다면 정말 좋아하는 것이다.

옆에서 사람들이 "정년까지 걱정 없고, 노후가 보장되는 공무원이 최고다"라고 하면, 바로 학원에 등록하고 책을 사고 어제까지 생각지도 않았던 직업에 뛰어든다. 진로를 정하는 일은 시도의 문제가 아니다.

실제로 자신의 적성을 탐색해본다면 얼추 70~80%는 맞는지, 안 맞는지, 좋아하는지, 싫어하는지 알 수 있다. 대학 진학할 때 문과와 이과를 정하듯이 큰 틀만 정하면 각론 부분은 시간이 조금 걸려도 괜찮다.

요사이 젊은이들은 탐색의 과정에 시간이 걸리니까 낭비라 생각하고, 뭐든 빠른 결정을 내리고 싶어 한다. 성과가 천천히 나온다고 하면, 그 기간을 줄일 수 있는 방법부터 찾는다.

"1년이면 해보겠는데, 3년이면 힘들어. 5년이면 내가 할 수 있는 일이 아니야" 하면서 나가자빠진다. 나도 처음에는 5년이란 세월이 너무 긴 시간이라고 생각했는데, 전문가가 되려고 하면 적어도 10년은 걸려야만 어느 정도 쓰임새가 있다는 것을 알게 되었다.

시간의 과정을 통과하지 않고, 결과만 보이는 경우는 순서와 과정을 무시하게 되어 있다. 직장에서 제대로 배운 사람은 순서와 과정을 소중하게 여기게 되어 있다. 직장에서 성공하면 다른 일도 성공할 확률이 높은 이유다. 결과적으로 목표가 클수록 시작이 정확하고 과정도 분명해야 한다. 큰 목표이든 작은 목표이든 성공의 메커니즘은 똑같다. 왜냐하면, 호랑이가 토끼를 잡으려고 해도 전력을 다하지 않으면 놓치기 때문이다.

II. 왜, 이 일을 하려고 하는가?

꼬리가
몸통을 흔든다

오늘날 기업의 시스템은 소수의 몇몇이 전체를 움직이고 영향을 미친다. 부의 편중 현상도 점점 심화되어가는 글로벌 시장에서 승자독식으로 흘러가는 것을 당연한 것처럼 받아들이고 있다. 어렵게 상장(上場)했지만, 상장한 기업의 대부분은 미미한 실적을 내고, 단 몇몇 기업만이 손에 꼽을 정도로 대단한 실적을 내면서 주식 시장을 주도하고 있다.

워런 버핏(Warren Buffett)을 '투자의 귀재'라고 말하는 이면에는 실패의 역사가 있지만 가려져 있을 뿐이다. 수많은 기업 투자 중에 형편없는 실패작이 훨씬 많지만, 아무도 이야기하지 않는 것은 꼬리가 몸통을 흔드는 수익률의 이면을 보기 때문이다. 워런 버핏은 "평생 400~500곳 주식을 보유했지만, 큰돈을 벌어주는 곳은 그중 10곳 내외다"라고 했다. 최고의 투자 성공 사례 몇몇을 제하면 장기 실적은 거의 평균에 가깝다.

성공과 실패도 마찬가지다. 도전에는 실패가 훨씬 많지만 단 한 번의 성공으로 실패는 가려지기 때문에 실패하고, 또 실패하면서 도전하는 것이다. 10번 시도하면 1~2번 성공할 수도 있고, 그렇지 않을 수도 있다. 시도해서 실패하는 것은 능력이 없거나 운이 없어서 그런 것이 아니라, 원래 실패하는 것이 정상이다. 아직 때가 아니라서 그렇다고 생각하라. 성공을 성공되게 하려고 생각의 사이즈를 키우는 중이라고 말하라. 단 한 번의 성공으로 10번의 실패를 만회하려고 말이다. 10번의 삼진을 당하고 그랜드슬램의 홈런을 치면 10번의 삼진이 가려지는 것과 같다. 삼진을 당하는 것만큼 홈런을 칠 확률이 높아지고, 가까이 오고 있다고 말이다.

우리는 실패를 패배로 아는 경향이 있다. 실패해도 도전을 멈추지 않고 끝까지 실패하지 않으면 실패한 것이 아니다. 성공한 사람들은 실패하는 일이 아주 정상적인 과정이며, 실패에 대해 관대했다는 사실을 알게 된다. 기자들이 에디슨(Thomas Edison)에게 전구 발명 과정에서의 1,000번의 실패를 묻자 "나는 1,000번을 실패한 게 아니오. 단지 1,000번의 단계를 밟아 전구를 발명했을 뿐이오"라고 했다.

이길 때 크게 이기기 위해 작게 지는 법을 여러 번 배우는 것이다. 질 때 작게 지는 법을 배우는 사람이 결국은 성공한다. 묻히고 잊혀질 아이디어가 실패의 기회를 통해 빛을 보게 되는 경우가 있다. 기대했던 머리가 꼬리가 될 수 있고, 기대하지 않았던 꼬리가 전체를 흔들 수 있다.

오늘 해가 떴다고 해서 내일도 뜬다는 보장은 없다. 마찬가지로 오늘 비가 온다고 해서 내일도 비가 온다는 보장이 없듯이 투자와 비즈니스 세계도 예측대로 흘러가지 않고 생각지도 않았던 아이템이 핵심 테마주로 떠오르는 경우가 있다.

〈Wag The Dog(꼬리가 개의 몸통을 흔든다)〉라는 1997년의 미국 영화도 있는데, 투자와는 상관이 없는 정치 이야기다. 10번 투자해서 1~2번 성공했다고 해서 영원한 성공의 공식이 되는 게 아니다. 중요한 것은 그 누구도, 언제까지나 같은 방식으로 100% 성공할 수 있는 것이 아니라는 말이다. 《돈의 심리학》의 모건 하우절(Morgan Housel)은 "중요한 것은 100% 이기는 게 아니다. 그것은 이길 때 크게 이기고, 질 때는 작게 지는 것이다. 크게 이길 그 순간에 집중하라. 그러면 꼬리가 전체를 흔든다"고 했다.

소수의 기업이 지수의 전체 상승을 주도한다. 소수의 기업이 상장 회사 전체의 매출을 책임진다. 승자독식의 자본주의에서는 얼마든지 가능한 현상이다. 상승장을 이끌 때도 몇몇 기업 외에는 장기적 실적이 평균에도 미치지 못한다.

애플, 아마존, 알파벳(구글), MS, 메타(페이스북)의 빅테크 5대 기업 매출이 브라질, 스페인, 인도네시아, 멕시코 등의 한 나라 GDP보다 높다. '꼬리'격인 상장지수펀드(ETF) 시장이 매년 가파르게 상승하면서 '몸통'인 주식 시장에까지 영향을 미치고 있다. 시장 규모가 커지면서 상품 유형도 다양해지고 있다. 채권형 ETF와 단일 혹은 소수 종목에 집중 투자하는 ETF가 출시되고 있다.

거의 모든 사람이 실패를 많이 해봤기 때문에 실패하는 일이 낯선 것이 아니라 아주 정상적이며, 실패에 대해 지나치게 과민반응을 보일 필요가 없다는 뜻이다. 마차를 몰다가 자동차를 모는 것과 같이 처음에는 어색하고 낯설지만, 시행착오를 거치면서 적응하는 것과 같다.

모두가 안 된다고 할 때 산업의 변화를 주도하고, 창의적인 선도자인 퍼스트무버(First Mover), 소비자의 원츠(Wants)와 니즈(Needs)를 먼저 캐치하고 대응하는 트렌드세터(Trend Setter), 주변 사람이 다 떠나갈 때 남아서 신의를 지키는 리더가 꼬리로 몸통을 흔드는 사람이다. 입사 때 기대하지 않았던 직원이 두각을 나타낼 때, 처음 기대했던 직원보다 더 챙기고, 능력을 장려해주고 이끌어주고 싶은 것은 인지상정이다.

당신의 능력을 전혀 쓸모없는 것으로 만드는 회사는 여러분에게 맞지 않을 뿐이다. 회사가 여러분을 잘못 선택했거나, 여러분이 회사를 잘못 선택했거나 안 맞는 것은 같다. 나를 필요로 하는 직장에서 필요한 일을 할 수 있다는 것은 인적자원의 효율성이 생산성에 지대한 영향을 미친다는 것을 증명하기에 충분하다. 회사는 한정된 인적자원으로 최선의 방법을 찾고, 최대의 결과를 이끌어내기 위해 여러 프로그램을 운영하고 있다. 인적자원을 개발하기 위한 것에는 교육, 훈련, 현장 파견, HRD(Human Resources Development), 그리고 보상이 있다. 기업 성장의 핵심은 인적자원 확보, 개발, 활용, 보상, 관리에 달려 있다. 인재 영입에 성공한다고 해도 능력을 충분히 발휘할 수 있는 시스템이 없다면 투자만 하게 되는 것이다.

여러분의 능력을 무력하게 만드는 것은 두 가지가 있다. 하나는 여러분이 가지고 있는 능력이 특별한 것이 아니라 누구나 할 수 있는 능력이거나 또 하나는 회사가 여러분의 능력을 수용할 만큼 시스템화되어 있지 않기 때문이다. 여러분이 그나마 가지고 있는 능력이 무용지물이 되기 전에 확장하고, 혁신해 현장에 적용할 수 있는 실전 능력을 함양하라.

관료적인 수직 체계, 과거 성공에 익숙한 문화, 무능한 상사, 시스템 부재, 소통과 협업이 안 되는 부서, 혁신과 변화를 두려워하는 조직 등이 관행으로 자리 잡고 있는 회사라면 여러분의 능력을 전혀 쓸모없는 것으로 만들 것이다. 획일화된 조직에서 10년 있으면, 10년만큼 뒤처지는 무능한 인간을 만들어내는 공장이 된다.

주변 여건이 여러분이 가지고 있는 능력을 전혀 쓸모없는 것으로 만들고, 타성에 익숙한 관료주의라면 거기에서 빨리 뛰쳐나와야 한다. 몸통이 거기 있다고 해서 남지 말고, 소수의 창조자로서 꼬리가 몸통을 흔드는 사람이 되는 방법은 그런 사람이 있는 곳으로 가서 배우는 것이다.

문제는 직장인은 언제나 '최적의 조건'만을 고집할 수 없다는 것이다. 직장에서는 일하기 싫은 것도 해야 하고, 적성에 맞지 않은 프로젝트도 수행해야 하고, 싫어하는 사람과 손발을 맞추어야 하고, 최악의 컨디션에서도 최대의 결과를 내놓아야 한다. 직장뿐만 아니라, 직업을 가진 전문가들에게도 똑같이 적용된다.

여러분은 처음부터 성급하게 최고가 되려고 하지 말고, 최선을 다하는 사람이 되어라. 성급하게 최고의 사람이 되려고 하면, 반드시 문제가 생긴다. 주위 사람들은 최고가 되려는 사람을 좋아하지 않는다. 또 최고가 되기 위해서 과정을 무시하고 쉽게 불의와 타협할 수도 있다. 언제 어디서나 최선을 다하면 사람들이 최고의 리더로 인정해주는 날이 반드시 온다.

똑똑한 인재를 바보로 만들 수 있고, 바보를 인재로 만들 수도 있는 게 직장이다. 직장에서 직업인으로 일하느냐, 직장인으로 시키는 일만 하느냐는 큰 차이가 있다. 조직을 떠나 혼자서 하는 자기계발에 잠재 역량을 100% 발휘하는 사람도 있다. 조직에 들어오면, 협업하는 것이 원만하지 않아 관계에 어려움을 겪으며 갈등하는 사람들도 있다.

요즘의 업무 스타일은 팀 중심으로 움직이는 프로젝트가 많기 때문에 원만한 관계를 맺는 것도 능력이다. 업무 효율을 극대화하는 방법은 과거의 업무 스타일을 내려놓고, 통합의 리더십에 적용하기 위해 과거 자기 통제하에 두었던 것을 과감하게 포기하고 조정하는 것이다. 정리가 안 된 채 어정쩡한 상태에서는 잠재 역량을 극대화하기 어려울 뿐만 아니라, 새로운 변화를 따라가기가 불가능하다. 전에는 유용했던 전략이 현재의 환경에서는 불필요하다면, 가능한 빨리 버리는 것도 현명한 결정이다.

회사 초창기에 내가 작성한 문건이 흡족하지 않아 밤새 자료를 찾아 수정해도 2%가 부족한 느낌을 지울 수가 없던 시절이 있었다. 임원이 되어서도 직원들이 올린 문건들이 마음에 안 들어 다시 수정하고 보완해서 외부로 내보내곤 했다. 국내외로 나가는 보고서는 더욱 신경 쓰느라 잠을 제대로 못 잔 적이 많았다.

그런데 팀워크 중심의 체제로 전환하고, 직원들의 의견을 경청하면서 수정할 것과 보완할 것을 스스로 결정하게 했더니, 내가 생각하지 못했던 것까지 의견들이 풍성해지고 아이디어가 기회를 얻게 되었다. 자식은 만지면 만질수록 삐뚤어지는 것과 같이 직원들도 가르친다고 간섭하기 시작하면 창의성이 떨어지고, 원하는 목표에서 점점 멀어진다. 공동체에서 조직의 역량과 신뢰가 얼마나 중요한가를 깨닫게 된 계기가 되었다. 자신을 전폭적으로 믿어주고 자율적인 권한을 주면 잠재 능력을 발휘한다. 좋은 리더를 만나면 자신의 역량을 두 배로 발휘할 수 있다. 좋은 사람을 만나는 것은 나의 의지와 상관이 없지만, 먼저 내가 좋은 사람이 되면 주위에 좋은 사람이 모인다.

여러분들도 좋은 리더 만나기를 사모하고, 내가 좋은 구성원이 되도록 노력하면 시너지 효과가 공동체를 통해 나타난다. 직장 내의 대체적인 문화가 '새로운 일에 도전'하기보다는 '실패하지 않는 것'을 우선하는 분위가 깔려 있다. 혁신적인 일에 도전해 실패하면 비난의 화살이 쏟아지는 모험은 잘해야 본전이라는 생각이 지배적이다. 도전은 언제나 성공보다 실패할 확률이 훨씬 높기 때문에 욕먹을 각오를 하고 덤비지 않으면 시작할 수 없다는 뜻이다. 회사의 분위기가 실패를 장려할 수는 없지만, 용인하고 다음을 준비할 수 있도록 돕는 문화가 필요하다.

삼성의 이건희 회장은 2002년 한 언론사와의 인터뷰에서 "한 명의 천재가 10만 명을 먹여 살리는 인재 경쟁의 시대"라고 선언했다. 인재에 대한 투자와 경영에 초점을 둔 이건희 회장은 삼성을 초일류 기업으로 성장시키는 원동력을 '인재 경영'으로 보고, 실패를 용인하고 아낌없는 지원과 환경을 조성한 결과 삼성을 글로벌 회사로 이끌었다.

삼성은 우수한 인력을 발굴하기 위해 지금도 다양하게 노력하고 있다. 우수함이란 능력과 인성 그리고 가치다. 장점이 많은 사람이 임원이 되는 것보다는 그 분야에 능력이 있고, 인격적으로 흠결이 없고, 신망을 받는 사람이 임원의 위치에 오를 수 있다. 리더십을 발휘할 수 있는 덕목이기 때문이다.

삼성이 임원을 발탁할 때의 두 가지 조건은 3년 연속 A등급 이상, 업적평가 기여도의 탁월성이다. 또한, 업무태도, 대인관계, 조직관리능력, 사업수행능력 등을 다각도로 평가한다.

도전에 뛰어들어 최선을 다하지만 성공할 확률보다 실패할 확률이 훨씬 높다는 것은 역설적으로 실패가 쌓여야 성공의 문을 열 수 있다는 말이다. 미국의 성공한 기업 오너들을 보면 대학교를 중퇴하고 나와서 자기만의 방법으로 마음껏 실패해도 괜찮은 실험실에서부터 시작한 사람들이다.

스티브 잡스(Steve Jobs), 빌 게이츠(Bill Gates), 마크 저커버그(Mark Zuckerberg) 그리고 요즘 세계에서 가장 주목받는 두 신흥 기업가 챗GPT 열풍의 주역인 30대 '오픈AI'의 설립자 샘 올트먼(Sam Altman)과 26세 나이로 세계 최연소 억만장자에 오른 자율주행차 라이다(Lidar) 센서 기업인 '루미나테크놀로지(Luminar Technologies)'의 오스틴 러셀(Austin Russell)도 스탠퍼드대학교의 중퇴자들이다.

어느 조직이나 실패를 쿨하게 받아들이는 데 인색한 것은 벤처 동아리가 아닌 이상 익숙하지 않은 모양이다. 시행착오를 실패로 규정한다면 창조적인 아이디어가 가치를 인정받지 못하고 혁신 기업이 될 수 없다.

내가 있었던 미국 IBM 왓슨 연구소에는 AI, 빅데이터, 클라우드, 블록체인 등 혁신적인 분야의 전문가들이 많다. 미국 동료 중 두 명이 퇴사해 벤처 기업을 창업했고, 5년 만에 성공해 지금은 유니콘(Unicorn) 기업(기업 가치가 1조 원 이상이면서 설립한 지 10년 이하인 스타트업을 말한다)이 되었다. 함께했던 사람들이 성공한 모습을 보면 다 이유가 있다. 부럽기도 하지만 나는 IT 전문가가 아니기에 매니지먼트(Management)로 기업활동이 경영의 목적에 부합한 가장 효과적인 성과를 내기 위한 시스템을 만드는 데 보람을 느꼈다.

체계적인 관리와 운영에 맞는 매뉴얼을 만들고, 프로그램과 마케팅이 기업에 동기유발 효과로 실적이 개선되고, 시장에서 선점 확보를 위해 치열하게 경쟁하면서 고객으로부터 가치를 인정받기 위해 몰입한다. IT 기업에서 혁신적인 제품이 출시되더라도 경영, 마케팅, 관리, 운영, 마켓쉐어에 대한 컨센서스가 없으면 시장에서 경쟁력을 잃고 말기 때문이다.

직장에서 자신이 좋아하는 일만 할 수 있으면 좋겠지만, 직장 환경은 좋아하는 일만 골라서 할 수 있는 구조가 아니다. 반대로 하기 싫은 일을 어느 누군가는 해야 하는데, 내가 그 일을 떠맡을 수도 있다. 회사에서는 내가 좋아하지 않는 일도 당연히 잘해내기를 바란다.

여러 파트를 거치면서 커리어를 쌓는다면 좋은 경험이 될 수 있는 피드백을 받을 수 있다. 세상에는 좋은 사람만 있는 것이 아니듯, 좋아하는 일만 할 수 있는 것도 아니다. 직장 생활을 오래 하다 보면 이것저것 어느 정도는 할 줄 안다. 여러 가지를 잘할 수는 없지만, 시간이 가면 잘하는 분야가 정해지고 확장된다.

문제에 매몰되어, 성공으로 나아가기보다 실패하지 않겠다는 소극적인 태도가 직장에 뿌리내려 있다면, 나를 위해서 빨리 걷어차고 나와야 한다. 회사에서 주어진 일을 반복적으로 하면서 승진의 꿈을 포기하고 하루하루 버텨내는 것으로도 늘 바쁘고 시간이 없다. 자기계발에 시간을 투자하지 않으면 시간이 남아돌 것 같지만, 그렇지 않다는 게 아이러니하다. 계획에 없는 시간은 규모 없이 늘어지는 게 특징이다. 시간을 집중해서 사용하지 않으면 1시간에 할 것이 2~3시간 늘어진다.

만약 시간 계획 없이 은행에 가야 한다면, 은행 문 닫을 때까지만 가면 된다는 생각이 지배하게 된다. 하루를 돌아보면 온종일 한 일은 은행에 갔다가 온 일밖에 없다. 시간을 늘려 쓰는 습관이 있으면 무엇을 해도 결과가 없고 나름 바쁘다. 일의 성과는 고도의 집중과 몰입에서 나오며, 정작 중요한 일에 집중해서 쓸 시간은 늘 부족한 게 문제다.

우리의 일상에서 꼬리가 몸통을 흔드는 일은 주위에서 얼마든지 볼 수 있다. 미국에서 이 속담은 주로 증권 시장에서 선물이 현물 시장을 흔드는 현상인 '웩더독(Wag the Dog)'을 말한다. 마케팅 분야에서도 사용되는 개념이다. 소비자들이 구매하는 본 제품보다 사은품이 더 큰 판매 효과로 이어지는 현상을 말한다. 그리고 요즘은 '웩더독'이 정치 용어로 사용되면서, 정치인들이 자신의 약점을 감추거나 비난을 잠재우기 위해 유권자들의 관심을 다른 데로 유도하는 데 많이 사용되고 있다. 일을 제대로 해내지 못하는 사람은 사소한 일에 묻혀서 정작 중요한 일은 차선(次善)이 되어 버린 사람이다.

우선순위에 밀려 한 번 차선이 되면 잘할 수 있는 기회를 놓쳐버린다. 가난한 사람들은 하루하루 살아가기에 급급해 현재 일들을 처리하느라 우선순위의 일을 생각하고 돌아볼 겨를이 없다.

"꼬리가 무거우면 흔들기 어렵다"라는 말도 있다. 주객전도(主客顚倒)되면 그때부터는 길게 드리운 무게를 바로잡을 수 없을 뿐만 아니라 자신의 삶을 지탱하기도 버거워진다. 꼬리가 몸통을 흔들면 꼬리가 몸통을 부정하게 되는 형국(形局)으로 전혀 의도하지 않았던 방향으로 인생이 흘러가게 된다. 이것이 맞는가, 틀린가 하는 논쟁의 문제가 아니다. 중요한 것은 내가 원하는 방향과는 별개다. 옳은 것을 인정하고, 삶의 방향을 언제든지 바꿀 의지가 있는가 하는 태도의 문제다. 우선순위가 선명하면 의사 결정도 분명해지고 쉬워진다. 내 삶에 필요해서 채울 것이 무엇이고, 불필요해 들어내어야 할 것이 무엇인지 알면 인생을 내가 원하는 대로 이끌어갈 수 있다. 어떤 일에든지 선후(先後)가 있고, 경중(輕重)이 있고, 완급(緩急)이 있다. 이것 중에 어느 하나가 뒤바뀌거나 속도 조절에 실패하면 계획한 일이 뒤죽박죽되어버린다.

실패하고 가난한 인생을 한 번도 생각해보지 않았는데도 자연스럽게 원하지 않은 그룹에 편입된다. 나의 삶을 아무렇게나 흘러가도록 방치하고, 주도권을 잃어버렸기 때문이다. 빗방울이 모여 바위를 뚫고, 실개천을 이루어 강을 만드는 것처럼 우리의 작은 생각들이 모여 인생의 방향을 정한다.

이솝우화 〈낙타와 아라비안〉 이야기에서는 낙타 등에 짐을 싣고 사막을 건너던 상인이 날이 저물자 사막 한가운데 천막을 치고 하룻밤을 머무르고자 했다. 사막은 낮에는 뜨겁지만, 밤에는 기온이 떨어져 춥다. 고단한 상인이 잠을 청하려 했다. 그런데 밖에 있던 낙타가 처량한 목소리로 "주인님, 밖은 너무 추우니 코만이라도 천막 안에 넣게 해주세요"라고 애원했다. 그러자 주인이 "좋다. 그렇게 하라"라고 대수롭지 않게 말했다. 잠시 후 낙타는 "머리도 천막 안에 넣게 해주세요"라고 했다. 주인은 그 정도는 괜찮다고 생각해 허락했다. 그러자 낙타는 다리도 은근슬쩍 넣더니 코끝에서 시작해 어느새 몸통까지 천막에 들어와 주인이 누울 자리가 없었다. 모르는 사이 주인은 천막 밖으로 밀려나 추위에 떨며 밤을 보내고, 낙타는 천막 안에서 따뜻한 밤을 보냈다. 처음에는 크게 방해가 될 것 같지 않아 허락한 것이 나중에 걷잡을 수 없게 된다는 교훈을 담은 이야기다. 작은 생각들이 모여 혁신을 만들고 세상을 바꾼다. 꼬리가 몸통을 움직이듯이 코가 몸통을 움직인다.

꿈꾸는 데도
시간이 필요하다

때로는 시간 이탈자가 되고 싶을 때가 있다. 미래보다는 과거로 돌아가 허투루 사용한 시간을 되돌리고, 잘못된 것을 고쳐서 바로 그곳에서 다시 시작하고 싶을 때가 있다. 나뿐만 아니라 거의 모두가 그럴 것이다. 완벽한 삶을 설계하지는 못하겠지만, 어느 정도는 수정과 보완이 되지 않을까 싶어서다.

완벽이란 완벽한 시간을 기다리면 나를 위해 준비된 것처럼, 어느 날 그런 시간이 오는 것 같지만 기다림이 길수록 완벽한 타이밍은 영원히 오지 않는다. 완벽함은 여러 가지 조건을 붙일 것이 아니라 떼어낼 것이 더 이상 없을 때 완전한 시간이 된다. 생각하고 준비하는 것만큼 나의 시간을 통해 완전을 향해 나아가는 것이다. 설령 현재 완벽하다고 할지라도 내일이면 완벽함을 보장할 수 없다.

각자의 바이오리듬이 있듯이, 골든타임도 있다. 직장에서 보내는 8시간 중 자신의 골든타임은 2시간 정도만 지속된다고 한다. 골든타임은 가장 효율성이 높고 집중도가 높은 최적의 시간을 말한다. 직장 다닐 때는 이른 아침 시간이 골든타임이었는데, 퇴직 후에는 그 시간이 아침 시간으로 밀렸다. 그 이유는 긴장이 풀려서일 수도 있고, 늦게까지 일하거나 글을 쓰기 위해 잠자리에 늦게 들기 때문일 수도 있다.

시간은 한곳에 머무는 것을 허락하지 않는다. 시간의 속성은 꿈꾸며 내일을 기다리는 자에게는 선물이 되지만, 과거에 매이고, 현재에 만족하는 자들에는 큰 상처를 남기고 간다. 미지(未知)의 세계를 두려워하지 말고, 기대와 설렘으로 맞이하면 더는 미지가 아니라 꿈꾸는 시간이 된다.

재테크 강의를 하면서 부자들을 만날 기회가 있다. 부자가 된 사람들의 특징은 시간과 돈 관리에 성공한 사람들이라는 것이다. 먼저 부자가 되겠다는 목표가 뚜렷하고, 언제까지 돈 얼마를 모으기 위해 저축을 먼저 하고, 남는 돈으로 생활하겠다는 계획이 분명하다.

우리는 '찌질하고 궁색하다'는 말을 듣는 것을 무척 싫어해 폼 나게 사는 것을 최고의 선으로 여길 정도다. 할 것 다 하면서 부자가 될 수 있다면 궁색하게 사는 것은 찌질이가 맞다. 환경이 열악하면 찌질하게 사는 것은 어쩔 수 없다. 그러나 시간을 개념 없이 찌질하게 사용하는 것은 궁색하게 사는 원인이기 때문에 허용해서는 안 된다.

나도 대학 때 지방에서 올라와 지난(至難)한 시간을 보내며, 찌질했던 학창 시절이 있었다. 부모님께 등록금과 생활비의 부담을 드리지 않으려고 아르바이트로 과외도 하고, 학교 도서관에서 책 열람 아르바이트도 하고, 사업하는 친척 일을 돕기도 했다. 돈이 없던 학창 시절에 주머니 탈탈 털어 자판기 커피와 새우깡으로 캠퍼스 잔디밭에 앉아 이슬을 맞으며 밤이 늦도록 토론하고, 배가 고프면 자취방에 가서 라면을 끓여서 먹고, 동틀 때까지 이야기할 때는 찌질했지만, 꿈이 있고 낭만이 있었다. 청춘 때는 잃을 게 별로 없고, 바닥을 거쳐 꾸준하게 올라갈 일만 남았으니 사라질 찌질함을 생각하지 않아도 좋았던 시절이다. 찌질함에서 시작된 지난한 삶을 돌아보며 작은 일에도 감사하고 기뻐한다. 그 시절에는 라면과 김치만 먹다가 과외비를 받아 친구들과 삼겹살 파티를 하면 그렇게 감사하고 좋았다.

잘 살다가 가세(家勢)가 기울어져 천당에서 지옥으로 떨어져보면, 빚 독촉 전화만 받지 않아도 이전의 삶이 얼마나 축복이고 행복인지를 안다. 반대로 공과금과 카드 연체로 사방에서 전화가 계속 오면 여기서 해방만 되면 좋겠다는 소원이 생기게 된다. 소원이 이루어질 때 묵었던 체증이 내려가면서 마음이 깃털처럼 가벼워지고 짠한 행복을 느낀다.

불행의 깊이 만큼 행복을 느낀다. 인간이 그렇게 간사한 존재다. 가진 것에 대한 소중함을 알게 하기 위해서 때로는 바닥으로 내려가 위를 보게 한다. 일상의 작은 것 하나하나가 소중하고 감사로 다가올 때 인간은 성숙해지고, 기쁨과 감사로 연결되는 것이다. 문제는 찌질함을 극복하고 성공의 계단으로 오르느냐, 극복하지 못하고 찌질함을 달고 사느냐의 차이다.

학교 앞에서 자취할 때도 주식(主食)이 라면이었지만, 못할 것이 없을 것 같은 자신감이 현재를 버티게 하고 미래로 견인했다. 지금 잘 먹고, 잘살고 있을 때보다 그때 그 시간이 더 그리운 이유는 꿈이 있었기 때문이다. 꿈꾸는 삶을 살면 현재의 환경은 아무런 문제가 되지 않는다. 궁핍할수록 미래는 선명하고 절실하게 다가오기 마련이니까 괜찮다. 현재의 처지를 탓하지 말고 미래가 없는 자신의 모습을 탓하고 슬퍼하라.

여러분은 현재 자신이 어느 구간에 머물고 있는지 알 것이다. 현재 구간이 중요한 것이 아니라, 앞으로 시간이 여러분을 어디로 데려다줄 것인지 생각해보면 미래가 보인다. 직장에서는 자신의 능력을 나타내고, 일의 완성도를 높이는 충분한 시간이 자신에게 어떻게 적용되고 있는가를 알 필요가 있다.

시간 사용도 돈과 같아서 사용하다 보면 늘 부족하다. 가난한 사람보다 부자의 시계바늘이 더 빨리 돌아가기 때문에 시간의 소중함을 일찍 깨닫고, 효율적인 시간 관리에 성공한 사람이 바로 부자다. 할 것을 다하고 남는 시간이 있으면, 자기를 위해 투자하겠다는 사람이 있다. 그와 마찬가지로 가난한 사람은 쓸 것을 다 쓰고, 남는 돈이 있으면 저축한다는 계획을 세우고 있는 것과 같다. 그러나 그런 마인드셋을 가지면 평생 가난할 뿐만 아니라 애석하게도 저축은 고사하고, 빚지고 살지 않으면 다행이다.

자기계발도 마찬가지다. 회사 갔다가 오면 그날의 휴식이 필요하고, 일주일마다 힐링도 해주어야만 사람답게 사는 것을 증명하는 것으로 여긴다. 좋아하는 취미 생활도 해야 하고, 가끔은 친구도 만나야 하고, 좋은 남편, 자상한 아빠 그리고 친절한 아들과 사위가 되어야 한다. 그러니 항상 바쁘고 시간이 없는 것은 맞다. 그런데 우리가 기억해야 할 것은 '좋은 사람'이 되려고 애쓰면 애쓸수록 '능력이 없는 사람'이 될 확률이 높다는 것이다. 좋은 사람이 가난을 불러오고, 결국은 '안 좋은 사람'으로 낙인 찍힐 수 있다. '좋은 사람'보다 '엑설런트한 사람'이 되라. 엑설런트한 사람은 자기 분야에서 뛰어난 업적을 남기는 사람이다. 성공은 집중에 도움이 되지 않는 많은 것을 버리고, 원포인트에 몰입하는 것이다. 성취는 희생이 따라야 한다는 '포기의 원리'에서 시작된다. 이것저것 해서 성공한 사람은 한 사람도 없다.

그렇다고 가정을 소홀히 하라는 말은 절대 아니다. 자기계발에 더 집중하고, 능력을 끌어올려야 성공할 수 있다는 말이다. 가정은 여러분을 떠받쳐주는 든든한 자원이 되는 조력자다. 가정경제가 얼마나 중요한가는 여러분도 잘 알 것이다. 거의 모든 관계의 문제는 돈에서 시작된다. 결국, 돈도 시간에 매이게 되고, 시간의 타이밍을 놓치면 성공의 기회가 영원히 돌아오지 못할 강을 건너는 것이다.

살아 있는 한 내일은 계속되기 때문에 자기계발을 내일부터 하겠다는 계획은 실패한 사람이 즐겨 사용하라고 만들어놓은 함정이다. 'Tomorrow(내일)'라고 적힌 게으른 악마의 달력을 떼어내고 'Just Now(지금 당장)'라고 적힌 달력을 걸어라.

차선(The Second Plan)은 절대로 우선(The Priority Plan)이 될 수 없기 때문이다. 이 세상의 모든 실패자는 우선순위가 바뀐 사람들이다. 어렵고 힘들지만, 중요하고 가치 있는 일의 선택을 우선으로 두는 사람이 적기 때문에 성공한 사람보다 실패한 사람이 절대적으로 많다. 당연히 도전하지 않았기 때문에 실패할 것도 없다. 어떤 사람들은 "지금까지 실패해본 적이 없다"고 한다. 이 말은 내가 하고 싶은 것, 내가 좋아하는 것을 위해 한 번도 도전해본 적이 없다는 슬픈 말인데 그것도 모르고 자랑스럽게 말한다. 인생에서 한 번도 성공해본 적이 없다는 말이라는 것을 알아야 한다.

실패다운 실패를 하지 않은 사람이 가장 크게 실패한 사람이다. 실패자는 '내일'에 막연한 기대를 걸지만, 성공자는 미래를 꿈꾸며 '오늘'에 최선을 다한다. 오늘은 인생의 축소판이다. 성공한 사람들이 오늘을 어떻게 사는지 관찰해보면, 마치 내일이 없는 것처럼 오늘 최선을 다하고 내일을 기다린다. 어떤 행동이 습관이 되는 데 걸리는 시간은 평균 660일이라는 유럽 사회심리학 저널의 보고서가 있다.

만약 과거의 방식으로 늘 하던 대로 살아간다면 기존에 얻었던 것만 얻을 수 있다. 성공한 사람은 평범한 일상을 '다른 일상'으로 만들어간다. 회사를 출근할 때도 오늘의 마음과 생각이 어제와 같다면 이미 얻었던 것을 얻을 뿐이다. 오늘의 평범한 사람은 대수롭지 않은 어제의 일을 오늘도 '일관성'을 유지하며 잘살고 있다고 생각한다.

나는 산행을 좋아한다. 퇴근해 산을 끼고 아파트 한 바퀴를 돌려고 해도 남는 시간에 한다는 계획을 세우면 번번이 실패하고 일주일에 한 바퀴 돌기도 벅차다. 오늘 계획을 변경하지 않으면 오늘도 여전히 남는 시간이 없다.

운동을 좋아한다고 해서 자동으로 운동화 끈을 조이고 내달리는 것은 아니다. 좋아하면 아무래도 수월하게 할 수는 있지만, 동기부여가 중요하고 결국 우선순위의 문제다. 지금 우선이 되지 못하고 차선이 되면 지금도 나중도 내일도 우선은 늘 존재할 뿐만 아니라, 절대로 차선에게 자리를 내어주지 않는다.

운동하면 최상의 컨디션을 유지할 수 있고, 자신에게 투자하는 것으로 효율적인 시간을 보낼 수 있다는 강한 동기부여로 우선순위에 끌어올릴 수 있는 의지가 필요하다. 그런데 쉬운 것에 익숙한 사람은 운동도 건강에 도움이 안 되는 것을 목표로 삼는다. 근력 운동에 들어가기 전에 워밍업이나 스트레칭으로 끝낸다면 목적에 다다를 수 없다. 들기 만만한 아령만으로 운동하면 근육이 붙지 않는 것과 같다.

일상에서 '버려야 할 아까운 것들' 때문에 나중에는 '버려서는 안 되는 소중한 것들'을 버리게 되는 결과가 된다. 흥미롭게 보았던 〈사랑할 때 버려야 할 아까운 것들(Something's Gotta Give)〉이라는 영화가 있다. 주인공은 평생을 바람둥이로 살아온 백만장자다. 그는 진정으로 함께할 사랑을 찾았을 때조차도 옛 연인을 놓치기 아쉬워 한 사람에게 집중하지 못했고, 그사이 결국 진정한 사랑이라고 생각했던 그녀는 젊은 연인에게로 떠나게 된다는 내용이다.

여러분은 버리기 아까운 것들이 무엇인가? 당연히 버리고 끊어내야 할 것이 있고, 전략적으로 버려야만 새로운 기회를 얻고 가치를 인정받을 수 있는 것도 있을 것이다. 내가 좋아한다고 해서 다 할 수 있는 것도 아니고, 성취하고 싶다고 해서 모두 얻을 수 있는 것도 아니다. 완벽함에서 완성되는 것은 결국, 오래도록 내 곁에 어떤 것들이 남아 있느냐에 따라 인생의 질이 결정된다.

시간이 흐른 뒤에 돌아보면 잘한 것도 있고, 후회되는 일도 있다. 그런데 잘한 일보다 후회되는 일이 크게 보이는 것은 아쉬움에 비례하기 때문이고, 그런 게 많다면 인생을 그렇게 잘 살았다고 보기 어렵다는 말이다.

살면서 우리의 바람(Wish)은 거의 엇비슷하지만, 누구에게나 부는 시련의 바람(Wind)은 다르다. 우리는 바람을 한 방향으로 모을 수 있는가 하면, 사방으로 흩어지게 할 수도 있다. 고난의 시기에 할 수 있는 것을 다 해보면, 어둠 속에서 한 줄기의 빛이 길을 안내할 것이다. 시련과 고통이 버거워서 피한다면, 손에 쥐고 있는 모래가 빠져나가듯 흔적 없이 사라질 운명이 될 것이다.

결국은 인생의 정확한 측정 도구가 '시간'이라는 것을 증명하는 데는 그리 오래 걸리지 않는다. 시간을 맞이하는 다양한 사람으로 인해 자신의 절댓값을 어디에 둘 것인지 분명히 정해야 한다. 인생의 가치가 고정값이 되는가 하면, 시간의 기준값이 태양과 지구를 움직이는 거대한 힘으로도 작용한다.

시간은 '오늘'이라는 시간을 통해 기회라는 선물을 주지만, 절대로 이월하거나 반복하지 않는다. 과거로 돌아가거나 붙들어놓을 수 없다는 뜻이다. 인생이 시간 선상에 놓여 있어 일하는 데도 필요하지만, 목표를 이루고 건강을 유지하는 데도 절대적 시간이 필요하다. 잠을 설쳐 하루가 멍할 때도 오로지 잠을 보충하는 시간만이 치유의 방법이다. 모든 것을 투자했지만, 성과가 없을 때도 다시 시간을 들여서 시도해 다음을 기다려야 한다.

세상에는 네 가지 유형의 사람이 있다. 자신은 어디에 해당되는지 보면 나의 현주소를 알 수 있다.

첫째, 돈은 있지만 시간이 없는 사람
둘째, 시간은 있지만 돈이 없는 사람

셋째, 돈도 있고 시간도 있는 사람

넷째, 돈도 없고 시간도 없는 사람

여러분은 어디에 해당되는가? 어떤 사람이 되고 싶은가 물으면 분명 '돈도 있고 시간도 있는 사람'이라고 할 것이다. 돈을 위해 산다고 돈이 벌리는 것이 아니다. 시간의 여유를 가지고 싶다고 해서 여유가 생기는 것도 아니다. 돈은 좇는 것이 아니라 따라오게 해야 한다. 자신의 일을 프로답게 하면 돈은 자연히 따라온다. 주어와 목적어가 바뀌면 안 된다. 돈을 좇기 전에 자신의 역량과 능력을 끌어올리는 노력이 필요하고, 그 시간에 자기계발에 힘쓰는 것이 좋다는 말이다.

어릴 때 물고기를 잡기 위해 따라다녀서는 한 마리도 잡을 수 없다는 것을 알았다. 온 하천을 헤집고 다니면 금방 지치고 실망한다. 물고기가 다니는 길목에 그물을 치든지 아니면 통발을 놓고 기다려야 잡을 수 있다. 마찬가지로 큰 부자가 되기 위해서는 돈이 어떻게 만들어지고, 어느 곳으로 흘러가고 모이는가를 살펴야 한다. 기업도 성장하려면, 먼저 소비자의 성향과 트렌드를 파악하고 편의를 제공하는 기업이 되어야 한다. 물고기를 잡으려면 내가 좋아하는 먹이를 주면 안 된다. 물고기가 좋아하는 먹이를 주어야 한다. 실패하는 길은 여럿이나 성공하는 길은 오직 하나다.

미국의 글로벌 IT 기업들이 인간의 삶의 질을 완전히 바꾸어놓았던 것처럼, 사람들에게 유익을 주는 유저 인터페이스(User Interface)가 무엇일까 생각하는 기업이 결국 글로벌 기업이 된다.

오늘은 오늘의 아이디어와 실행이 필요하고, 내일은 내일의 아이디어와 경험이 필요하다. 오늘 회사에 출근해서 하는 일이 어제 한 일보다 미세하게나

마 달라야 한다. 접근 방법이 다르고, 생각의 사이즈가 다르고, 경험치가 다르면 차별화와 경쟁력이 생기고 반복을 통해 전문화가 되어간다.

하루 떠올리는 생각의 개수가 75,000개나 된다고 한다. 그런데 그중에 91%의 생각은 전날과 똑같은 생각이라고 한다. 매일 똑같이 반복되는 생각에 지루함을 느끼는 사람과 그렇지 않은 사람으로 나누어진다. 나머지 9% 생각에 의해 인생이 결정된다. 9%의 생각이 창조적이고, 생산적이고, 긍정적인가에 따라 성공적인 인생을 사느냐, 아니냐가 결정된다고 한다. 생각은 자석과 같아 우리가 무엇을 원하면 끌어당기는 힘이 있다. '생각의 근육', 9%의 힘을 어떻게 기르고 적용하는가에 따라 여러분의 사이즈가 정해진다.

세상의 모든 것은 누군가의 아이디어에서 만들어지고 완성되어진다. 사유(思惟)하는 습관을 가지면 아이디어는 기회를 얻고, 아이디어가 현실을 앞당긴다. 어제와 다른 생각은 그전에 존재하지 않던 기회를 제공하고, 새로운 공간을 열어준다. 생각을 통해 걸러지고, 다듬어지지 않은 아이디어는 객관적으로 좋은 아이디어지만, 다만 내게는 맞지 않을 뿐이다.

따라서 자신이 실행할 수 있는 아이디어가 하루에도 수십 번씩 지나간다는 사실을 아는가? 담배를 좋아하는 사람은 "담배는 건강에 해롭지만 스트레스에 좋다"며 부정적인 생각을 애써 누른다. 듣고 싶은 말을 해주기를 기대하지 말라. 그리고 들어도 좋아하지 말라. 듣고 싶은 말을 듣지 말고 꼭 필요한 말을 듣는 것이 경청이다. 그러면 내 속의 작은 혁명이 잔잔한 파도처럼 밀려온다. 하루에 하나의 부정적인 생각을 제어하고, 하나의 아이디어를 공유하면 성공할 수 있을 뿐만 아니라, 주변에 돈이 널려 있다는 것을 알 수 있다.

길거리를 걸어가면 보이는 빌딩을 여러분이 가질 수도 있었는데, 다른 사람이 소유하고 있을 뿐이다. 그 빌딩이 눈에 보이면 관심을 가지게 되고 생각의 끈을 놓지 않으면 언젠가는 여러분도 소유할 수 있다는 상상을 하게 된다. 빌

딩 소유주를 만나보면 당신과 크게 다른 것도 특별한 것도 없다.

늘 새로운 아침에 눈을 뜨면 나의 시간이 시작되기 때문에 기대와 설렘으로 즉시 일어난다. 그러면 다른 사람보다 하루 1시간은 길게 효율적으로 사용할 수 있다. 하루 9%의 아이디어가 쌓이면 쓰나미가 밀려오듯이 여러분의 인생이 완전히 바뀔 수 있다.

'생각의 사이즈'에 의해 여러분의 인생 사이즈도 결정된다. 직장에서 퇴근하자마자 소파에 기대 TV나 컴퓨터를 켜지 않고 운동화로 갈아 신고 밖으로 나간다. 내가 가장 좋아하는 저녁노을이 석양에 물들거나 어둠이 내려앉는 모습을 보며 산책하면, 생각이 풍성해지고 나를 돌아보는 시간을 가지게 된다. 물론 다른 일을 핑계로 게으름을 피울 때가 더 많지만, 산에 오를 때마다 다른 꽃이 피고, 이름 모를 열매가 열리고, 초목이 옅은 연두색에서 녹색으로 변화하는 모습을 만난다. 자연을 대할 때마다 시간의 변화를 생동감 있게 느낄 수 있어 산을 좋아하고 가까이한다.

시간은 누구에게나 차별 없이 공평하게 주어진다. 다만 시간을 대하는 마음과 태도가 다를 뿐이다. 현재의 시간이 여러분을 어떤 모습으로 변화시킬지 보이지는 않지만, 시간이 지나면 어떤 모양으로든 바꾸어놓는다. 시간을 대하는 좋은 습관이 쌓이면 능력이 나타나고, 여러분을 필요로 하는 곳이 많아진다. 반대로 나쁜 습관이 쌓이면 동료들의 성장을 지켜보며, 박수를 쳐주는 인생을 살게 된다. 똑같은 직장을 다니고 같은 시간을 사용하지만, 변화를 경험하는 사람이 있는가 하면, 변화가 기회인 줄 모르는 사람이 있다.

검은 줄을 천 년 동안 비벼도
흰 줄이 될 수 없다

돈이 모든 사물의 기준이 되고, 돈으로 해결하려고 하는 인간의 본성은 천 년이 가도 바뀌지 않을 것 같다. 화폐가 교환 수단으로 통용된 이후로는 계속 그래왔고, 앞으로도 변하지 않을 것이다.

행동주의 경제학자인 유리 그니지(Uri Gneez) 캘리포니아대학 교수가 이스라엘 탁아소에서 실험을 해봤다. 정해진 시간보다 늦게 아이를 데리러 오는 부모들에게 10분 이상 늦으면 벌금 3달러를 매기기로 하고, 그 이전과 이후를 비교한 것이다. 그런데 3달러 벌금을 부과하기로 하고 나서부터 아이를 늦게 데리러 오는 부모가 급격히 늘었다고 한다.

벌금을 매기기 전에는 늦게 데리러 가는 일은 굉장히 미안한 일이고, 죄책감 때문에 늦었더라도 어쨌든 서둘러서 최대한 빨리 데리러 가려고 애를 썼다. 하지만 10분 이상 늦으면 3달러 벌금을 내기로 하고 보니 탁아소 보모들의 시간을 3달러라는 돈으로 산 것이 되고 말았다.

보모의 초과근무 시간은 수당을 지급하는 것으로 부모는 정당한 대가를 치른 소비자가 된 것이다. 죄책감에 시달릴 필요 없이 3달러라는 비용을 내고 보모의 시간을 사게 됨으로써 그전까지 늦었을 때 느꼈던 죄책감은 사라지게 됐고, 굳이 서둘러 아이를 데리러 가지 않아도 대가를 지불하면 된다는 생각이 자리 잡게 된 것이다.

돈으로 대가를 지불하는 것이 어떤 경우에도 정당화되고, 합리화가 된다는 사고에 익숙해져 있다. 이 경우를 다른 방향에서 보면 이렇게 해석할 수도 있다. 만약 '벌금을 매기는 것'이라고 하면 생각이 달라질 수 있다는 것인데, 교통법규를 위반해 벌금을 내면 되지만, 벌점이 남고, 자칫 상습범이라는 낙인이 찍힐 수 있다고 생각하면 돈의 기준을 떠나 다른 판단을 할 수도 있을 것이다.

자신이 하고 있는 일을 어떻게 해석하는가에 따라 인식의 차이가 다를 수 있다. 우리는 할 수 있는 일이 있지만 그렇다고 다 할 수 없을 뿐만 아니라, 해서도 안 되는 일이 엄연히 존재한다. 그러면 할 수 있는 일을 어느 정도로 해야 직장 생활을 잘하는 것인가?

쉽게 말하면 내가 없으면 업무에 지장을 초래할 정도로 중요한 일을 하는지, 아니면 없어도 업무에 약간 불편할 뿐이지, 지장을 주지 않는다면 회사는 당신에게 연봉을 올려주면서 승진시키려고 하지 않을 것이다. 그리고 일에는 빨리 처리해야 할 일이 있고, 잘해야 하는 일이 있다. 빠르게 처리하면 되는 일이 있고, 생각하고 고민하면서 해야 할 일이 있다는 말이다. 이 일을 지혜롭게 잘 구분하는 게 직장 생활에서 중요하다. 이 두 경우를 잘 구분한다면 시간을 효율적으로 사용할 수 있다.

사람에 따라 할 수 있는 일이 조금 많을 수도 있고 적을 수도 있다. 잘하는 일이 있을 수도 있고 없을 수도 있다. 또 사람마다 가능한 일과 가능하지 않는 일이 있기 마련이다. 가능한 일이란 난관을 헤치고 나아가고자 하는 의지가 어려운 환경 속에서도 방법을 찾고 극복하는 과정을 통과하는 것을 말한다. 안 되는 일은 처음부터 불가능한 일이라기보다, 살아온 환경에서 내일 일로 미루면서 안 되는 일이 많아진 것이다. 자연히 안 되는 이유를 찾게 되고 환경 탓으로 미루면서 그 일에 뛰어들기를 주저했기 때문이다. 실제로 되는 일보다 안 되는 일이 훨씬 많기 때문에 정당화하는 것이 합리적으로 보인다. 되는 일을 성공시킨 사람보다 문제 뒤에 숨는 실패한 사람이 오늘도 늘어나는 이유다.

이런 승패의 구조는 천 년이 가도 변하지 않을 것이다. 지식이 깊고 많이 배우고 안다고 해 변화를 추구하는 것도 아니다. 목표를 향한 상상을 멈추지 않으면 무의식중에도 아이디어를 만들어내고, 자신이 의식하지 않더라도 지각과 기억작용이 잠재화되어 행동으로 나타난다.

행동 하나를 할 때마다 나의 의지를 다 동원해야 한다면 에너지는 금방 고갈될 것이다. 그래서 좋아하는 일이나 잘하는 일은 의지가 크게 작용하지 않아도 자연스럽게 일을 감당하며 몰입할 수 있는 것이다. 같은 일인데도 흥미가 없는 사람은 큰 결심이 필요하기 때문에 걱정만 하고, 생각에서만 맴돌다가 끝난다. 생각을 통해 상상을 현실로 옮긴 성공한 사람이 많고 실패한 사람이 적으면 좋겠지만, 그런 날은 영원히 오지 않는다.

위기는 늘 새로운 모습으로 찾아올 뿐이다. 위기 해석 능력에 따라 모든 어려움에는 기회가 있다는 것만을 알려준다. 우리의 삶은 최고를 지향하지만, 매 순간 최선에 놓여 있음을 기억해야 한다. 안 되는 일에 매이면 문제는 그대로 남아 있어 한 발자국도 앞으로 나가지 못하게 한다. 사실보다 태도가 중요하다. 일을 못한다는 사실이 문제가 아니라 잘하려고 노력하지 않는 태도가 문제다. 실패하는 것보다 실패할 수밖에 없다는 패배주의가 문제다.

인간의 인성은 오랫동안 길들여진 환경에서 오는 경우가 대부분이다. 따라서 자신의 선택과 결정이 익숙한 것에서 오는 습관인 경우가 많기 때문에 생각과 행동을 전환할 계기가 필요하다. 자신이 자란 환경과 부모님의 영향을 평생 갖고가는 사람이 있는가 하면, 어느 시기에 자신의 정체성을 확인하고 독립적인 삶을 사는 사람들이 있다.

내가 중학교 때, 살고 있던 농촌에서 대도시로 전학을 시키겠다는 부모님의 말씀을 듣고 나는 한사코 안 가겠다고 했다. 지금의 친구가 좋고, 공부를 조금만 해도 상위권을 유지할 수 있으니 선생님께 칭찬도 들을 수 있었다. 무엇보다 어린 나이에 부모님과 떨어져 있는 것을 상상하면, 앞이 캄캄하고 잠이 오지 않았다. 도회지의 낯선 환경을 극복하고 적응하는 것이 매우 두려웠다. 지금까지 살던 고향을 언젠가는 떠나야 한다는 막연한 생각을 했지만, 막상 이렇게 빨리 떠나려고 하니 익숙한 환경에서 오는 변화가 불안했다. 친구들과 놀 수 있고, 공부를 열심히 안 해도 되고, 아무 걱정 없이도 살 수 있을 것 같은 환경이 좋아 도회지로 가는 것이 싫었던 것이다. 지금 생각하면 익숙한 곳을 고집한다면 실패한 인생을 살기에 적합하다.

만약 내 생각대로 변화가 두려워 고향에 머물렀다면, 경쟁을 통한 성장을 몰랐을 것이고, 대학에서 배우고, 좋은 친구들을 만나지 못했을 것이다. 그리고 글로벌 회사를 경험하고, 다양한 사람들을 만나 넓은 세계를 볼 수 없었을 것이다. 자의든 타의든 낯선 곳에 뛰어들 수 있는 기회를 만들어서라도 변화를 추구하면 후회하지 않는 삶을 살 수 있다.

지금 나는 정년퇴직을 하고 다시 고즈넉한 고향으로 돌아가고 싶다는 생각을 할 때가 있다. 떠나야 할 대상에서 돌아가고 싶은 대상이 된 것이다. 미국 뉴욕에서 직장 생활을 할 때 지인들은 세계의 중심인 도시에 사는 게 좋겠다고 했다. 그러나 내 생각에는 젊을 때라면 분명 배우고 경험할 것이 아주 많은 도시지만, 살기에도 좋은 도시라고는 말하기 어렵다. 누구에게는 설레기도

하고, 두렵기도 한 타지인 그곳이 또 다른 이에게는 지루한 일상의 공간이 될 수 있다.

전 세계에서 가장 큰 지식 시장, 가장 우수한 두뇌가 경쟁해 최대의 결과를 만들어내는 시스템이 장착되어 있는 미국의 글로벌 스탠더드 제도에 부합하지 않으면 초인류 기업이 되기 어렵다. 초인류 기업의 조건은 여러 가지가 있을 수 있지만 누가 뭐래도 인재 경영이 중요하다. 이것은 시대가 달라져도 바뀌지 않을 것이다. 시간이 흘러도 바뀌지 않을 것들을 우리 일상에서도 얼마든지 발견할 수 있다. 동서고금을 막론하고 생각의 부유함을 키웠던 사람들이 성공했고, 기업을 창업하고, 혼을 불어넣어 글로벌 기업을 만들었다. 성공한 기업가가 되면 할 수 있는 게 많기 때문에 성공하려고 하는 것이다. 고급 일자리를 창출하고, 젊은이들에게 꿈과 도전을 주고, 인류의 삶에 편의를 제공하는 혁신적 이노베이션을 추구할 수 있기 때문이다.

차별화와 경쟁력은 상상력에서 생기고, 상상의 능력은 본 것과 경험의 바탕에서 형성된다. 부유한 생각을 가질 때 비로소 우리가 기대하는 삶을 디자인하고 설계할 수 있다. 오랜 역사 동안 시대를 초월한 상상을 했던 사람이 역사의 수레바퀴를 움직였다. 그들의 특징은 다음과 같다.

첫째, 기업가는 자신이 잘할 수 있는 일에 몰입해 성취했다.

기업가 정신은 최적의 컨디션을 스스로 만들어가는 집중의 능력과 인내를 통해 시장에 새로운 가치 질서를 만들어가는 혁신적인 사고와 행동이다. 자신이 좋아하고 잘하는 것만을 찾았다면 해낼 수 없었을 것이다. 좋아하지 않지만 잘해야 하는 것도 반드시 있다. 그 일을 잘하기 위해 도전하고 인내하면 어느덧 잘하는 일이 된다. 잘하게 되면 자연히 몰입하게 된다. 마치 사람을 사랑하는 것과 같다. 좋아한다고 해서 모든 조건이 내 마음에 부합하는 것은 아닐 것이다. 성격이 달라 다투기도 하고, 의견이 안 맞아 나뉘기도 한다. 사랑하기 때문에 생기는 일이다. 좋아하는 것만큼 대가를 치러야만 잘하는 일이 되고, 비로소 내 것이 된다.

둘째, 모든 원인은 내 안에 있다는 것을 안다.

사람들은 자기의 책임에서 벗어나는 가장 쉬운 방법으로 남 탓을 한다. 남을 탓하는 순간부터 내 책임은 사라지기 때문이다. 책임이 없어지면 해결하려고 노력도 하지 않을 것이고, 문제 해결 능력도 현저히 낮아질 것이다. 어떤 문제나 곤경에 처했을 때 비난하거나 탓할 사람을 찾는 것이 아니라 항상 내 안에서 원인을 찾고, 해결 방안을 찾아야만 미래가 있다. 직장 생활에서 정작 자신은 느끼지 못하지만, 옆에 있는 사람이 나에 대해 내리는 평가가 정확하다. 리더가 되면 자기로부터 발생한 일이 아니더라도 책임에서 자유롭지 못하다는 것을 안다.

셋째, 기회를 스스로 만들어간다.

위기 다음의 기회는 더 선명하게 다가온다. 해보지 않고, 가보지 않고서는 절대로 알 수 없는 것들이 너무 많다. 세상에는 100% 확실한 것도, 불확실한 것도 없다. 단지 멈추지 않고 시도한다면, 불확실한 것이 확실한 것으로 바뀌고, 어떤 방식으로든 기회가 찾아오는 시간이 조금 빠를 수도, 조금 늦을 수 있을 뿐이다. 위기에 절박하게 선택하지 않으면 안 될 때 찾아오는 기회는 마치 물에 빠져 허우적거리는 사람에게 구명조끼와 같은 것이다.

넷째, 멈추지 않는다.

천천히 가더라도 멈추지 않으면 절반은 성공한 것이다. 포기하는 습관을 가진 사람이 많기 때문에 희망을 가져도 좋다. 중도에 포기하는 사람이 많으면 많을수록 성공할 확률이 높아진다. 거창하게 시작하는 사람들의 반대로만 시작하면 성공할 수 있다. 작게 시작해 작은 성공을 이루고, 자신감을 얻으면 작은 성공이 쌓여 큰 성공을 이룰 수 있다. 해야 할 이유가 강렬하면 중도에 포기하지 않고 성취할 수 있다. 책임감이 강한 사람은 무슨 일을 하든 열정을 가지고 있다. 열정은 앞으로 나아가게 하고, 노력해야 할 명분을 만들고, 최선을 다하도록 이끈다. 누구나 열정이 있는 사람과 일하고 싶어하는 이유다.

다섯째, 편하고 안정된 것을 좋아하지 않는다.

안정된 것에 익숙해지면 과거의 사람이 되는 데 시간이 그리 필요하지 않다. 익숙함에서 오는 편안함을 거부해야만 변화와 혁신의 길이 열린다. 내부의 시스템을 정비하고 변화를 받아들일 수 있는 준비를 한다고 해도 늘 부족할 뿐이다. 변화의 길로 가는 것을 고통이라고 생각하면 지치고 오래 못 간다. 고통이라고 생각하지 말고 '해야 할 일'을 할 뿐이라고 생각하라. 지금 이때가 아니면 하고 싶어도 할 수 없는 시간이 금방 온다. 젊을 때 고생하는 게 늙어서 하는 것보다 낫지 않겠는가?

여섯째, 좁은 길로 간다.

남들이 다 생각하고, 남들이 다 알고, 남들이 다 할 수 있는 것, 남들이 다 가는 길을 거부하라. 넓은 길은 경쟁도 혁신도 변화도 필요 없는 곳이다. 그곳은 '잘하는 것'보다 하루하루 '열심히 하는 것'으로 최선을 다하고 있다고 믿는 그룹이다. 넓은 길은 편하게 갈 수 있지만, 그 끝에는 아무것도 없다. 좁은 길이 왜 필요한지 알고, 실패를 두려워하지 않는 절대 소수의 사람만이 그 길을 인내하며 갈 수 있다. 나는 지금 어디에서, 어떤 모습으로, 무엇을, 어떻게 하며 가고 있는가?

일곱째, 집중하고 몰입한다.

어떤 일이든 집중하고 몰입하지 않으면 결과가 나타나지 않는다. 만약 집중하고 몰입하지 않아도 성취된다면 누구나 할 수 있다는 말이다. 누구나 시작은 할 수 있지만, 제대로 완성하는 사람은 많지 않다.

시간은 그냥 놔두어도 알아서 흘러가고, 세상도 내가 아니더라도 그냥 놔두면 누군가 바꾼다. 중요한 것은 내가 바꾸는 일이 아니면 아무 의미가 없다는 것이다. 세상에는 완전히 몰입해도 안 되는 일이 있기 마련인데, 설렁설렁해서 되는 일은 안 해도 되는 일밖에 없다. 만약 설렁설렁해서 이루어졌다 해도 결과적으로 안 이루어지는 것이 훨씬 유익하다. 인생을 망치는 딱 좋은 습관이 들기 때문이다.

오늘날 우리는 변할 것은 안 변하고, 변하지 말아야 할 것들은 너무나 많은 변화를 경험하는 시대를 살고 있다. 집중하고 몰입하기에는 너무 많은 것들이 시선을 빼앗고 있다. 그러다 보니 좁은 길을 가기가 어려워지고 자연히 쉬운 것을 선택하게 된다. 우리는 목적 없이는 움직이지 않는다. 어떤 행동에는 이유가 있는데, 그 이유가 바로 행동의 목적이 된다. 우리도 매일 '어디로 움직일 것인가?'라는 목적과 방향성을 필요로 한다.

어떤 동물도 목적 없이 움직이지 않는다. 목적지향적 행동은 살아 있는 생물의 본질이다. 우리가 하는 모든 행동의 바탕에 목적지향이 세팅되어 있기 때문에 명확한 목표를 설정하면 무의식중에도 생각하고 추구하는 경향이 있다.

가령 내기 골프를 칠 때와 친선으로 칠 때를 비교하면, 내기 골프를 칠 때 집중도가 높다는 조사 결과가 있다. 오픈 게임 때는 눈빛이 흐릿하다가 본 게임 때는 눈빛이 달라지는 것과 같다. 목표에서 멀어지게 하는 실수를 하면 짜증이 난다. 잘하지 못하는 것에 대한 자책이라는 각성이 경기에 더 집중하도록 유도한다. 게임에 집중함으로써 수행능력을 향상시켜 경기에서 실수를 줄이게 되는 계기가 된다. 만약 벌타를 만회하는 굿 샷을 했을 때 긍정적인 보상이 성공적인 플레이로 이끈다. 작은 목표 성취가 큰 목표를 이루는 디딤돌로 즐거움이나 용기라는 피드백을 얻고, 긍정적인 보상을 기대하며 매 게임에 임한다. 목표를 명확하게 설정하면 목표지향 메커니즘에 의해 시냅스 활성화가 증대된다는 것을 의미한다. 몰입은 산만한 상태에서 높은 집중도로 가는 행위다.

어떤 일이건 목적이나 목표를 만들고 강화시키면, 그 일의 의미가 강조된다. 높은 목표 설정에 맞추면 생각의 사이즈부터 달라진다. 가령 조기 축구 선수가 되겠다는 사람의 기준은 친숙한 동네 이웃들이다. 자기가 사는 지역보다 큰 도시가 있고, 나라가 있고, 세계가 있다는 것을 모르면 축구 선수로 대성하기 어렵다. 아마추어의 실력은 절대로 프로 선수의 기량을 넘을 수 없다. 프로리그 선수에 만족하는 선수는 국가 대표가 될 수 없는 것과 마찬가지다.

유능한 조기 축구 선수를 꿈꾸면, 그 꿈이 이루어지지 않을 확률이 높다. 높은 목표를 설정해도 최대한 기준치에 도달하는 사람이 많지 않기 때문이다. 자질과 체력 그리고 연습량에 따라 그레이드가 정해지기 때문에 어느 하나가 부족해도 선수로 성공할 수 없다.

해내겠다는 강한 목표를 가지면 절실함이 증가해 성공에 대한 긍정적인 보상을 극대화하는 계기를 만들어간다. 화살이 과녁 중심에 명중하기 위해서 수

많은 화살이 필요하다. 버려지는 화살이 아니라 반드시 필요한 화살이다. 중요성과 연속성을 기준으로 절실하게 매일 연습을 반복해야만 목표에 도달할 수 있다.

미래에 대해 명확한 목표를 정하지 못하고, 꿈이 사라지는 느낌을 받을 때 일을 해도 재미가 없고, 절망감이 밀려올 때 자괴감을 느끼게 된다. 지금도 먹고살기 위해서 꿈과는 아무런 관련이 없는 일에 매몰되어 그저 하루하루를 방향 없이 살아가고 있는 사람들이 있다.

직장에서 먹고살기 위해 일을 하더라도 꿈이 숨 쉴 수 있는 공간을 열어두면, 할 수 있는 일이 보이고, 그 일이 장래에 꿈꾸던 일이 될 수 있다. 먹고 살기 위해 일하는 것이 아니라, 일하기 위해 내일을 기다리는 사람이 돼라.

지금은 비록 고단하지만 꿈이 있다면 인내할 수 있는 에너지가 미래를 이끌고가는 힘이 된다. 특히 젊은이들이 목적의식 없이 되는 대로 살았다면, 나의 나쁜 습관과 충동적이고 약한 것들을 하나하나 끄집어내어 과거의 사람에서 벗어나는 작업이 필요하다.

방향성을 정립하고 '나는 괜찮고 신뢰할 만한 사람이다'라는 것을 세팅하면 잠재의식 속에 지식이 들어가 그때부터 그것이 행동으로 이어지게 된다. 뇌는 반복적인 학습에 익숙해 '내가 못할 게 뭐야' 하면 무의식적으로 할 수 있는 것을 증명하려 하고, 가능성을 믿기 시작한다. 그러면 내가 무엇을 하려고 하는지 방향성과 가치관이 개념적인 선언에 그치지 않는 방법도 알고 있다는 말이다.

여러분 자신이 꿈을 포기하지 않는 한, 어떤 누구도 여러분의 꿈을 중단시킬 수 없다. 그 꿈은 기회를 주고, 그 꿈이 여러분을 원하는 곳으로 데려다줄 것이다. 2000년의 세월이 지나면서 꿈을 가졌던 사람이 세상을 바꾸며 여기까지 왔다는 것을 증명하고 있다.

직업이 삶에
미치는 영향

'좋은 직업'과 '나쁜 직업'은 없다. 다만 자신에게 '맞는 직업'과 '안 맞는 직업'이 있을 뿐이다. 대신 '좋은 일'과 '나쁜 일'은 있다. 나쁜 일을 하는 직업이 있는 것처럼 보이지만, 그것은 직업이 아니라 해서는 안 되는 행동을 하는 것이다. 남들에게 공감을 얻지 못하고, 일상의 편의를 제공하지 못하는 일은 직업이라 할 수 없다.

자신에게 맞는 직업이 좋은 직업이다. 직업을 통해 최상의 전문성으로 여러 사람에게 영향을 미칠 수 있으면 좋은 직업이다. '리더는 사이즈가 아니라 영향력이다'라는 말이 있다. 자신의 직업으로 평생 일할 수 있는 즐거움으로 많은 이들에게 영향력을 미칠 수 있다면 천직이라고 할 수 있다.

'직업은 사람을 못 속인다'는 말이 있다. 이발사는 사람들의 머리통만 보이고, 신발 장사는 사람들의 발만 내려다본다. 옷 장사는 사람들의 옷만 쳐다본다. 내가 아는 지인은 음악을 전공하고 현재 학생들을 가르치는 교수인데, 음악회를 가더라도 감상하고 즐기면 될 것을 '음정이 불안하네', '악기 밸런스가 안 맞네', '프레이즈(Phrase) 처리가 아쉽네' 하면서 지적질하느라 음악감상을 제대로 못 한다는 것이다.

너무 많이 알아도 피곤할 때가 있다. 많이 아는 것까지는 좋은데, 그것을 증명해 보이려고 하니, 다른 사람까지 피곤해진다. 사람들은 자기 직업과 연관 지어 생각하고 해석하는 버릇이 있다. 직업이란 숙명처럼 우리의 삶에 지나칠 만큼 영향을 미치고 얽매이게 해 시선을 붙들어 놓는다. 같은 직업을 가진 사람들을 만나면 동료의식마저 느낀다.

하는 일에 있어서는 전문가가 되어야 하고, 사람들을 만날 때는 자신이 이 일을 왜 하는지 명확하게 설명할 수 있어야 한다. 일을 그만두는 그날까지 '현역 프로페셔널'이 되어야 진정 좋아하고 잘하는 일을 했다고 할 수 있다. 그러면 인생의 절반은 성공한 것이다.

고령화 시대에 조기 정년퇴직의 걱정 없이 할 수 있는 직업이 있는 사람은 노후대책이 사회적 문제로 대두되는 오늘날 최대의 수혜자인 셈이다. 국민연금만으로는 턱없이 부족해 퇴직하는 순간 빈곤의 삶으로 추락한다. 2023년 1월 기준 국민연금 평균액은 617,600원이다. 대기업의 정서상 정년은 50세 전후 기준으로 퇴직하고, 인생 제2막을 준비하고 열어가야 한다. 우리나라의 직업 수는 12,823개로 최근 10년 동안 거의 1,500개가 늘어났다. 그런데 늘어난 분야는 IT, 인터넷, 모바일 산업 부분이라 퇴직하는 사람들에게는 그림의 떡이다.

직업을 갖게 된 동기를 보면 가족과 친척, 그리고 주위의 사람들의 영향을 받은 경우가 많다. 내가 대학에 진학할 무렵 삼촌이 내가 진학하고자 하는 학교의 법대를 졸업하고, 절에서 공부하다가 끝내 고시를 중도 포기한 것이 한이 되어, 내가 대신 법대에서 뜻을 이루라고 해서 법대에 진학하게 되었다. 그러나 유신 데모로 고시 자격을 박탈당해 삼촌의 바람을 이루지 못했다. 고민 끝에 경제학을 전공해 여기까지 왔지만, 후회는 없다. 법학으로는 경험할 수 없는 경제학으로 세계 시장에서 글로벌 기업의 메커니즘을 배우고 현장 경험을 할 수 있었다.

자신이 처음에 생각한 대로 인생의 로드맵이 정해지는 경우보다 수많은 변수에 의해 의도하지 않은 방향으로 얼마든지 흘러갈 수 있는 게 운명이다. 우리는 대우가 좋고, 안전하고 편한 일을 원하지만, 나뿐만 아니라 어떤 누구에게도 그런 복은 없다. 일이 힘들지만, 그 일을 통해 가족들의 안전한 울타리가 되고, 일이 숙련되면 누구보다 능률 있게 해낼 때 보람을 느끼는 것을 최고의 가치로 아는 것이다. 나를 통해 사람들이 꿈을 꾸고, 용기를 얻고, 일어설 수 있도록 도울 수 있다면 그 일은 내게 천직이 되는 것이다.

사람은 어느 시기까지 부모님의 절대적인 도움을 받고, 사회생활을 하면서부터는 주위 사람들의 영향을 받고, 성장하며 또 다른 사람들에게 영향을 미치는 사회 구성원이 된다. 자기 앞가림하기도 버거운 사람은 남을 도울 수 없을 뿐만 아니라 언제나 도움의 손길을 기대하는 못난이가 된다. 최소한 받은 것만큼 베풀며 사는 것은 당연하거니와 더 많이 베풀며 살 수 있게 직장에서 인정받는 리더가 빨리 되어야 한다. 도움을 주는 것도, 받는 것도 습관이 될수 있다. 도움을 얻을 수 있는 사람이 있다는 것은 한편으로는 감사한 일이지만, 의존적인 관계가 되면 성장에 한계를 드러낼 수밖에 없기 때문에 그늘에서 빨리 벗어나야만 자신의 성장을 기대할 수 있다.

직장 내 자신의 위치에서 충분한 자원을 서로 공유하고 나눌 수 있다면, 함께 성장하며 돕고 사는 것이다. 직장에서 성장하든, 직업으로 성장하든 자신이 잘하는 일에서부터 시작된다. 가장 많은 시간을 보내는 직장에서 안정감을 얻고, 인정을 받는 일에서 많은 사람의 영향 아래 놓인다.

직장인이면 누구나 안정된 직장에서 능력을 인정받고, 빨리 승진해 훌륭한 리더로 성장하는 것을 꿈꾼다. 평생 직장에 대한 가치관이 흐릿하지만, 특별한 직업군 몇몇을 제외하고는 여전히 전문가가 필요하고, 장인을 원하고, 고수가 세상을 바꾸고 있다. 예전에는 한 분야에서 10년 만에 전문가가 되었다면, 지금은 20~30년의 세월이 필요하다. 그 일에 단지 오래 몸담아서 되는 것이 아니라, 전문가가 되기 위한 스펙트럼이 그만큼 넓어졌다는 의미다.

　지금도 많은 사람이 "지금 하는 일에서는 비전이 없어 새로운 일을 시작해 보려고 하는데 어떻게 하면 좋으냐?"라고 질문한다. 먼저 "이 일이 아니면, 그 어떤 것도 의미가 없을 만큼 좋아하고 해낼 자신이 있느냐?"고 나는 묻는다. 새로운 일을 해보는 것은 좋지만, 새로운 직업을 가지기 위해 새로운 일에 뛰어드는 것은 여러 가지로 고려해야 할 사항이 많다. 늦은 나이에 도전할 수 있는 일이 있고, 할 수 없는 일이 있기 마련이다. 그리고 무엇보다 잘할 수 있는 일을 해야 함은 당연하다. 간혹, 자신은 그 일을 좋아하고, 잘한다고 생각하는데 객관적으로 봐서는 자신을 과대평가하는 예도 더러 있다.

　해내겠다는 강한 의지와 자신감이 충만해야 한다. 이 사람의 말에 흔들리다가도 저 사람 말을 들으면 또 맞는 것 같아 오락가락하면 그냥 하고 있는 일을 하는 게 낫다. 직업 전환과 이직을 생각은 하지만 쉽게 결정을 못 내려 세월만 허비하고, 돌아올 수 없는 강을 건너는 사람이 많다. 평생을 후회하지 않을 일을 선택하는 것은 결국, 자신의 역량이라고 할 수 있다.

　항구에 있는 배는 안전하지만, 그것이 배를 만든 이유가 아니다. 바다로 출항하는 것에는 여러 위험이 따른다. 그러나 출항하지 않을 배라면 만들지도 않았을 것이다. 출항하지 않으면 넓은 망망대해를 볼 수 없을 뿐만 아니라 목적지에 도달하지도 못할 것이다.

　높은 곳에 뜻을 두면, 거친 파도와 비바람을 이겨내도록 설계된 배처럼, 자신의 능력을 믿고 뛰어들면 다 감당하게 되어 있다. 감당하지 못하는 것은 일을 피하고 겁이 많아 시도하지 않았기 때문이다. 직장에서 일을 잘하는 게 왜 중요한가 하면, 생각대로 안 되면 자신감의 상실로 이어지기 때문이다. 직장에서 인정받지 못하면, 상실한 마음이 인간관계를 비롯한 삶의 전반에 영향을 미치기에 만사에 자신감이 없고 부정적이 된다. 이것이 직장 생활이 왜 중요한가? 직장에서 왜 성공해야 하는가에 대한 답을 주고 있다. 직장에서의 성공은 삶의 밸런스를 만들어가는 가장 중요한 요인이 된다. 직장에서 능력, 태도, 관계, 마인드, 가치관, 열정 중 그 어느 하나라도 흔들리면 직장인으로나 직업인으로 성공하기 어렵다.

어렵사리 입사해도 직장에서 갈등을 겪는 젊은이들이 의외로 많다. 직무가 적성에 맞지 않고, 연봉이 낮아 의욕이 없고, 입사 전에 생각했던 업무와 실제 하는 일과의 차이, 상사가 마음에 안 드는 경우 등 다양한 이유가 있을 것이다. 모두 만족하며 좋아하는 일만 하면서 직장 생활을 하는 사람은 거의 없다. "인생은 짧아요. 좋아하는 일만 하고 살기에도 아쉬운 인생이에요. 그러니 인생을 즐기며 좋아하는 것을 하며 사세요"라고 말하는 사람이 있다. 인생이 짧은 것은 맞다. 그러나 중요한 건 그들이 여러분의 인생을 책임지지 않는다는 것이다. 모두가 좋아하는 일을 하고 싶지만, 그럼에도 해야 할 일을 하지 않으면 안 되는 사람이 대부분이다.

도전하기에 늦은 나이거나 도전할 뜻이 전혀 없는 사람에게 "아직 늦지 않았으니 도전해보세요. 가장 중요한 건 열정입니다"라고 말한다면 그는 분명 당신의 삶에 관심이 없는 사람일 것이다. 열정만으로는 안 되는 일이 너무 많기 때문이다. 무책임한 조언자가 되지 마라. 시작하기에 늦은 일이 있고, 도전하기에 무모한 일이 분명 있을 뿐만 아니라 열정이 오히려 일을 망칠 때가 있다.

나는 자신이 좋아하는 일을 하며 사는 것만이 성공한 인생이라고 생각하지 않는다. 좋아하는 일을 하는 것과 좋아하는 일을 직업으로 삼는 것은 전혀 다른 문제다. 물론 좋아하는 일이 직업이 될 수도 있지만, 잘하는 일이라고는 단정하기 어렵다. 내가 좋아하는 일이라면 다른 사람도 좋아할 확률이 높다. 가르치는 일을 좋아한다고 모두가 교사가 되고, 교수가 되는 것은 아니다. 노래를 좋아한다고 가수로 직업을 가지고 성공하기 어려운 것과 마찬가지다. 나도 객관적으로 노래는 못하지만, 그래도 좋아한다. 노래를 좋아하니 가수가 되겠다는 사람이 많지만 성공하기는 정말 어렵다. 좋아하고 즐기는 것으로 만족하는 것도 자기를 아는 능력이다.

나의 경우 맡은 일을 하다 보면, 한번 도전해보고 싶은 강한 욕망이 생겨 반드시 해내고 싶은 열망이 생기는 경우가 있다. 처음에는 하고 싶은 일도, 하기 싫은 일도 아니었지만, 계속 여러 분야를 거치면 능력이 나타나는 업무가 있기 마련이다. 그 직무가 적성에 맞는 일이라고 할 수 있다. 이렇게 한 분야에서 능력이 검증되면 다른 분야로 넓혀갈 수 있다. 그 성취감은 어느 분야에서도 잘할 수 있다는 자신감을 심어준다. 일을 잘하는 자세와 태도에 대한 메커니즘은 똑같기 때문이다.

한 분야를 잘하면 하기 싫은 분야는 안 해도 된다고 생각하는 사람이 있다. 절대 아니다. 일을 잘하는 과정에는 하기 싫은 분야도 꼭 끼어 있다. 예를 들어, 명문대를 진학하려고 할 때 다른 과목은 뛰어나게 잘하는데, 영어의 성적이 중위라면 수능에서 좋은 점수를 받을 수 없다. 공부를 잘하는 학생도 모든 과목을 다 좋아하고 잘하는 학생은 거의 없다. 친구 중에서 모든 과목은 우수한데 체력장에서 3급을 받는 바람에 서울대에 불합격한 친구도 있다.

리더는 모든 분야를 아우를 수 있는 시야를 가져야 하기에 하기 싫은 일도 해야 하는 정도가 아니라 잘해야만 한다. 내 경험으로는, 하기 싫은 일도 해보면 '내가 왜 그동안 이 일을 싫어했지?' 하는 의구심을 가질 때가 있다. 고정관념이 우리의 능력을 제한하는 경우가 많다는 것이다. 하기 싫었던 일은 내 생각에 머물러 있었던 것이지, 적성과는 상관이 없었다. 하기 싫었던 일을 잘하게 될 때 어떤 일에든 뛰어들 수 있겠다는 자신감이 생긴다. 이것이 가장 큰 소득이다.

결국, 선천적으로 잘하든, 후천적으로 잘하든 자신이 잘하는 일을 하면서 성공한 사람이 대부분이다. 하기 싫은 일을 하며 성공한 사람은 거의 없을 것이다. 잘 아는 후배 중에 프로게이머가 있다. 나는 "네가 좋아하는 게임을 즐기면서 돈도 벌고 좋겠다"고 말하고 나서 이내 말을 잘못했다는 생각에 멋쩍게 웃었다. 프로게이머도 늘 게임을 즐기면서 하는 것은 아닐 것이다. 아무리 좋아해도 계속하면 싫증이 나기 마련이다. 취미처럼 시간을 즐기면서 완성할 수는 없기 때문이다. 인간의 뇌는 같은 일을 반복하면 지루하게 느끼도록, 원래 그렇게 설계되어 있다. 그런데 강아지나 고양이는 하루 종일 똑같은 공간에서 빈둥거려도 지루하거나 답답해하지 않는다고 한다.

무엇보다도 직장에서 고려해야 할 것은 '비전'이 있는가다. 현재 별다른 고민 없이 편하게 다닐 수 있다면 결코 좋은 회사가 아니다. 치열한 고민 없이 시간을 보낸다면 미래가 없다는 뜻이다. 젊은이가 미래가 없는 일을 한다는 것은 칠흑같이 어두운 길을 걷는 것과 같다. 변화와 혁신에 눈을 감고, 귀를 닫고 산다면 편할 수는 있지만, 미래가 없다. 명상가가 아니라면 불안감을 가져야 하는 것이 당연하다. 미래가 없는 사람만큼 불쌍한 사람은 없다. 미래가 없는 사람들과 함께하는 시간이 늘어나면 그들의 생각이 내 생각이 되는 데 쉽게 동의한다. 시간이 지나면 생각이 있는 사람은 다 떠나고, 결국 주위에 그런 사람들만 남는다.

우리는 사람을 만나면 연인이 아니더라도, 기다림과 설렘이 있어야 정상이다. 나는 미국에서 새로운 학문을 배우고, 새로운 현장 일을 경험하고, 새로운 사람들을 만날 때 가슴이 두근거려 잠을 설친 적이 있다. 물론 새로운 것들이 늘 좋다고 말할 수는 없다. 다만 새로운 학문과 경험의 가치가 지식을 확장하고 적용의 범위가 넓어진다는 의미에서 경쟁력과 차별화를 가지는 것이라고 말할 수 있다. 마치 사랑하는 연인을 만나는 설렘같이 기다림이 내일을 열어가야만 지치지 않는다. 물론 그런 감정이 지속되지는 않을 것이다. 다만 미래를 바라보는 시각과 태도는 일관성을 유지할 수 있다. 사랑하는 연인들이 미워하고 싫어서 싸우는 것이 아닌 것과 같다. 잘해보려고 하다가 의견충돌이 있을 뿐, 사랑의 태도는 여전한 것과 같다.

여러분이 편안함의 가치를 극대화할수록 성장을 방해하는 버려야 할 것들이 얼마나 쌓이고 있는가를 알아야 한다. 버려야 할 아까운 것들 때문에 나중에 버려서 안 되는 소중한 것들을 잃게 된다는 것을 기억하길 바란다. 편안함과 안일함에 갇혀 열정과 도전의 본능을 잃어버린 날개 꺾인 독수리 신세가 된 사람이 의외로 많다.

철새가 대륙 횡단의 귀소본능을 잃어버리면 둥지를 맴도는 텃새에 지나지 않는다. 젊은이들은 '오늘'을 사는 것이 아니라 '내일'을 살기 때문에 편안함에 익숙한 것이 최대의 적이 된다. 내일에 대한 분명한 목표가 없고, 편안함에 익숙하면 조그마한 위기가 찾아와도 좌절하고 쉽게 포기하게 된다.

"당신은 어떤 일을 하느냐?"는 질문이 가장 난감하다고 하는 이들이 있다. 직업이 무엇이냐고 할 수도 있고, 직장을 물을 수도 있다. 사람을 만나면 당연히 묻고 알아야 대화가 된다고 생각한다. "지금 나는 내가 좋아하고, 잘하는 일을 하고 있습니다. 잘하는 일은 이것입니다"라고 자신 있게 말할 수 있으면, 직장 생활을 잘하고 있는 것이다.

지금 하고 있는 일을
사랑하라

멀리 있는 사람은 사랑하기 쉽지만, 가까이 있는 사람은 사랑하기가 생각만큼 쉽지 않다. 사람들과 가까이하는 시간이 많으면 많을수록 사랑받고, 존경하기가 성인의 반열에 있어야 가능한 일이라는 것을 안다. 백범 김구 선생님의 말이 생각난다.

지옥을 만드는 방법은 간단하다.
가까이 있는 사람을 미워하면 된다.
천국을 만드는 방법도 간단하다.
가까이 있는 사람을 사랑하면 된다.
모든 것이 다 가까이에서 시작된다.

일도 마찬가지로 늘 하던 일이 지루하고 따분하게 느껴질 때가 있어 소중함을 잊을 때가 있다. 사랑의 반대말이 지루하고 따분한 것이다. 다른 사람이 하는 일이 더 좋아 보일 때가 있다. 생면부지의 사람들이 긴 시간을 일로 만났기에 일을 사랑하고 잘하지 않으면 적응이 쉽지 않은 곳이 바로 직장이다. 내

취향과는 전혀 다른 사람들이 눈만 뜨면 만나서 긴 시간을 보내고, 선후배의 불편한 동거는 그렇다 치고, 선의의 경쟁이 긴장의 끈을 놓지 못하게 한다. 지금 하는 일은 좋아하지 않아 대충하더라도 좋아하는 일만큼은 잘할 수 있을 것 같지만, 사실은 그렇지 않다. 왜냐하면 일은 좋아하고 싫어하고에 따라 경중이 나뉘는 게 아니기 때문이다.

일은 모두가 연결되어 있기에 더 중요하고, 덜 중요한 것을 구분하기 어렵다. 일을 잘하는 사람은 좋아하지 않고, 어렵고, 힘든 일이 닥쳤을 때 기꺼이 해내고 말겠다는 집념으로 일을 성공으로 이끈다. 사람들은 "가슴 뛰는 일에 미쳐 보라"고 하지만, 일이 좋아 미치는 사람보다 일이 많아 미치는 사람이 훨씬 많다. 가슴 뛰는 일을 하기 위해 '해야 할 일'을 잘해야 다음 문이 열리고, '할 수 있는 일'이 많아질 때 완성도가 높아진다. 처음부터 가슴 뛰는 일은 거의 없다. 그렇다고 가슴이 전혀 미동도 없으면 금방 지치고 포기하게 된다.

젊은이들에게 "가슴 뛰는 일이 있는가?"라고 물으면 대부분이 "없는데요"라고 한다. 일을 일로 여기면 당연히 노동이라고 생각된다. 일을 미션이라고 생각하면 의미와 가치가 '내가 하지 않으면 안 되는 일'이 된다. 해야 할 일을 위해 직장에서 배우고 터득하면 언젠가 가슴 뛰는 일을 할 수 있는 직업이 생긴다. 직장에서 하는 업무에서 인정을 받으면, 일을 사랑하게 되고 나의 아이디어가 적용될 때마다 가슴이 뛴다. 가슴 뛰는 일에 집착하지 말고, 지금 하는 일에 실적을 내고 인정을 받도록 가슴을 뛰게 해보면 어떨까? 사실, 직장에서 가슴이 뛰지 않는 이유는 몇 가지가 있다.

첫째, 나는 월급쟁이라고 생각하기 때문이다.

어릴 적 꿈이 월급쟁이였던 사람은 많지 않을 것이다. 나는 재능이 없어서 월급쟁이나 하고 있는 건 아닐까 하는 회의도 느낄 것이다. 내 뜻대로 할 수 있는 것이 아무것도 없는 이곳에서 무엇을 할 수 있을까 고민될 것이다.

직장은 사주(社主)를 위해 필요한 사람을 고용해 일을 시키고 노동의 대가를 지불하는 곳으로 생각한다. 월급을 기다리고, 그 월급을 받기 위해 의미 없는 일을 하며 직장에 다닌다고 생각하면 서글퍼지지 않는가? 아무 의미도 없는 허상이 나를 에워싸고, 나의 생각을 도적질하고 있는 것이다. 그림자를 빨리 걷어내고, 누구도 나를 대신할 수 없는 재능과 가치를 '지금 하고 있는 일'에서 찾아라. 그러면 할 수 있는 일이 의미가 있고, 잘하는 일이 된다.

월급쟁이로 성공할 수 없다는 말은 옛날 말이다. 글로벌 회사 임원들의 연봉이 얼마인지 아는가. 여러분의 10년 치 연봉을 한 달에 받는 사람도 있다. 대부분 고위 공무원의 30~40배는 받는다. 물론 돈으로만 따질 수는 없지만, 돈은 가치를 측정하는 바로미터기 때문이다.

여러분에게 월급쟁이를 계속하라고 하는 사람은 아무도 없다. 자신의 사업을 한다고 사직하고, 대단하게 시작하는 사람이 주위에도 많지만 만족할 결과를 얻는 사람은 많지 않다. 샐러리맨이 좋고 나쁜 차원의 문제가 아니라 자신의 꿈을 현실로 만드는 마인드셋과 과정이 중요하다.

사업은 직장 다닐 때보다 두세 배는 더 노력하고, 공부해도 성공한다는 보장이 없다. 직장에서 성공한 사람이 사업에서도 성공할 확률이 높다. 성공의 습관이 그렇게 만들기 때문이다. 단지 직장을 다니기 싫어서 창업한다면 실패는 불 보듯 뻔하다. 직장에서 싫었던 것보다 몇 배는 부딪쳐야 할 것이 많을 것이다. 내 사업이니까 감내한다고 생각하겠지만, 사람을 대하고 일하는 것은 어디나 똑같다.

둘째, 내 일은 잘하고 싶지만, 직장에서 최선을 다하겠다는 마음은 없기 때문이다.

충성을 다해도 회사는 내 인생을 책임지지 않고, 나를 필요할 때 사용하다가 필요 없으면 언제든 다른 사람을 고용하리라고 생각하고 있다. 완전히 틀린 말은 아니지만, 그렇다고 맞다고도 할 수 없다. 내가 회사에 필요한 사람이라면 정년이 넘어도 회사는 나를 계속 원할 것이다. 경쟁력이 있고, 건강하다면 할 수 있는 일이 차고 넘친다. 남을 위해서 일한다고 생각하면 건성건성 일하게 되고, 점점 투명인간이 되어간다. 회사가 망하기 전에 먼저 자신이 망한다. 회사를 위해 열심히 배우고 경험을 쌓는다고 생각하지 말고, 나를 위해 투자한다고 생각하면 어디서든 최선을 다하게 되어 있다. 어떤 일을 하든 주인의식과 책임의식을 가지지 않으면 주종관계에서는 크게 기대할 것도 열심히할 것도 없다.

셋째, 자신의 일에 자부심과 긍지가 없기 때문이다.

자신의 일을 사랑하지 않기 때문이다. 그리고 '왜 그 일을 해야 하는가'에 대한 아이덴티티(Identity)가 없기 때문이다. 이 세상에서 내가 하는 일이 그 어떤 것보다도 가치가 있고, 일을 사랑한다는 마음가짐, 즉 마인드셋이 필요하다. 일을 사랑하는 사람은 자신의 일을 천직(Calling)으로 여기는 사람들이다. 여러분이 병원에서 수술을 받는다면 어떤 의사에게 몸을 맡기겠는가? 실력은 없지만, 서비스가 좋고 친절한 사람인가? 아니면 자기 일을 사랑하며 천직으로여기는 사람인가?

스티브 잡스는 스탠포드대학 졸업식에서 "당신이 사랑하는 일을 찾으십시오. 당신이 연인을 찾을 때도 그렇듯이 당신의 일에서도 이 말은 변하지 않습니다. 당신의 일은 당신의 삶의 커다란 부분을 채우게 될 것입니다. 그리고 진정으로 만족할 수 있는 유일한 방법은 당신이 위대하다고 믿는 일을 하는 것입니다. 위대한 일을 하는 유일한 방법은 당신이 하는 일을 사랑하는 것입니다"라고 했다.

사랑하지 않는 사람과 사는 것이 불행이듯, 일을 사랑하지 않는 사람도 불행하다. 여러분은 일을 잘하기 위한 계획보다 휴가 계획을 더 철저히 세우지 않는가? 어떤 마인드셋을 가지느냐에 따라 실패를 어떻게 정의하고, 어떻게 대처하는지 달라지고, 긍정과 부정을 대하는 자세도 달라진다. 성장 마인드셋은 한 자리에 머물기를 거부하고, 편안함을 추구하지 않고, 높은 곳으로 향하는 열정이다. 직업에서는 나의 일이 곧 신분을 나타내고, 다양한 사회에서 니즈에 부응하면서 일을 통해 자신의 존재를 나타낸다.

넷째, 부정적인 말에 현혹되기 때문이다

직장에는 크게 두 부류가 있는데, 먼저 긍정적인 그룹이 있다. '할 수 있다', '해야만 돼', '하지 않으면 안 돼'라는 사람들이 이에 해당한다. 나머지 한 그룹은 부정적인 그룹으로 '안 된다', '못한다', '해도 안 된다'라는 사람들이 있다. 자신이 어디에 속해야 하는지는 알 것이다.

어떤 사람을 가까이하느냐에 따라 인생이 달라진다. 똑같은 말을 들어도 생각하는 것은 정반대의 결과를 가져올 수 있기 때문이다. 부정적인 사람들을 만족시켜줄 만한 회사는 이 세상에 하나도 없다. 부정적인 사람들의 말을 들으면, 일시적인 대리만족을 얻을 수는 있겠지만, 비난에서 자유로운 사람이 없다는 것을 알게 될 때는 이미 늦다. 생각은 마음이 되고, 마음은 말이 되고, 말은 행동이 되고, 행동은 습관이 되고, 습관은 인생을 결정한다.

다섯째, 조급한 마음 때문이다.

회사에서도 빨리 승진하고 출세하겠다는 사람이 많다. 처음에는 열정이 부럽게 느껴질 정도로 좋아 보인다. 그런데 의욕이 앞서다 보니 여러 사람에게 피로감을 준다. 성공은 열 손가락과 같다. 열 손가락 중 하나만 아파도 열 손가락 다 못 쓰게 된다. 나중에는 여러 사람에게 외면당하고, 자기 자신에게 지쳐 조급증이 생겨 과정을 무시한다. 조급하게 서두르면 일을 그르친다. 결과에 지나치게 집착하면 과정에 충실할 수 없게 되고, 좋은 결과를 얻기가 어렵다.

결과를 위해 정당하지 못한 방법이 동원될 수도 있다. 목표를 통과하는 과정에 실패를 동반한다면 더디게 갈 수밖에 없을 뿐만 아니라, 이는 천천히 가라는 신호다. 신호를 지키지 않는 빨리빨리 문화가 결과에 집착해 부작용을 낳는다. 오늘날은 빨리 성공하고, 빨리 부자가 되겠다는 사람들로 넘쳐난다. 중요한 일을 성급하게 결정하고, 생각보다 행동이 빠르다. 직장 생활 중에 주식 투자를 하며 "대박이 나면 이딴 회사 그만둔다"는 사람들은 점점 더 무리하게 투자해 시간을 앞당기려고 한다.

그런데 조급한 투자는 다시는 돌아오지 못할 강을 건너게 만든다. 현대인들은 직장 생활에 위기의식과 불안감을 가지고 있다. 불안감은 두려움으로 변해 근심 걱정으로 이어지고, 조급한 마음을 불러온다. 경제의 메커니즘을 알고 재테크 공부를 하면서 소액으로 실전을 쌓고 경험한 후에 투자를 늘려나가도 성공한다는 보장이 없는 게 주식을 비롯한 투자의 세계다. 빨리 성공하고 싶으면 과정을 소중히 여기고, 자신에게 맞는 포트폴리오를 만들어 운용 가능한 범위에서 준비된 자금으로 성장주에 장기 투자하는 것이 결국 수익을 낸다는 사실을 경험하게 된다.

왜 장기 투자해야 하는가 하면, 단기 투자는 마음이 온통 주식 시황에 집중되어 있기 때문에 자신의 일에 집중할 수가 없다. 직장에서 업무 중 주식을 하거나 금융 상품에 투자하는 것을 금하고 있는 것도 이런 이유에서다.

그리고 장기적으로 보면 자신의 일에 집중하지 못해 경쟁에서 뒤처진다면, 그 어떤 것으로도 보상받을 수 없다. 지금 하고 있는 일을 사랑하면 전에 보이지 않았던 것이 보이기 시작하고, 새로운 영역에 대한 갈망이 생기기 시작한다. 사랑하면 비로소 보이는 것들이 분명히 있다. 자신이 해야만 했던 일들이 할 수 있는 일이 되고, 잘하는 일로 확장되고 있다는 증거다.

과거에는 하기 어려운 일로 스트레스가 많았는데, 지금은 그 일을 좋아하고 사랑한다면 분명히 성장하고 있다. 사랑은 성장의 DNA를 가지고 있어 갈망하고 노력하는 것만큼 열매를 맺는다. 사랑하면 자신에게 아낌없이 투자하고, 노력하기 때문에 발전하고 성장하는 것이다.

일이 재미 있어서 미칠 것 같다는 사람들을 타고난 워커홀릭(Workaholic)이라고 생각할 수도 있다. 한동안 나타나는 현상일 수는 있지만 직장 생활 내내 그럴 수는 없다. 일의 노예가 되어 끌려다니는 대신 일의 주인이 되어 끌고갈 때, 일은 의무가 아닌 보람과 재미가 된다.

현대의 정주영 회장의 "빨리 내일 아침이 밝았으면 좋겠다. 오늘보다 신나는 일을 할 수 있으니까"라는 말처럼 신나는 일을 기다릴 때도 있겠지만, 보통은 일에서 벗어나 멀리하고 싶을 때가 더 많다. 그렇지만 일에 의미를 두면 그 일이 완성되어야만 가치가 있기 때문에 집중하고 몰입해야 하는 이유가 재미로 연결되는 것이다.

위대한 일을 했던 사람은 누구보다 자신의 일을 사랑했던 사람이다. 위대한 일은 단순히 재정적인 성공만을 뜻하지 않는다. 사람들에게 편리함과 유익한 혜택을 제공하는 인터페이스를 말한다. 일을 좋아하고 사랑하면 열정을 불러일으킬 수 있고, 그 일을 하는 데 시간 가는 줄 모르고 모든 에너지를 집중할 수 있다. 왜냐하면 좋아하는 일을 할 때는 일처럼 느껴지지 않기 때문이다. 일에서 열정을 찾고 싶다면 다른 사람에게 유익한 영향을 미치는 일을 찾으면 전에 경험하지 못했던 성취감을 느낄 수 있다.

자신이 하는 일이 마음에 들지 않고 성과가 없을 때도 있다. 사람들은 내가 좋아하고, 잘하고, 돈도 잘 버는 일을 할 때는 지치지도 않고 힘들지도 않다고 생각한다. 힘이 들지만 조금 덜 힘들 뿐이다.

반대로 조금만 어려움이 찾아오면 자기 적성에 맞지 않는다고 또 다른 일을 찾는 사람이 있다. 이 세상의 그 어느 누구도 싫어하는 일을 자원해서 하는 사람은 없다. 사회적 구조가 모든 사람이 좋아하는 일만 하면서 살아갈 수는 없게 되어 있기 때문이다. 싫어하는 일도 어떤 계기로 좋아하는 일이 될 수 있고, 좋아하는 일도 해보면 생각과 다르다는 것을 깨닫게 될 때도 있다.

나는 양심에 따라 공정하게 재판하고, 억울한 사람들이 없도록 사회질서를 수호하는 법관이 너무나 좋아 중학교 때부터 법대에 가는 것을 꿈꾸었다. 삼촌이 보던 법전을 보기도 했다. 물론 무슨 말인지 모르는 그냥 한자책이었다. 판결문을 작성하는 것도 좋아하고 자신이 있었다. 그런데 데모로 사법시험을 못 보게 되고, 생각지도 않았던 경제학과 대학원을 갑자기 가게 되었다. 대학원에서 학부 시절 경제학을 전공하지 않은 사람은 나밖에 없었다. 중요한 것은 앞으로 공부해야 할 분야가 경제학 원론부터 첩첩이 쌓여 있었다는 것이다. 그런데 막상 공부를 해보니 또 다른 흥미를 불러왔다. 학문적인 경제학의 매력에 빠져 나중에는 실무적인 경영학까지 공부하고 학위를 받게 되었다. 지금 생각하면 연구보고서를 작성하고, 국내외 경제 패러다임을 예측·검토·분석하는 일이 너무 좋았고, 사랑하게 되었다. 따라서 일을 잘하게 되고 자연히 인정받게 되었다.

여러분도 성급하게 판단하지 말라. 처음부터 좋아하고, 잘하는 일은 그냥 생각일 경우가 많다. 생각이 현실에 적응하려면, 여러 단계를 거쳐야 하기 때문에 걸러지지 않았다고 보면 정확하다.

한편, 한 가지를 잘하는 사람은 어느 분야든지 잘할 수 있는 습관을 가지고 있다고 할 수 있다. 왜냐하면 성공한 사람들은 어떤 일이든 최선을 다하기 때문이고, 안 되면 되는 방법을 찾는 습관이 있기 때문이다. 전혀 다른 계통까지도 일은 연결되어 있기에 만족할 결과를 만들어낼 수 있다. 마치 한가지 운동을 잘하는 사람이 다른 운동도 빨리 습득하고, 결국 잘하는 것과 같다. 일이나 운동이나 결국 잘하는 메커니즘은 똑같기 때문이다.

내가 좋아하고 잘한다는 수준은 동네 조기 축구의 수준이라고 보면 된다. 다시 말하면 아마추어와 프로의 차이라고 할 수 있다. 동네에서 잘한다는 것은 프로 세계를 경험해보지 않아서 그렇다.

나는 고등학교 때부터 야구를 좋아해서 직장 야구를 한 적이 있다. 그 당시 전국 직장 야구에서 선발된 선수들과 프로 2군의 경기를 관람한 적이 있다. 직장 야구에서 "너 프로에 가도 되겠다"고 할 정도로 뛰어난 사람들이었다. 그런데 경기가 시작되고 프로 야구 투수가 던지는 공을 직장 야구 선수들이 제대로 치는 사람이 하나도 없었다. 결과는 농구 게임의 스코어와 비슷할 정도로 패했다. 프로 야구 선수들의 높은 벽을 실감하고 락커룸으로 돌아와서는 "우리가 선수라는 사실이 부끄럽다"고 말했다. 세상은 넓고, 나보다 뛰어난 사람이 정말 많다. 여러분의 목표가 동네 야구에서 만족하면 편할 수는 있겠지만, 발전도 비전도 없는 평범한 인생이 된다. 생각이 편한 대로 흘러가는 것만큼, 몸은 인생의 무게를 버텨내야 하기에 더 힘들다.

현재 여러분이 좋아하고 잘하는 일이 장래에 얼마나 도움이 되고 경쟁력이 있는지 생각해보기 바란다. 실리콘밸리에 있을 때 뛰어난 친구들이 많았지만,

그중에서 인도 청년이 인공지능 플랫폼에 남다른 재능을 보였다. 가르치는 교수가 원리를 물을 정도로 IBM 슈퍼컴퓨터 데이터 플랫폼인 왓슨(Watson) 설계에 영향을 준 사람이다. 나는 왓슨이 사람의 말을 이해하고, 방대한 데이터베이스를 이용해 고도의 지능적인 문제를 분석해 답을 찾아내는 학습능력을 보고도 믿기지 않았다. 특히 2011년 미국 ABC TV의 퀴즈쇼 〈제퍼디(Jeopardy)〉에서 챔피언을 따돌리고 우승한 것을 보고 충격을 받았다.

내 영역이 인문사회 계통이라서 그런지 전혀 이해되지 않는 분야가 바로 IT, 프로그래머, 엔지니어 분야다. 분야가 달라서 그런지 동료들이 정말 위대해 보이기까지 했다. 단지 내가 하지 못하기 때문이 아니라 집중하고 몰입하는 그들의 노력이 세상을 움직이고 있다는 생각을 하면 존경스러워진다. 그들은 한결같이 자신의 일을 사랑하기 때문에 가장 많은 시간을 투자하고, 그 일에 뛰어들어도 후회 없는 결정이라고 생각하기에 그 길을 거침없이 가고 있다.

다 실패하고
하나만 성공하라

　자신에 대해 생각해보라. 지금까지 포기한 것이 많은지, 도전한 것이 많은지, 그리고 실패한 것이 많은지, 성공한 것이 많은지, 생각해 볼 것도 없이 포기하고 실패한 것이 많을 것이다.

　도전의 반대말은 포기다. 성공의 반대말도 실패가 아니라 포기다. 실패를 통해 성공이 성공다워지기 때문이다. 다 도전할 수 없고, 다 성공할 수 없기 때문에 포기하고, 실패한 것이 훨씬 많은 것은 당연하다. 그럼에도 불구하고 실패가 훌륭한 교사가 된다는 것을 가르쳐줄 때까지 멈추지 말고 시도해야 한다. 역설적으로 일이 일사천리로 잘되는 것이 가장 위험한 신호다. 젊은 나이에 성공한 사람들 대부분이 그 성공을 오래도록 유지하지 못하는 이유가 실패를 통한 배움이 부족해, 위기를 돌파할 경험과 근성이 부족한 탓이다.

　때를 잘 만나고, 운이 좋아서 성공의 길로 쉽게 왔다면, 실패의 길로도 갈 수 있다는 것을 늘 생각하고 준비해야 한다. 그런데 대부분 생각이 거기에 미치기까지는 위기에 대응하는 공부가 부족하다. 지금 하는 일이 하나의 점이다. 그 점이 연결되어 선(線)이 된다. 내가 그리고 싶은 도화지에는 점이 아니라 선이 이어져 그림이 된다. 만약 여러분이 꿈꾸는 것들이 점으로 남아 있다면,

하나하나를 선으로 연결하고, 인생의 여백을 원하는 그림으로 채워 넣기 위해 무엇이 필요한지 생각하라.

우리는 가끔 '젊었을 때 알았더라면 좋았을걸'이라고 생각한다. 시간이 지나면서 비로소 알게 된 것이 한두 가지가 아니다. 20대만 하더라도 시간이 흘러넘쳐 원하는 것이면, 무엇이든지 할 수 있을 것 같았다. 20대로 시간을 되돌리고 싶은 사람이 가장 많은 이유다.

요즘 MZ 세대들이 좋아하는 '워라밸(워크 라이프 밸런스, Work-Life Balance)'의 가치와 기능도 직장에서 성과의 결과로 주는 쉼은 만족할 만한 결과에 대한 보상으로 주어진다. 여유와 일상이 소중한 만큼이나 한층 더 크고 원대한 꿈이 분명 필요한 이유는 그 꿈꾸는 일에 필요한 한 부분이 워라밸이기 때문이다. 여러분이 워라밸을 위해 시간이 맞추어져 있다면, 시간의 자유와 즐기는 문화에 익숙할지라도 워라밸을 워라밸답게, 자유를 자유답게 하는 것이 무엇인지 생각해봐야 한다.

'돈'과 '시간' 그리고 '자유'는 서로 인과관계가 성립해야만 원하는 인생을 살 수 있다. 평범한 생각으로는 절대 만족한 삶을 살 수 없다. 남들이 하는 대로 하면 딱 그만큼 살게 된다.

인생의 밸런스를 유지하려고 하면 할수록 점점 더 가난해지고, 앞당겨 써버린 재정은 노후를 피폐하게 만든다. 결국, 평범하게 산다는 것은 점점 힘들게 살아도 좋다는 뜻이다. 평범한 사람은 도전하는 것도 힘들어하고, 포기하는 것도 힘들어한다. 일도 그렇다. 그 어느 것 하나 쉬운 일이 없고, 해보면 어렵지 않은 일이 없다.

지금은 워라밸 따위는 집어치우고 나의 능력을 발휘하고 직장에서 성공하길 갈망한다면, 그 일에 몰입하면 일과 삶의 밸런스는 자연스럽게 맞추어진다.

신입사원일 때 일이 선사하는 재미를 느끼도록 애착을 가지고 접근해보면, 일이기 때문에 재미없는 부분도 있지만, 분명 재미있는 부분도 있을 것이다. 그 재미있는 부분을 확장하면 좋아하게 되고, 좋아하면 사랑하게 되고, 사랑하면 자연히 몰입하게 된다. 몰입의 시간이 길어지면 성공을 앞당길 수 있다.

우리는 일이 잘 안 될 때 환경과 구조를 바꾸면 잘될 것이라고 생각한다. 아니다. 체질이 바뀌지 않으면 결국 원상태로 돌아간다. 일을 일로만 보면 지루하고 따분한 노동이 된다. 일할 때 일 자체로 여기지 말고 일이 가져다주는 결과, 즉 기쁨과 보람을 생각하면 일의 시작과 과정도 함께 즐길 수 있다.

우리가 한 사람을 사랑할 때 포근함과 짜릿한 감동만 있는 게 아니다. 사랑한다는 이유로 몇 배의 희생이 필요하고, 성가시게 하는 것들이 한 두가지가 아니다. 그렇지만 그 사랑을 갈망하고 기꺼이 수고한다. 희생과 성가신 것을 거부하면 사랑의 본질을 알지 못하기 때문이다.

한마디로 말하면 한순간을 위해 많은 시간을 투자해야 사랑을 증명할 수 있다는 말이다. 희생하는 것이 번거롭고 성가시면 오래 버티지 못하고 거기서 끝난다. 온전한 사랑이 많은 것을 포기하게 만드는 것과 같이 큰 성공도 많은 것을 포기하고 다 실패한 후에 하나만 성취하는 것이다.

일하는 재미와 열정에 영향을 주는 요소를 외부가 아니라 자신의 내부에서 미래를 향한 목표를 찾아야 한다. 우리는 일하는 '동기'와 일하는 '태도' 그리고 일하는 '방식'에서 동기가 선명하면 태도가 정직하고, 방식에 공감하게 된다.

혹자들은 "일하는 게 재미있다는 사람은 일 중독자가 아닌가요?"라고 한다. 맞다. 사랑이든, 일이든 중독자가 되어야 성공할 수 있다. 사랑에 빠지든, 일에 빠지든 맨홀에 빠지면 주위의 다른 것은 아무것도 보이지 않는다.

재미없다고 생각하면 재미없는 게 맞다. 좋아하는 게임도 일정 기간 동안은 재미가 있지만, 자꾸 반복하면 어느덧 식상해지고 지루해진다. 왜 그런가? 인간은 금방 싫증을 느끼는 존재일 뿐 아니라 인간의 행위는 결과물을 창출하고 보람을 느끼는 존재기 때문에 유익한 행동이 아니면 공허함을 느끼도록 창조되었다.

나는 일이 재미있어서 몰입한 적도 있지만, 꿈을 이루기 위해 과감하게 뛰어들어 성취해낸 기쁨을 잊지 못한다. 원하는 대학에 합격한 날, 직장 다니며 어렵게 경제학 박사 학위를 받고 감격했던 날, 젊은 나이에 이사가 되었던 날, 미국 유학을 결심하고 사표를 내던 날, 미국에서 할 수 없었던 것 같았던 학위를 받기 위해 불면증과 위장병에 시달리면서 받은 경영학 학위를 붙들고 하염없는 눈물을 쏟았던 그 날을 평생 잊지 못한다.

나는 학위 공부를 하며 그만두어야겠다고 생각한 적이 한두 번이 아니었다. 다른 사람의 이목과 얄팍한 자존심이 버티고 견디게 했다고도 할 수 있다. 중도에 포기하는 나의 모습이 내가 마음에 들지 않는데, 주위의 사람들은 오죽하겠는가? 그때 포기하고 도전을 멈추었더라면 편하게 살 수는 있었겠지만, 영원히 아쉬움이 남았을 것이다. 지금 생각하면 다시 하라고 하면 못하지만, 지나고 보니 현명한 선택이라고 여긴다. 인생은 도전의 연속이다.

모든 사람은 이 일을 하든, 저 일을 하든, 어떤 모양으로든 크고 작은 일에 도전하면서 산다. 단지 큰 꿈을 그리면서 벅찬 도전에 성공하느냐, 실패하느냐에 따라 잘하는 일을 만들어가느냐, 지루한 일에 계속 머무느냐의 차이이다.

어차피 하는 일이라면 소극적인 자세보다는 적극적인 자세, 부정적인 생각보다는 긍정적인 생각을 가지는 것이 유익하다는 판단을 하게 된 때가 입사 3년 차였고, 비로소 정신을 차리게 되었다. 누구보다도 잘하고 싶은 욕망이 다르게 생각하게 하고, 긍정적인 마인드가 열정을 불어넣었다.

늘 다른 사람들에게 도움이 되려고 하는 습관을 가지면 일할 의욕을 불러 일으키는 '활력 창출자'가 된다. 매번 더 나은 가치를 만들어 조직에 기여하는 '가치 창출자'도 일의 주인이 되어 일하는 재미와 열정의 강도가 약해지지 않고 유지될 때만이 본연의 역할을 감당할 수 있다.

직장이라는 게 힘들고 피곤하다고 생각하면 한없이 고달프고 생각조차 하기 싫은 곳이다. 마치 수도원이 수련하는 사람에게는 낙원이지만, 휴양차 온 사람에게는 며칠은 괜찮겠지만, 그 이상은 감옥이 따로 없는 것과 같다.

생업 전선에 뛰어든 직장 생활을 재미있게 하라고 하는 것은 무리가 있을 수 있다. 다만 '의미 있게' 일할 수는 있을 것이다. 의미를 두면 책임감이 생기고 감당할 수 있는 능력이 창출된다. 책임감으로 일의 주체가 되면 객이 아니라 주인의식이 발동해서 자리가 사람을 만든다는 말이 맞을 것이다.

현실을 살아가는 데 비전이 큰 의미가 없어 보일 때가 있다. 눈에 보이는 것들이 전부인 것처럼 보일 때 미래는 나를 위해 존재하지 않는 것 같다. 현실에 급급해 멀리 보이는 곳까지 마음을 둘 여유가 없이 허둥지둥 살아가는 현대인의 숙명이다. 미래를 생각하지 않는 가정은 다툴 일밖에 없고, 미래가 없는 직장은 일하는 시늉만 하고, 오늘만 생각하고 시간만 채운다.

결국, 가정과 직장에서의 피해는 고스란히 자신에게 돌아온다. 꿈을 꾸는 사람과 꿈이 없는 사람과의 생각과 행동은 현재 같은 공간에 있지만, 미래는 전혀 다른 세계, 다른 일을 하며 살 것이다. 자신이 어떤 사람인지 증명하는 시금석(試金石)이 비전에 따라 움직이는 사람이다.

우리는 죽는 날까지 비전을 품고, 소망의 이유를 자녀들에게까지 전해야 할 의무가 있다. 바로 그런 상황에서 필요한 것은 '생각을 사유(思惟)'하는 시간을 갖는 것이다. 그러면 전에 보이지 않았던 것들이 보이기 시작한다. 눈에 보이는 것이 전부가 아니라는 것을 새삼 깨닫게 된다. 이전의 나의 모습을 찬찬히 되짚어보면 얼마나 개념 없이 살아왔는지 금방 알게 될 것이다. 지금까지 되는 대로 살고, 계획과 목적의식이 없다면, 오늘의 일부터 생각하면 된다.

우리는 조용한 곳에서 '생각의 시간'을 갖기 어려운 시대에 살고 있다. 처리해야 할 일이 늘어나고, 마음은 언제나 분주해 저 멀리 앞서가 있다. 생각을 10분에 할 수 있는 게 있고, 1시간을 해야 할 때가 있는가 하면, 며칠을 해도 정리가 안 되면 몇 달을 해야 할 수도 있다. 경중과 사이즈에 따라 다를 수밖에 없다. 생각을 지속적으로 이끌고가는 힘이 바로 '비전'이다.

대부분의 사람들이 생각의 준비 단계에서 끝내고 정리가 안 된 채 행동에 뛰어드는 경우가 많다. 그러면 생각이 미치지 못하는 곳에 문제가 나타나기 시작한다. 생각하고 또 생각해도 문제는 발생할 수 있다. 문제를 최소로 줄이는 방법이면 무엇이든 점검하고 시도해보아야 한다.

사람들은 문제에 대한 해결방법을 생각할 때 보통 자기가 지금까지 보고 경험한 배경을 근거로 접근하고 시도한다. 생각을 확장하면, 레버리지 효과를 찾게 되고, 그 분야의 전문가의 조언을 듣거나 공부를 하면 생각의 한계를 벗어난 엑설런트한 방법을 찾게 된다.

세상의 모든 문제는 두 가지로 나뉜다. 내가 해결할 수 있는 문제가 있고, 또 하나는 내가 해결할 수 없는 문제가 있다. 해결할 수 있는 문제보다 해결할 수 없는 문제가 훨씬 많기 마련이다. 모든 문제에 답이 있는 것이 중요한 것이 아니다. 내가 해결할 능력이 없으면 답이 없는 문제다.

그렇다고 모범답안을 찾으려고 할 필요는 없다. 정답을 찾다가 막히면 둘러서 가고, 둘러서도 길이 없으면 넘어서 가면 된다. 우리는 학교에서 모범답안에 길들여져 무의식적으로 모든 문제는 정답이 있다고 생각한다.

예를 들면, 성공한 사람을 롤모델로 삼아서 닮으려고 노력하는 과정이 똑같을 수가 없을 뿐만 아니라 그렇게 될 수도 없다. 살아온 환경과 스토리가 각각 다르기 때문이다. 가장 안타까운 사람은 내게 답이 있는지 없는지도 모르고, 돌파할 의지도, 능력도 없는 사람이다. 실제로 과학 기술의 진보는 지금까지 답이 없는 데서 시작했다. 누군가 가능하다는 첫걸음을 떼면 성공 이전의 생각과 완전히 달라진다. 그것은 나도 할 수 있다는 자신감이다.

세계적으로 1960년 후반부터 사람처럼 두 발로 걷는 로봇에 대한 관심을 가지고 연구하기 시작했다. 미국과 일본을 중심으로 세계적인 로봇 연구소 사람들이 답을 찾기 시작했다. 사람처럼 만들면 된다는 것은 알지만, 그런 기술을 구현할 수 있는지에 대해서는 아무도 성공해본 사람이 없었기 때문에 의문이었다. 전 세계 수많은 공학 박사들이 30년 가까이 연구했지만, 한 걸음도 제대로 떼지 못했다. 원하는 수준에는 크게 미치지 못하자 사람처럼 자연스럽게 걷는 로봇을 만드는 것은 기술적으로 불가능하다고 말했다.

그런데 1996년 일본 혼다에서 휴머노이드 로봇 P2를 발표했는데 그 수준이 놀라웠다. 사람처럼 자연스럽게 걸을 수 있을 뿐만 아니라 카트를 끌거나 볼트를 조이고 계단을 오르내리는 것도 자연스러웠다. 35년 동안 답이 없다고 생각한 것이 기술적으로 가능하다는 답을 얻는 순간부터 전 세계에서 다시 연구개발이 활기를 띠기 시작하고, 자연스럽게 걷는 로봇이 우후죽순으로 출시되었다. 그렇다고 혼다가 P2의 기술 노하우를 공개한 것이 아님에도 불구하고, 사람처럼 완벽하게 걷는 로봇이 가능하다는 것을 보여준 것만으로도 많은 사람들이 답을 찾아내는 데 충분했던 것이다. 심지어 대학생들이 두 발 로봇을 만들어 격투기 대회에 참가하는 수준까지 이르렀다. 답이 있다는 것을 아는 것이 문제를 푸는 데 얼마나 큰 영향을 미치는가를 잘 알 수 있었던 사건이다.

한 가지 더 예를 들어보면, 1950년대부터 50년간 별다른 진보가 없었던 인공지능(AI) 분야는 상용화 수준은 무리라는 생각이 지배적이었다. 그런데 1997년 IBM의 인공지능 '딥 블루'가 체스 챔피언을 상대로 승리를 거두면서 답보 상태에 있었던 연구개발에 자신감이 생겼고, 멈춰 있던 연구가 활기를 뛰기 시작했다.

2016년 구글 딥마인드 바둑프로그램인 알파고가 대국에서 이세돌 9단에게 4대 1로 승리해 딥러닝 방식이 아주 우수한 성과를 내면서 갑자기 인공지능이 다시 떠오르기 시작했다. 최근에는 인공지능 분야에서 하루가 다르게 많은 결과물이 쏟아져 나오고 있다. 이것도 답이 있다는 것을 보여준 결과다. 내 주위는 답이 없지만, 외부로 외연을 넓히면 글로벌 이노베이션이 보인다.

최근에는 많은 기업들이 R&D(Research&Development) 활동보다 오픈 이노베이션을 통해 답을 가지고 있는 파트너를 찾아 문제를 해결하는 C&D(Connect&Development)에 많은 관심이 쏠리고 있다. 하지만 R&D 없이 C&D만을 할 경우에는 스스로 문제를 해결하는 내공이 쌓이지 않는 문제가 생기고, C&D 없이 R&D만을 할 경우에는 너무 많은 시간과 노력이 소요되어 경쟁력을 갖지 못하는 문제가 생기게 된다. 따라서 R&D와 C&D의 균형을 맞추는 것이 중요하다고 할 수 있다.

답이 있다는 것을 알게 되는 데 필요한 노력이 1이라면, 답이 있는지 없는지 모르는 문제를 푸는 데 필요한 노력은 100이 될 수도 있고, 1,000이 될 수도 있다. 따라서 세계 최초라는 타이틀은 세계인들의 찬사와 가치를 인정받을 충분한 이유가 되는 것이다. 그 가치를 인정받아 꿈꾸었던 일을 확장할 수 있고, 기업가들이 부러워하는 유니콘 기업이 될 수 있다. 그래서 사람들은 자기 분야에서 '세계 최초(World's First)'라는 타이틀을 획득하고 싶어 한다. 과학 기술 분야, 운동선수 기록, 의학 분야, 학술 분야, 예술 분야 등 세계의 이목을 끌기에 충분한 가치가 있기 때문에 그 일을 완성하려고 하는 것이다.

우리도 세계 최초의 역사를 만들면 좋겠지만, 먼저 내 인생에서 다른 그 무엇들은 아무 쓸모가 없도록 그 하나의 일을 찾고, 그 일에 몰입해 인생의 최초의 길 즉, 나의 로드맵을 만들어가길 바란다.

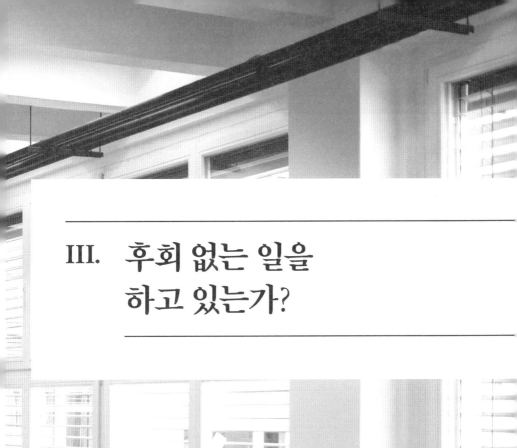

III. 후회 없는 일을 하고 있는가?

직장에서
경제적 자유를 꿈꾸라

돈이 가장 많이 필요한 사람이 "돈은 인생의 전부가 아니야"라고 말한다. 완전히 틀린 말은 아니다. 이 말은 "돈은 없어도 괜찮아"라고 하는 것과 같다. 돈이 인생의 전부가 되어서는 안 된다. 그러나 돈이 없으면 삶을 무력하게 만들고 인생 전체를 흔들 수 있다.

"나는 두 눈이 있으니 한쪽 눈은 없어도 돼"라고 말한다든가, 열 손가락 중 한 손가락을 다치면 "아홉 손가락이 멀쩡하니 한 손가락 쯤이야 괜찮아"라고 말한다든가, "28개 치아 중 1~2개는 뽑아도 먹는 데는 아무 문제가 없어"라고 말하는 것과 같다. 그 한 손가락에 신경이 온통 집중될 수밖에 없듯이 돈은 삶의 모든 부분과 연결되어 때로는 인생을 아름답고 부유하게, 때로는 인생을 한없이 비참하게 할 만큼 강력한 힘을 지니고 있다.

돈에 구애받지 않고 원하는 것을 모두 할 수 있으면 돈으로부터 자유로운 부자다. 반대로 억만장자라고 하더라도 여전히 더 원하는 것이 있다면 부자가 아니다. 좋은 직장을 갈망하고, 전문 직업을 가지려고 하는 이유도 돈과 연결되어 있다. 좋은 직장이란 성장하는 기업에서 잘하는 일을 하면서 실적을 내고, 재무구조가 안정적이고, 능력만큼 연봉을 인정해주는 기업이다. 내가 하고 싶은 일을 하고, 재무구조가 탄탄하고 연봉이 많은 기업이다. 승진도, 성공도 결국은 돈의 단위가 결정한다.

경제적 자유를 얻는 최고의 방법은 직장에서 인정받고 사이즈를 키우는 것이다. 직장을 떠나도 그동안 쌓인 지식은 어디에서 무엇을 하든 내게 남아 있기 때문이다. 돈을 쓰고 남아서 걱정하는 사람은 이 세상에 아무도 없다. 이 세상에는 쓸 돈이 충분하지 않아 갈급한 사람들로 가득 차 있다. 부자가 되지 않더라도 남에게 손 벌리지 않고 최소한 생활을 유지할 수 있는 살림살이를 꿈꾸는 사람들이 의외로 많다. 빚지지 않고 애들 대학까지 보내고, 결혼시키는 것으로 잘 살아왔다고 할 수 있다.

그런데 주위 지인들을 보면 퇴직금으로 애들 결혼시키고, 집을 장만해주고 나니 노후자금이 없어 원치 않는 일을 계속 다니는 경우가 있다. 자식에 대한 과한 사랑과 애착이 노년을 불행하게 만든다.

아이를 미국에 조기유학을 보내고 힘겹게 돈을 모아 보내는 부모들을 많이 봐왔다. 부모님의 은혜를 생각하며 열심히 공부하면 좋은데, 그렇지 못한 학생들이 있어 안타까울 때가 있다.

풍족한 삶을 누리기에 충분한 돈을 가진 사람은 많지 않다. 이 말은 우리가 어떤 일을 하든, 경제적 소득과 연결될 수밖에 없다는 뜻이다. 경제적 자유로 가는 길을 가로막는 그 어떤 것도 배격하고 절제해야 한다.

단지 돈을 많이 버는 것만으로는 부자가 될 수 없다. 돈을 붙잡아둘 장치가 있어야 한다. 돈을 버는 능력, 모으는 능력, 투자하는 능력, 관리하는 능력 모두를 갖추어야만 부자가 된다. 아무리 돈을 많이 벌어도 저축하고 투자해서 관리가 되지 않으면, 그 돈은 내 돈이 아니다. 그냥 '고소득자'일 뿐이고, 세금을 많이 내는 장부상 부자일 뿐이다.

진짜 부자는 저축과 투자를 반복하면서 자산을 불리고, 관리의 핵심인 엄격한 '절제'에서 섣부른 투자 욕심을 차단한다. 보유한 자산에서 나오는 일정한 현금흐름을 유지하는 능력이 일정한 수익만으로 모든 생활이 가능한 사람이 부자다. 부자들은 투자에 대한 메커니즘을 이해하고 활용하려는 노력을 계속하는 사람들이다.

저축하고 투자해야 부자가 된다는 것을 모르는 사람은 아마 없을 것이다. 최근 '워라밸', '욜로(You Only Live Once의 앞 글자를 딴 말, 인생은 한 번뿐이니 즐기면서 살자는 의미)', '플렉스(Flex, 자신의 성공이나 부를 뽐내거나 과시한다는 의미)' 같은 말이 유행하면서 절약의 중요성이 구태의연하게 비추어지는 감이 있으나 부자가 되는 다른 방도가 없다. 평범하게 살기로 작정한 사람은 부자와는 상관이 없는 말을 하고 행동을 하는 부류들이다.

사람들에게 지금 바로 저축하라고 하면, 대개 세 가지로 대답한다.

첫째, 지금은 쓸 돈도 부족하니 '다음에' 저축해서 투자하겠다고 한다.

돈은 시간과 같아서 늘 부족하고 넉넉한 적이 한 번도 없었다. 앞으로도 그럴 것이다. 그래도 직장 다닐 때가 저축하기 가장 좋을 때라고 한다. '다음'과 '내일'은 내가 죽는 날까지 계속되기 때문에 실패한 자들이 애용하는 말이다.

둘째, 언젠가 돈을 '많이 벌면' 하겠다고 한다.

그럴 경우는 흔치 않겠지만, 만약 돈을 많이 벌면 수만 가지 필요가 생기고, 따라서 지출과 청구서 구멍을 다 메워야 하기에 결국에 남는 돈은 없다. 돈을 지속적으로 많이 벌거나 수입이 계속 있다면 저축과 투자는 안 해도 된다. 돈이 없으니 시드머니를 만들려고 저축한다.

셋째, 막연히 '아껴 써야지' 하고 생각만 한다.

돈이 없으면 아껴 쓰라고 말하지 않아도 아껴 쓰게 되어 있다. 먹고 싶은 것은 많지만, 호주머니 사정에 맞추게 되어 있다. 통장 잔고가 없어도 좋은 집에 살고, 멋진 자동차를 타면서 살아간다면 부자 근처에도 갈 수 없다.

나는 저축할 돈이 없다고 말하는 사람에게 "저축을 스스로에게 주는 급여라 생각하고 일정 금액을 통장에 넣으라"고 한다. 나도 나 자신에게 보상해야 할 이유가 충분하다. 일정하게 저축하려면 회사가 직원들 월급 주듯 매월 일정 금액을 스스로에게 지불해야 한다. 회사가 아무리 재정이 어려워도 직원들 월급을 먼저 주듯이 말이다. 회사가 급한 것 있다고 먼저 쓰고, 직원들 급여를 미루면 결국 대표 혼자 남게 될 것이다.

저축도 마찬가지다. 쓸 만큼 다 쓰고 남는 금액을 저축하겠다는 사람이 많다. 그러나 먼저 적금에 돈을 넣고, 남은 금액만 쓰면 쓸 돈이 부족해 절약할 수밖에 없다. 절약 외에는 목돈을 만드는 왕도가 없다. 절약은 마음만 먹으면 누구나 할 수 있고 빠른 방법이기 때문이다.

그렇다고 절약만이 능사가 아니다. 절약은 낭비를 막는 대안으로 이용하고, 그 외에 절약 이상 시너지 효과를 내는 '자기 계발'과 '건강'에 집중하는 투자는 리스크가 없다. 그리고 돈을 써서 얻게 되는 가치가 더 크다면 과감히 돈을 써야 한다. 돈의 가치보다 시간과 노력의 가치가 크다면 레버리지로 활용해야 한다.

반대로 마냥 '아껴 써야지' 생각만 하면 '어쩔 수 없는 일'들이 자꾸 튀어나와 내 저축을 갉아먹는다. 단순히 '아껴라'가 아니다. 3년 후, 5년 후 후회하지 않을 일을 위해 절약하고 투자하면 된다. 사람들은 "언제까지 아껴야 하는가?" 묻는다. "금융 소득이 지금 수입과 같을 때까지 절약하라"고 나는 말한다.

그러면 무엇을 아끼고, 무엇에 언제 써야 하는지 저축과 같이 큰 절제력을 요구하는 분야가 있다. 바로 빚이다. 빚이 없어야 한다. 물론 빚에도 좋은 빚, 나쁜 빚이 있다. 좋은 빚은 이자 이상 추가 수익을 만드는 자산을 형성하는 대출이고, 나쁜 빚은 소비를 위한 빚이다. 생활비가 부족해 빚을 지는 것이 나쁜 빚이다. 소비를 위해 빚을 지는 것만큼 암울한 것은 없다. 빚을 지게 되면 현명한 소비를 할 수 없다. 소비를 위한 지출에는 이자가 포함될 뿐만 아니라 스트레스도 함께 동반한다. 그 어떤 소비도 사라지는 지출일 뿐이다. 생각보다 많은 사람들이 이자를 갚기 위해 빚을 내고, 소비를 위해 빚을 진다.

필요 이상의 집, 차, 옷 등을 사기 위해 빚을 지면 물건 살 때 빚지고, 과한 유지비 때문에 계속 더 큰 빚을 지게 된다. 일시적으로 '돈을 쓰는 것'에서 얻는 만족은 '돈에서 자유를 얻는 것'에서 얻는 행복과 비교할 때 극히 미약하다. 부자는 돈을 소비하는 것에서 행복을 찾는 게 아니라 경제적 자유에서 행복을 찾는다. 수입보다 지출이 많은 부자는 없기 때문이다.

빚을 갚으면서 돈을 모으는 방법이 있다. 바로 '50대 50 원칙'이다. 이 원칙은 수입이 들어오면 50%만 빚을 갚는 데 쓰고, 50%는 별도로 저축하라는 뜻이다. 약 1억 원의 빚을 지고 있다면, 월 100만 원씩 갚는다면 빚 갚는 데만 100개월, 즉 8년이 넘게 걸린다. 8년이라는 긴 시간 동안 얼마나 많은 투자의 기회가 지나갈까? 어느 정도 현금을 확보하면, 기회가 왔을 때 빠르게 포착해 목표를 이룰 수 있다. 빚 갚는 데만 허덕이면 8년이란 시간을 허공에 날린다. 돈은 붙들어놓고 모을 수도 있지만, 시간은 그렇지 않다.

시간 속에서 돈이 만들어지고 시간에 비례해 삶의 질이 정해진다. 경제 이득의 핵심이 '이자와 투자 수익'인데 그것은 '시간'의 가치를 측정한 것이다. 복리의 개념도 시간의 곱하기에서 나온 공식이기에 시간이 지날수록 이자는 가속화된다. 인생을 윤택하게 하는 것으로 돈을 배놓을 수 없지만, 결국 시간이 주는 선물에 어떻게 반응하는가다.

부자들 중에 돈은 많이 있지만, 좀 더 젊을 때 가족과 함께하지 못한 시간을 후회하는 사람이 많다. 일이 바빠 시간 관리에 실패하면 되돌릴 수 없기에 더욱 아쉬움으로 남는다. 우리가 부자가 되었을 때 지난날을 뒤돌아보면 돈을 아끼고, 모으고, 투자했던 그 시간이 작은 만족을 위해 소비했던 것보다 더 소중하게 다가오는 것은 사라져 없어지지 않기 때문이며, 사람은 무엇을 했나보다 어떻게 목표에 다다랐는지 생각하는 존재기 때문이다.

시드머니를 만드는 시간 관리에 성공하면 현금을 만들어 투자를 늘리고, 결과적으로 빚도 더 빨리 갚고, 투자 실력도 늘어 경제적 자유에 더 빨리 다가갈 수 있다. 빚을 갚는 것도 힘든데, 그 와중에 저축까지 하려면 목표를 향한 인내의 시간과 공부가 필요하다.

하고 싶은 소비를 참고, 예산과 절약 리스트를 정해놓는 등 어떻게 보면 답답하고 틀에 박힌 삶을 견뎌내야 하기에 한숨이 나올 수도 있다. 그러나 인내하면서 목표를 이룰 때 우리는 진정한 경제적 자유를 누릴 수 있다.

저축과 투자로 재산을 증식하는 것이 보편적이지만, 직장에서 자신의 가치를 인정받고, 빨리 승진하는 것도 방법이다. 나는 자신에게 한 약속을 지키기 위해 작은 목표를 세우고, 매일 최선의 방법을 찾고 노력했다.

돈을 목표로 승진을 꿈꾸지 않았지만, 누구보다 일찍 임원이 되고 오랫동안 재직할 수 있었다. 회사가 필요로 하는 능력을 계발하고, 글로벌 스탠더드의 인재상이 무엇인지 생각해야 한다. 세계인들의 기준이 되는 국제표준을 우리가 만들어가야 한다.

우리 기업이 글로벌 표준에 따라가는 패스트 팔로어(Fast Follower)가 아니라 산업의 변화를 주도하고 새로운 분야를 개척하는 창의적인 선도자 퍼스트 무버(First Mover)가 되어야 한다. 우리 기업이 기준이 되어 리딩해야 살아남을 수 있는 시대다. 글로벌 인재상을 꿈꾸고 노력한다면 연봉만으로도 부자가 될 수 있다.

지금 연봉에 만족하지 않는다면 얼마든지 더 받을 수 있는 길이 열려 있다. 회사는 적절하게 준다고 생각하지만, 직원들은 노력에 비해 적게 받는다고 생각한다. 사람들은 자기 중심으로 생각하기 때문이다.

사진에 내가 잘 나왔으면 다 잘 나온 것이다. 옆에 있는 사람이 어떻게 나오든 상관이 없다. 사람들은 "난 일하는 것에 비해 연봉이 너무 적어"라고 말한다. 연봉에 너무 민감하면 돈으로 측정하기 힘든 것을 잃어버릴 수 있다.

여러분의 수입은 회사 성장에 얼마만큼 기여하느냐에 따라 결정된다. 회사는 자신의 능력에 따라 정확한 가치를 측정해 지불한다. A.R.T 즉 'Available(쓸모 있는 능력)', 'Responsible(책임 있는 자세)', 'Trustable(신뢰하고 맡길 수 있는)'을 갖춘 사람이 필요하다. 사람은 항상 많은데, 잘하는 사람은 항상 부족하다.

이렇게 말하는 직원도 있다. '물가가 올라서', '애가 대학에 가서', '집을 옮겨서' 연봉 인상이 필요하다고 해서 회사는 돈을 올려주지 않는다. 우리가 돈을 받을 만한 가치 즉 노동이나 기술을 제공해야만 대가를 지불한다. 시장에서 평가받는 내 가치만큼 급여를 제공한다. 지금 받는 급여를 올리고 싶다면, 내 가치를 스스로 올리는 방법밖에 없다.

봉급은 인상되는 것이 아니라, 여러분 스스로 높은 봉급을 받도록 회사의 기준에 부합하는 것이다. 결국, 내가 얼마를 벌지는 내가 결정하는 것이다.

회사가 정해준 일을 정해진 방식대로 한다면 회사가 정해준 연봉을 받을 뿐이다. 그러나 회사의 기대를 뛰어넘는 성과를 거두고, 연봉 외 추가 수익을 창출하기 위한 노력을 한다면, 더욱 내 가치를 높일 수 있다. 그런데 '가치를 올려라'는 말이 너무 추상적이라면, 다음의 다섯 가지로 요약할 수 있다.

첫째, 업무수행 능력이다.

능력이란 '일을 감당해낼 수 있는 힘'이다. 자기 가치를 스스로 입증하는 최고의 방법이다. 직원들의 잠재적 능력에 따라 회사가 성장하기 때문이다. 프로젝트를 수행하는 능력으로 가치를 창출하기에 개개인의 자원이 중요시될 수밖에 없는 시스템이다. 자연히 우수한 실적을 내는 인재를 찾게 되고, 1,000명, 10,000명, 100,000명을 먹여 살릴 인재 1명을 채용하기 위해 기업들은 인재 경영을 하고 있는 것이다.

삼성이 지난 20년간 13배 급성장한 것도 인재제일주의에서 찾을 수 있다. 야구 선수 추신수는 2013년 텍사스와 7년 계약에 총 1억 3,000만 달러(한화 약 1,520억 원)에 계약하면서 연 217억 원에 FA 계약을 맺었다. 한국의 프로 야구 구단 한 팀의 운영비가 연간 150~200억 원이 든다고 보면 그 가치를 알 수 있다. 선수단의 순수 연봉만 따졌을 때 구단마다 차이가 있지만 대략 70~80억 원이고, 이 연봉에 계약금, 인센티브 등 금액까지 더하면 구단 운영비 절반 가까이 차지한다. 구단 코칭스태프를 포함한 선수단의 규모는 100여 명이 1년 동안 먹고, 자고, 이동하고, 전지훈련 경비, 직원 급여, 장비 마련하는 데 드는 돈을 말한다.

미국 프로야구 시장의 한 사람의 연봉이 우리나라 한 프로구단 전체 운영비보다 많다는 사실은 1등이 아니면 살아남기 어려운 시장의 메커니즘이 작용하기 때문이다. 여러분 분야에서 얼마만큼 전문지식을 갖추고 있는지, 해당 분야 최고와 비교할 때 여러분의 능력이 어느 정도인지 물어야 한다. 회사 성장에 얼마만큼 기여하고 있는지 여러분에게 답을 요구하고 있다. 자신의 능력을 키우고 확장하는 일에 뛰어들라. 기술이 필요하면 기술 연마에 뛰어들고, 경영 지식이 부족하면 공부에 우선순위를 두고 매진하라.

둘째, 일에 대한 강렬한 열정이다.

여러분이 지금 하는 일에 쏟아부을 수 있는 에너지다. 혹은 지금 쏟고 있는 에너지의 크기, 즉 일에 대한 애정도라고 할 수 있다. 지치지 않는 열정이 일을 완성케 한다. 열정이 사라지면 자신이 좋아하는 일마저 흥미를 잃고 무기력할 때가 있다. 삶이 언제나 에너지로 가득할 수는 없지만 자기만의 방법으로 슬럼프를 극복하고 다시 일상을 되찾는 시간을 가져야 한다.

분명한 것은 열정이 없으면 일이 한없이 늘어지고 기약이 없다. 중도에 포기하는 사람이 많기 때문에 일에 대한 강렬한 열망이 더욱 중요하다고 할 수 있다. 우리가 흔히 알고 있는 불타는 열정만 말하는 것이 아니라 꾸준함과 인내 그리고 애정 등이 포함되어 있다.

셋째, 인지도다.

여러분이 제공하는 지식 서비스로 얼마나 많은 사람들을 끌어모을 수 있는지, 혹은 여러분이 얼마나 알려진 사람인지를 뜻한다. 기업도 인지도를 높이기 위해 제품을 광고하고, 사명(社名)을 노출시키고, 이미지 마케팅을 하고, 메시지를 만든다. 아무리 좋은 지식과 인프라를 가지고 있더라도 대중이 알지 못하면 시장에서 찾는 사람이 없다. 그래서 지금 시대는 인지도의 중요성이 부각되는 시대다.

넷째, 인생의 목적과 가치관이 분명해야 한다.

분명한 목적에서 분명한 비전이 힘을 얻는다. 삶의 방향이 달라야 하고, 목적이 달라야 하고, 가치관이 달라야 한다. 하루하루 시간과 일에 떠밀려서 사는 게 열심히 사는 것처럼 보이지만, '시간 죽이기'에 지나지 않는다. 비전이 분명하면 청년다운 모습을 잃지 않는다. 비전을 따라가는 사람은 스스로 특별하다고 믿는 믿음의 크기가 다르다. 나의 가치를 스스로 증명하는 힘이 능력이다.

다섯째, 끊임없이 공부하고 경험하라.

우리는 공부하고 경험해야 할 것이 너무 많다. 주식 투자를 시작하려고 해도 투자에 대한 메커니즘을 이해하고, 부단한 노력을 하지 않으면 주식으로 인해 인생이 꼬일 수 있다. 어떤 사람은 주식이라는 금융 메커니즘을 잘 이해해 부자가 되는가 하면, 어떤 사람은 주식에 대한 이해가 부족해 패가망신하는 경우도 있다. 공부하고 실전을 쌓아도 럭비공같이 어디로 튈지를 모르는 게 주식이지만, 지식과 경험이 있으면 적게 잃고, 많은 이익을 낼 수 있는 기회를 잡을 확률이 높다. 더욱이 가산을 탕진할 정도로 무리수를 두는 것은 투자가 아니라 도박이다.

투자의 귀재로 불리는 워런 버핏은 정보싸움이 치열한 주식 시장에서 성공한 것은 지독한 독서습관 덕분이라고 한다. 끊임없이 읽고 정보를 수집하지 않으면 세상의 패러다임을 따라갈 수 없으며, 남들과 다른 투자 철학을 만들어낼 수 없기 때문이다. 따라서 그는 여가 시간의 80%를 매일 500페이지의 독서로 보낸다고 한다.

공부하고 경험하지 않으면 모든 게 생소하고 낯설게 느껴진다. 내가 안다고 하는 것은 수많은 변수 중에 극히 일부분밖에 안 된다는 사실을 기억해야 할 것이다. 변수가 많다고 해서 운에만 맡길 수는 없다. 경제적 자유를 위해 더 공부하고, 더 집중해야 한다는 사실만 깨우쳐줄 뿐이다.

정답이 없는 문제를
풀어가는 게 인생이다

사람들이 문제를 대하는 3가지 태도가 있다.

첫째, '문제를 문제로 인식하지 못하는 사람'이 있다.

문제의 핵심을 인식하지 못하면, 일만 크게 키울 뿐이다. 문제에 대한 지식이 없이는 무엇을 하면 할수록 수업료만 내게 되어 있다. 문제로 존재하는 것은 누군가는 해결할 수 있는 반면에 또 누군가는 해결할 수 없도록 만들어진 게 문제의 핵심이다. 나에게 주어진 문제를 내가 해결할 수 없으면 아무 의미가 없다. 남이 내가 될 수 없기 때문이다. 빈털터리 3명과 어울려 다니면 자신이 4번째 빈털터리가 된다는 사실을 모른다. 그리고 실패한 그룹의 아이디어가 얼마나 인생을 무력하게 하는지도 모른다.

둘째, '문제를 알고도 해결하지 못하는 사람'은 실패에 대한 두려움 때문에 뛰어들지 못한다. 가장 큰 실패는 실수를 할까 두려워 아무것도 하지 않는 것이다. 실패가 내 마음에 상처로 남아 있지 않으면 된다. 사람들은 지금도 실패를 밥 먹듯이 하고도 아무렇지 않게 잘 살아가고 있다. 오늘의 최선에 후회가 없으면 내일이 있기에 소망이 있는 것이다.

그리스 3대 비극 시인 중 하나인 소포클레스(Sophocles)는 "내가 헛되이 보낸 오늘은 어제 죽은 이가 그토록 바라던 내일이다"라고 했다. 내일이 있다는 말은 다시 시작할 수 있다는 말이고, 기회가 있다는 말이다.

셋째, '문제에 대한 관심도 없고, 당연히 시도도 하지 않는 사람'이다.

시도해서 일을 저지르니 가만히 있는 게 더 유익하다는 판단이다. 변화와 혁신을 달가워하지 않는 전통 산업에서 나타나는 현상이다. 그래서 혁신 IT 기업들이 전통 산업을 밀어내고 대장 노릇을 하고 있다. 직장이나 사업장은 누군가에 의해 성장하고 또 누군가에 의해 성장을 멈추고, 침체기를 맞이하게 하는 사람이 있기 마련이다.

기업을 일으키고, 핵심 가치를 만들어가는 데 여러 사람이 필요한 게 아니다. 다른 사람의 자리에 내가 들어가 기업의 가치를 불어넣고, 글로벌 기업의 생태계를 만들어갈 수도 있고, 반대로 내 자리에 다른 사람이 들어와 혁신과 변화의 바람을 일으킬 수도 있다.

여러분의 방향은 어디로 향하고 있는가? 자신의 위치에서 최선의 선택은 누구나 할 수 있는 자리가 아니라, 누구도 하지 못하는 일을 해내는 직장에서 직업을 선택하는 것이다. 젊을 때 돈에 연연하지 않아도 일에 몰입하다 보면, 인정받게 되고 승진으로 연봉은 올라간다. 돈에서 자유로울 수 있어야만 일에 집중할 수 있고 운신의 폭이 넓어지는 것은 사실이지만, 목표 성취에 초점을 두면 돈으로 계산할 수 없는 '성장의 기쁨'을 누릴 수 있다.

오늘날 소득을 높이기 위한 핵심은 바로 '인지도(Awareness)'를 높이는 것이다. 사람들이 나를 알아주고 가치를 인정해준다는 것은 내가 왜 노력했는가에 대한 답을 주고, 내가 왜 이 일을 하는가에 대한 충분한 설명을 해준다. 사람은 '인지도'라고 한다면, 상품은 '브랜드'라고 할 수 있다. 인지도든 브랜드든 자산적 가치는 사람들이 인식하는 가치에 수렴하는 무형의 자산이다. 인지도를 끌어올리기 위해 '그 무엇'이 있어야 한다. 능력이 될 수도 있고, 우수한 상품이나 마케팅 그리고 소통의 시스템이 될 수도 있다.

회사는 브랜드 인지도 제고를 위해 많은 비용을 지불하고, 개인은 인지도 네이밍을 위해 공부하고 경험을 쌓는다. 하루아침에 인지도를 높일 수 없을 뿐만 아니라, 공감하는 스토리가 없으면 공유의 가치도 없다. 지금 당장 쓸 수 있는 자원을 소진한다면 인지도는 오래가지 못한다. 얕은 지식으로 인지도에만 매달리다가 바닥이 한번 드러나면 더 이상 인지도를 기대할 수 없다.

지금 쓸 수 있는 자원을 나중에 쓸 수 있도록 축적하고, 미래의 자원을 위해 현재 자원을 효율적으로 이용한다고 해도 여전히 우리는 부족한 것이 너무 많다. 회사도 우리에게 모두를 알고, 잘할 수 있느냐고 질문하지 않고 '할 수 있는 일'을 제대로 할 수 있느냐고 질문한다.

나는 가끔 이런 생각을 한다. 내가 알고 경험했다는 것은 얼마나 모르고 있다는 것을 반증하는 것에 지나지 않는다고 말이다. 따지고 보면 우주 만물이 어떻게 생성되고 작동하는지 알 수 있는 게 아무것도 없다. 겸손하게 주어진 일에 최선의 삶을 살아야 하는 이유다. 한편으로 생각하면 특별히 아는 것도, 잘하는 것도 없으면서 잘 살아가고 있다는 게 신기할 정도다.

단지, 주어진 일은 최선을 다하고 그래도 부족하면 해결하려고 탐구하며, 지혜를 모아 완성하려고 노력할 뿐이다. 직장에서 용납하기 어려운 직원은 할 수 있는데도 안 하는 사람, 알고도 모르는 척하는 사람이다. 그리고 모르는 데도 알려고 노력하지 않는 사람, 할 줄 모르면서도 해보려고 노력하지 않은 사람은 직장 생활이 맞지 않든지, 적성에 맞지 않아서다.

모든 직장이 나에게 맞다고 하는 것이 더 이상하다. 안 맞는 직장이 더 많은 것은 당연하다. 자신의 능력을 발휘할 직장이나 직업을 선택하고 거기서 얼마든지 성공할 수 있기에 서두르지 말고 자신의 일에 자부심을 가져라.

자신의 능력을 알리고 인지도를 높이는 인식 경쟁 시대로 바뀌고 있다. 제품은 브랜드로 알려진 물건일수록 소비자 사이에서 신뢰도가 높은 제품이라는 평가를 받는다. 이와 같이 사람도 인지도에 따라 가치가 결정되고 신뢰도가 높아져 몸값이 비싸다.

유능하다는 것만으로는 충분하지 않을 때도 있지만 시간이 지나면 그 능력은 호주머니에 든 송곳과 같아 삐져나오기 마련이다. 주위의 사람들부터 그것을 금방 안다. 어떤 분야에서든 실력을 갖추면 강의를 한다든지 전공 분야에 관한 글을 쓴다든지 인지도를 높일 수 있는 방법은 여러 가지가 있다.

직장에서부터 인지도를 올려야 한다. 집토끼도 못 잡는 사람이 산토끼를 잡으려고 하면 안 된다. 주위 사람들에게 인지도가 있다는 것은 직장에서부터 인정을 받고 있다는 말이다. 직장은 일을 통해 실적을 남기는 집단이기는 하지만, 능력만으로는 충분하지 않은 곳이 직장 생활이다. 리더십과 관계, 인성이 금방 드러나는 곳이다. 가족보다도 함께하는 시간이 더 많기 때문에 인정받고 존경받기가 여간 어려운 것이 아니다. 가까이 있는 시간이 많으면 많을수록 인정받고 존경받기가 어렵다. 그래서 배우자에게 인정받고 존경받기가 그렇게 어려운 것이다. 직원들에게 좋은 평가를 받는다는 것은 그리 쉬운일이 아님을 리더가 되어보면 안다. 그럼에도 불구하고 존경할 구석이 하나도 없더라도 인정할 만한 실력이 있다면 인정하고 참고 배워야 한다.

"그 실력으로 어떻게 그 대학에 갔어?"
"도대체 잘하는 게 뭐가 있어?"

"그렇게 해서는 월급을 받기는커녕 돈을 내고 배워야 하지 않겠어?"

직장 생활에서 가장 힘든 게 자존심을 바닥까지 끌어내리고 시험하는 상사들이다. 이것까지 이겨내야 한다. 인지도를 높이기가 어렵기에 그만큼 보상하는 것이다. 인지도를 높이면 당연히 연봉이 올라가고, 일에서 인정받기 시작하면 조금만 어려운 어려운 일이 생겨도 나를 찾는다. 상사도 자주 불러 의견을 묻고 부탁할 일이 생긴다.

가치평가는 인사이트(Insight)로 보고, 큰 그림을 그리기 위해서는 외부에서 얻은 통찰력 즉, 아웃사이트(Outsight)로 보면 원하는 방향으로 갈 수 있다. 배움에는 물불을 가리지 않아야 인지도를 높일 수 있다. 경우 따지고, 인성 따지면 배우는 데 한계를 드러내게 된다.

한 가지 경계해야 할 것이 있다. 사람들은 자신의 일을 잘하면 잘할수록 일이 점점 쉬워지고, 점점 더 빨리 해결할 수 있게 되면서 전문가가 된다. 그런데 이 일을 쉽게 빨리 처리할 수 있기 때문에 다른 새로운 프로젝트를 수행하려 들지 않는다. 따라서 시간이 지나면 시야가 좁아지고, 판단력이 흐려진다. 한 번 편안함에 익숙해지면 다시 초심으로 돌아가 도전의 본능을 잃어버린다. 최고의 리더가 깨어 있지 않으면 아무도 새로운 변화의 길을 자원해서 가기를 원치 않는다.

흥망성쇠를 경험하고 역사의 뒤안길로 사라진 기업이 얼마나 많은가? 도전했다가 실패하면 다시 도전하면 되지만, 도전하지 않으면 아무것도 할 수 없었음을 평생 후회한다. 익숙한 행동이 덫이 되어 리더십을 포함한 모든 분야에서 성장을 방해하는 것을 '능숙함의 덫(Competency Trap)'이라고 한다. 점점 더 내부적이고 사소한 문제에 매여 변화의 패러다임을 읽지 못한다. 이런 경우 '허브(Hub)'에 비유한다. 허브는 '안쪽을 본다'는 뜻이다. 사업에서 돈이 얼마나 들어왔는지, 지출 비용은 얼마나 빠져나갔는지에 집중한다.

돈의 흐름에 영향을 주는 매출 증대에 초점을 맞출 것이 아니라, 전 사원이 회사의 환경을 이해하고 통합 시스템을 만들어가는 것이 먼저다. '오늘의 실적'을 챙기는 것이 아니라, 직원들을 한 방향으로 이끌어갈 수 있는 공유프로그램 즉 '전략적 목표(로드맵)'를 제시하는 데 초점을 두어야 한다. 그렇지 않으면 일시적 매출은 증대하겠지만 지속 가능한 방법이 아니다. 한계를 두고 일하는 것과 한계를 허무는 일에 도전하는 것과 같은 차이다. 같은 일을 하더라도 초점을 '비즈니스'가 아닌 '리더십'에 두라는 것이다.

'넛지 리더십'이라는 말이 있다. 넛지(Nudge)는 '팔꿈치로 슬쩍 찌른다'라는 뜻이다. '강요에 의하지 않고 자연스럽게 선택하게 해서 열정을 유도하는 부드러운 개입'이라고 하겠다. 조직원들의 창의성을 발휘하기 위해 부드러운 개입을 통해 창조적인 아이디어와 업무에 대한 열정을 이끌어낼 수 있는 리더십이다. 리더십이 관리와 다른 점은 조직 승패의 요인은 비즈니스 모델이나 업종이 아닌 진정한 '소통의 경영'을 통한 직원들의 열정을 이끌어낸다는 점이다.

오늘날 회사에서 직원들에게 상벌(賞罰)을 당근과 채찍으로 사용한다. 이 두 가지 방법에는 약점이 있다. 보상을 받는 것을 당연하게 생각하면, 보상의 효과가 떨어질 뿐만 아니라, 다음에는 더 많은 보상을 원하게 된다. 또 처벌을 주면, 차별이라 여기고 조직에 균열이 일어난다.

이 두 가지 방법에 대한 대안으로 주도성과 창의성, 자율성에 부드러운 개입을 통한 리더십을 말한다. 과거 리더의 경우 위계질서 중심의 전통적인 경영 방식이었다면, 현대의 경영 패턴은 자율적이며, 유연한 업무에서 나오는 아이디어가 오늘날 혁신의 아이콘을 만들어내고 있다.

리더십이 점차 부각되는 시대에 넛지 리더십은 상호 관계와 소통이 자유로운 분위에서는 자연스럽지만, 전통적인 기업의 상명하달(上命下達) 문화에서는 여전히 어려울 수밖에 없다.

'좋은 리더'를 넘어 '훌륭한 리더'가 돼라. 좋은 인성만으로는 부족하다. 리더는 될 수도 있지만, 리더십을 발휘하기는 어렵다. 내가 볼 때는 좋은 사람이지만 다른 사람이 볼 때는 싫은 사람이 될 수도 있기 때문이다. 훌륭한 리더는 실력도 있고 통합의 리더십도 있다.

만약 여러분의 가족이 큰 수술을 한다면 인성이 좋은 의사를 선택하겠는가? 아니면 실력이 있는 의사를 선택하겠는가? 수술만 하면 문제가 생긴다. 그런데 서비스가 좋고 친절하다고 좋은 의사가 되는 게 아니다.

성장이 둔화된 기존 시장에서 완전히 다른 시장으로 진입하는 데는 그 어느 시대보다 리더의 역할은 조직의 목표 달성에 기여로 평가를 받는 시대다. 개인이나 조직이나 목표한 성과를 만들어내고 기대에 어긋나지 않아야 한다. 성과를 만들어내기 위한 역량(Competency)을 지속적으로 나타내려면, 능력과 경험도 함께 성장해야 다음 일을 수행할 수 있다.

여기서 능력이란 지식, 경험, 기술, 관계, 리더십 등을 말한다. 일의 성장을 위해 새로운 지식을 쌓고 경험하는 조직이 직장인에게는 최고의 행운이다. 회사의 위계질서가 상하계층 조직에서 수평적 조직으로 바뀌어 리더를 따르던 때와는 달리 지금은 자신이 무엇을 어떻게 할 것인지에 따라 달라진다. 팀에서 무엇을 해야 하는지 아는 사람은 지혜로운 사람이고, 자신을 아는 사람은 총명한 사람이다.

수입이 늘어나면, 경제적 자유에 보다 빠르게 다가설 수 있다. 좋든 싫든 자본주의 사회에 사는 한 우리는 평생 '돈의 중심'에서 멀어질 수 없다. 그리고 돈에서 빨리 자유로워질수록 하고 싶은 일을 할 수 있고, 더 나눌 수 있고, 더 많은 부분들을 누릴 수 있다.

남들이 하니까 내가 하는 것이 아니라, 내가 하므로 다른 사람도 할 수 있도록 돕는 것이다. 항상 매일 처음으로 하루를 맞이하는 인생이다. 내가 못하는 것은 안 해봤기 때문이다. 남들이 어렵게 하는 일을 쉽게 하는 것이 능력이다. 어려운 일이 쉽게 느껴질 때 비로소 나는 전문가가 된 것이다.

나를 성장시켰던 곳은 역설적으로 실패를 가장 많이 했던 곳이다. 첫 번째는 강제 군입대, 두 번째는 박사 학위, 세 번째는 직장 초년생활, 네 번째는 미국 유학 시절이다. 좌절을 경험한 곳에서 가장 많이 배우고 성장한다는 사실은 누구나 공감한다. 힘이 든다고 해서 이 시간을 빼버리면 나는 지금 아무것도 아니다.

여러분도 도전의 기회가 왔을 때 피하지 말고, 과감하게 도전해보면 여러분의 인생에서 후회 없는 기회로 남을 것이다. 도전은 남들이 보기에 무모하게 보이기까지 한다. 정답이 없는 길을 만들어서 문제를 찾아야 하기에 무모하게 보이는 것은 당연하다. 그러나 해답이 없는 문제는 없다. 다만, 해답이 어려울 뿐이다.

도전해보지 않은 사람은 할 수 없는 일이기에 무모하게 생각하고, 시간 낭비라고 여기는 것은 당연하다. 그런데 무모한 일에 도전하고 극복하지 않으면 미래가 어둡다는 데 문제가 있다.

모든 문제의 현상 원인을 나에게서 찾고, 상황 개선을 위한 노력을 중단하고 포기하면 미래가 없다. 어려운 일이 쉬워질 때까지 몰입하고 목표한 성장의 기쁨을 향해 나아가라. 능력을 제한하지 말고 나만이 할 수 있는 일이 여러분을 기다리고 있다.

두려움을 물리치는 방법은
도전밖에 없다

인생의 고비마다 문제를 역설적으로 풀어가지 않으면, 깊은 딜레마에 갇히고 만다. 실패에 대한 두려움을 이기고 극복하는 방법은 도전밖에 없다. 성공하기 위해 시도하고 도전하는 인내와 용기가 필요할 뿐이다. 그저 그런 계획을 세워 성공의 목표를 이룬 사람은 없을 것이다. 성공하려고 계획을 세웠지만, 결론적으로는 실패의 계획이 되었을 뿐이다.

개인이 범할 수 있는 가장 큰 실수는 자신은 절대로 실패할 수 없다고 착각하는 것이다. 실패의 길은 가만히 있어도 목적지에 다다르는 데 아무 문제가 없다. 사람들은 "누구보다 열심히 살았는데 왜 이리 힘든가요?" 하소연한다. 열심히 사는 것만으로는 부족하다. 열심히 하는 것이 중요한 것이 아니라 '잘해야 한다'는 말이다.

직장에서도 정말 열심히 하는 직원이 있다. 그런데 자신이 기대하는 결과가 나오지 않아 낙담할 때가 있다. 나는 그런 직원에게 힘이 되어 주고 싶어 도전할 목표에 관한 이야기를 한다. "앞에 닥친 일을 하면서도 선명한 목표에 대한 갈망이 지금 하는 일을 다르게 생각하면, 그 너머에 어떤 일이 당신을 기다리고 있는지 보인다"고 말한다. 언제까지나 열심히 할 수 있는 것이 아니기에 결과가 미미하면 지치고 힘든다.

우리 주위에 열심히 일하는 사람은 많아도 일을 잘하는 사람은 드물다. 왜 그런가? 일을 잘하기 위해서는 여러 가지 요건을 갖추어야 하는데, 그 일에 뛰어들기를 두려워하고, 해낼 수 있는 용기가 없는 것이다. 자신의 약점이 무엇인가도 잘 알고 보완이 필요하다는 것도 안다.

잘한다는 것은 차별화와 경쟁력이 뚜렷해 조직에서 인정을 받는다는 것이다. 인정을 받으면 최고의 자산이 '자신감(Self-Confidence)'이다. 자신감은 '확신(Confidence)'에서 시작된다.

나는 서재에서 필요한 자료를 찾으려고 하면, 어디 정도에 있다는 확신이 들면 시간을 들여서도 인내를 가지고 찾아낸다. 그런데 집에 있는지, 사무실에 있는지, 어느 파트에 있는지 전혀 확신이 없으면 금방 지치고 다음으로 미루게 된다. 확신이란 내비게이션과 똑같다.

자신감이 없는 사람의 목소리는 힘이 없고, 매사에 자신이 없는 눈빛은 고단한 인생을 살아온 황혼기처럼 에너지라고는 하나도 없다. 이런 사람을 가까이하면서 함께 일하고 싶은 사람은 아마 없을 것이다. 두려움을 극복하는 가장 좋은 방법은 시도하는 것밖에 없다.

시도해서 두려움보다는 시도하지 않아서 두려운 경우가 많기 때문이다. 시도해야 하는 이유는 두려움에서 벗어나는 길이기 때문이다. 실패한 사람들은 시도하기 전에 실패 뒤의 걱정을 먼저 하게 된다. 감내해야 할 시간과 지불할 기회비용 그리고 실패에 대한 원망과 비난에서 자유롭지 못할 것이라는 걱정과 두려움에 놓이게 된다.

성공과 실패의 차이는 성공에 집중하느냐 실패에 집중하느냐의 차이다. 성공을 꿈꾸지 않고 집중하지 않았던 사람이 성공한 경우는 없다. 직장에서 성공하겠다고 생각하면, 성공한 선배를 따라가면 된다. 여러 사람의 장점을 피드백 받을 수 있다. 누군가가 해냈다는 것만큼 확신을 주는 것은 없다. 나라고 못하란 법은 없기 때문이다. 한계는 넘어서라고 있는 것이며, 꿈꾸라고 미래가 있는 것이다.

부에도 부의 법칙이 있는 것은 그 법칙에 적응하면, 나도 부자가 될 수 있다는 말이다. 그 중심에는 부의 열망과 확신이 있다. 직장에도 성공의 법칙이 있다. 그 법칙에 적응하면 성공의 모델이 될 수 있다.

가난한 사람들에게 "저축해라"고 하면 "돈이 없다"고 한다. 역설적으로 돈이 없기 때문에 저축해야 한다. 돈이 많으면 저축할 필요가 없지 않겠는가? 학생이 공부를 안 하니까 "공부해라"고 한다. 공부를 안 하니까 못하고, 못하니까 역설적으로 공부를 해야 한다. 공부를 잘하면 "공부해라"고 하지 않아도 알아서 잘한다.

직장에 고민 없이 다니는 것을 잘 다니고 있다고 여기는 사람이 많다. 돈 없이 사는 것은 힘들어 하고 불안해한다. 모든 기쁨과 소소한 즐거움까지 앗아가고 제대로 할 수 있는 것이 하나도 없다는 생각이 우울하게 만들고, 자신감이 없어 한 발자국도 앞으로 나아가지 못하게 한다. 마찬가지로 직장에서 고민이 없다면 당연히 불안해야 한다. 왜냐하면, 젊은이들에게 성장이 없다는 말은 곧 비전이 없다는 말이기 때문이다. 그리고 책임감이 없을 때 직장 생활에 불편함을 느껴야 정상이다. 도전은 언제나 두려움 끝에서 완성된다.

성공의 보상이 두려움보다 크기 때문에 넉넉히 덮을 수 있다는 것을 경험을 통해 알아야 한다. 그러면 도전할 수밖에 없는 상황이 조성되고, 포기의 명분을 주는 출구를 차단하면 남은 것은 결국, 도전밖에 없다.

실패한다고 죽지 않는다. 실패를 두려워하는 마음이 병이 되어 죽는 사람이 더 많다. 꿈이 없는 절망이 마음의 분노가 되어 사람을 죽인다. 성공자로 남기 위해서는 한 번쯤은 죽을 용기로 넘기 힘든 고비를 넘어가야만 고지가 보인다.

"나는 큰 꿈을 꿀 자격이 있다."
"나는 도전할 자격이 있다."
"나는 어디서든 인정받을 자격이 있다."
"나는 재정적으로 자유로울 자격이 있다."

자격은 바보 같은 짓들이 모여 똑똑한 짓을 만들어내는 것이다. 제로의 상태에서 도전해 10이 될 수 있고, 20이 될 수도 있다. 완성하지 못하더라도 10, 20은 내게 남아 있기 때문에 실패가 아니고 성공의 과정이라 한다.

그래서 완전한 실패는 없다고 하는 것이다. 실패에서 얻는 일부 경험이 쌓여 성공의 문으로 들어서는 것이다. 정확하게 말하면 '성공하고 있는 중'이라고 해야 한다. 한 번 도전에 10~20%의 진보가 있다는 것은 해볼 만한 시도가 아닌가?

일할 수 있는 시간은 그렇게 길지 않다. 오늘 당장 머릿속에 갇혀 있는 생각을 끄집어내어 행동으로 1%의 흔적부터 남겨보라. 언제나 시작이 어려운 법이다. 생각하면 방법이 떠오르고 필요한 사람을 만나게 된다.

성공한 사람도 모두 이렇게 나보다 조금 빨리 시작했을 뿐이다. 판타지의 지도를 가지고 시작한 사람은 아무도 없다. 실패의 길로 가다가 우여곡절 끝에 성공의 길로 들어선 사람들이다.

만약 제로에서 시작하지 않으면, 영원히 제로로 남는 인생이 될 것이다. 여러분의 인생이 아무 의미 없는 숫자만 채우다가 왔다가 가는 게 좋은가?

장애물을 만났다고 모두가 멈추어야 한다면 성공한 사람은 한 사람도 없어야 한다. 벽에 부딪힌다면 뚫고 나갈 것이지, 벽을 타고 오를지, 또 돌아갈 것인지 여러 방법을 생각하면, 그중에 가장 좋은 방법이 떠오를 것이다.

멋진 일을 해낸 성공의 경험이 있다면 자신이 무엇을 어떻게 해야 하는지를 알기 때문에 머뭇거리지 않는다. 따라서 여러분이 한 번도 만족할 만한 성공을 해본 적이 없다면, 목표를 정해 작지만 중요한 일부터 시작을 해보라.

그 일은 '내가' 바로 '오늘' 할 수 있는 일이기에 내일로 미루지 않으면 절반은 성공한 것이다. 워런 버핏은 "위험은 자신이 무엇을 하는지 모르는 데서 온다"고 했다. 내가 언제 무엇을 어떻게 할 수 있는가를 알면 위험을 제로로 만들 수 있다.

업무를 대하는 '태도'에서 성공의 출구를 만드느냐, 아니면 실패의 출구를 만드느냐가 결국 유능한 사람이 되느냐, 그렇지 않은가의 차이다. 성공에는 내가 원하는 과정이 포함되지 않을 때가 많다.

반에서 1등을 꿈꾸지 않는 학생은 1시간 공부하고도 많이 했다고 생각한다. 그러나 1등을 꿈꾸는 학생은 10시간 공부하고도 부족하다고 생각한다. 공부하는 게 신이 나서 오랜 시간을 책과 씨름하려고 하는 것은 아닐 것이다. 원하는 목표를 성취하기 위해서는 어떤 태도가 필요하다는 것을 알기 때문이다.

힘들고 어렵게 일하고 싶은 사람은 아무도 없을 것이다. 그런데 분명한 것은 쉽게, 편하게 일해서 성공한 사람이 없었기 때문에 어렵더라도 그 길을 선택하는 것이다. 결국, 그 쉬운 일이 여러분의 인생을 망치고 있다는 사실을 아는 데는 많은 시간이 필요하지 않다.

누구나 할 수 있는 일은 내가 하지 않아도 할 사람이 차고 넘친다. 피겨의 여왕 김연아는 "이 순간을 넘어야 다음 문이 열린다. 그래야 내가 원하는 세상으로 갈 수 있다"고 했다.

어떤 일이든 잘하는 사람과 못하는 사람이 있으며, 어떤 사람이든 적성에 맞는 일이 있고, 안 맞는 일이 있다.

일에 흥미가 없는 직원에게 일주일 업무계획표를 만들라고 하면 난감해하지만, 일주일 여행이나 휴가계획을 짜라고 하면 잘 짠다. 누구나 성공의 DNA가 있음에도 시선이 고정되어 있고 소극적이고 부정적이면, 하는 일마다 한계에 부딪힌다.

재능보다 일을 대하는 태도가 인생의 방향을 결정하는 경우가 많다. 일을 대하는 태도가 바르지 않으면 재능이 제 기능을 상실하기 때문이다. 아무리 재능이 있다고 해도 시도하지 않고 인내하지 않으면, 그 재능은 없는 게 낫다.

우유가 우유 공장에서 생산되는 것 같지만, 젖소에서 나온다. 우유 공장이 없는 우유는 상상할 수 있지만, 젖소가 없는 우유는 상상할 수 없다. 근본적인 변화와 태도가 없으면 아무리 좋은 프로그램과 동기부여도 우유를 가공할 뿐 우유 자체를 만들 수가 없다.

나는 지금 글을 쓰는 이 순간에도 이 책을 어떻게 완성할 것인지에 대한 완벽한 시나리오를 가지고 시작하는 것은 아니다. 직업과 직장은 친숙한 주제이기는 하지만 스토리를 구성하고 이끌고 가는 내용이 뻔한 이야기일 수 있다. 한마디로 '일을 대하는 태도'와 '생각의 관점'에 관한 이야기다.

왜 도전해야 하는지, 꿈을 이루면 할 일이 얼마나 많은지, 자신이 얼마나 성장하고 있는지 알 수 있다. 어떤 일이든지 시작이 있었기 때문에 결과가 있고 성공으로 연결되는 것이다.

쉽게 할 수 없는 일에 시도하고 장애물을 극복하는 게 도전의 본질이다. 시작할 때가 '기회'라는 사실을 대부분의 사람은 모르고 있다. 기회는 그때는 맞고 지금은 틀린 경우, 거기에서는 '현명함'이지만 여기서는 '미련함'인 경우가 많다. 여러분이 가장 두려워하는 것이 무엇인지 생각해보라. 미래가 불확실할 때 가장 불안할 것이다. 지나간 많은 기회를 놓쳤지만, 다시 찾아올 기회를 맞이할 준비를 어떻게 하고 있는지에 대한 명확한 답이 필요하다.

질문 1. "직장을 다니는데 업무가 너무 버거워요."

가장 필요한 것은 업무 능력을 향상시키는 것이다. 자기 계발과 업무 능력을 개선하는 데 방해가 되는 것은 모조리 버리는 것이다. 1루에 발을 붙이고는 2루로 도루할 수 없다. 1루에 붙은 발을 떼야 한다.

남처럼 하면 남만큼만 된다. 업무 적응에 1.5가 필요하다면, 2의 노력이 필요하다. 첫 단추가 잘못 끼워지면, 마지막 단추를 끼기 위해 다시 시작해야 한다. 원인을 찾는 데 집중해서 가장 효율적인 방법을 세팅하는 것이다.

질문2. "나이는 자꾸 들어가는데, 대책이 없어요."

나이는 절대 줄어들지는 않는다. 시간은 공평하게 기회를 주고 공정한 잣대로 보상한다. 차창에 풍경이 스치듯 훅 지나가는 인생이 억울한 면도 있다. 이렇게 살아도, 저렇게 살아도 아쉬운 삶이지만 후회의 찌꺼기가 가슴에 진하게 남아 있다면 더 억울하지 않겠는가?

지금이 가장 빠를 때다. 나이에 따라 강도가 달라 완벽한 계획을 세우기는 힘들겠지만, 자신이 할 수 있는 일부터 노트에 적어보라. 자신의 컨디션에 맞는 플랜을 만들어 일단 시도해보고, 수정하고 보완하면 최적의 일을 찾게 될 것이다.

질문3. "내가 하는 일에 점점 자신이 없어져요."

처음부터 할 수 있는 일이 정해져 있지 않았다. 세모를 네모로 만들고, 네모를 동그라미로 만들고, 동그라미를 별로 만들어가는 것이다. "할 수 없다"

고 말하지 말고 "내가 할 수 있는 일은 무엇일까?" 하면 할 수 있는 일이 보이기 시작한다. "자신이 없다"고 말하지 말고, "내가 자신 있는 일은 무엇이 있을까?" 마침표가 아닌 물음표로 답하면 어느 날 내 속으로 들어오는 게 있다. 여러분들이 지금 시작할 수 있는 것이 얼마나 많은지 상상의 힘을 빌리면 할 수 있는 일이 생각보다 많다.

생각이 늙어가면 몸은 몇 배로 빨리 늙어간다. 생각이 병든 사람은 피해의식이 있어 조그마한 일에도 과잉반응을 보여 공동체 생활에서도 어려움을 겪는다. 일이 자신이 없다는 것은 과거 생각의 프레임을 걷어내고 더 학습하고 노력하라는 뜻이다.

직장 생활에서 주어진 업무를 '이해'하는 것을 넘어 '능숙'하게 해야 할 때가 있고, '공감'을 넘어 '감당'해야 할 때가 있다. 사내에서 일어나는 모든 일을 이해하고, 공감하면서 일하는 것은 아니지만, 엄밀히 보면 뒤에 일어날 일을 두려워하기 때문에 감당하기를 싫어한다. 생각의 속도가 말과 행동의 속도보다 빠르기에 책임에서 벗어나고 싶어하는 것은 당연한 것처럼 보인다.

몸이 사람을 움직이게 하는 것이 아니라, 생각이 사람을 움직이게 한다. 생각은 비효율적인 자원을 효율적인 자원으로 이동할 수 있다. 나이가 들어도 생각의 힘은 노소(老小)의 차이가 없다. 나이가 들었다고 해서 낡은 생각을 하고, 젊다고 해서 혁신적인 생각을 하는 것은 아니다.

긍정적인 생각을 하는 사람과 부정적인 생각을 하는 사람의 차이는 습관에서 비롯된다. 똑같은 문제 앞에 생각이 나뉘는 것은 어떤 습관으로 살아왔는가를 말하고 있다.

조사에 의하면 성공한 사람이 평범한 사람보다 생각을 15배 정도 많이 하고, 긍정적인 생각도 70% 이상 많이 한다고 한다. 지금까지 살아온 것을 생각해보면, 성공과 실패의 경계선은 내 마음에 있다는 것을 알게 된다.

생각과 몸이 늙어간다고 아쉬워하거나 미련을 둘 필요가 없다. 인생에서 누구나 지나가는 과정인 것을, 그동안 보고 경험한 것이 많기 때문에 나이가 들수록 성숙하고 시야가 넓어야 한다. 노랫말처럼 우리는 '늙어가는 게 아니라 조금씩 익어가는 것'이다.

어떤 직장이
좋은 곳인가?

내가 하는 일에서 무엇을 가장 중요하게 생각하는가에 따라 다르다. 사람마다 일의 의미와 가치를 다양하게 생각할 수 있다. 원론적인 이야기지만, 내가 좋아하고 잘하는 일을 할 수 있으면 최고의 직장이 될 수 있다. 하지만 어느 직장에서 일할 것인가가 더 중요하다. 직장은 자기만 잘한다고 해서 성과가 나오는 곳이 아니다. 함께 도전하면서 배우고, 성장을 통해 결과를 내는 곳이 좋은 회사다. 미래가 담보되지 않은 그 어떤 회사도 좋은 직장이 될 수가 없다.

"지금 퇴사를 하고 이직하고 싶은데 어떻게 하면 좋을까요?"라는 질문을 많이 받는다. 퇴사 사유로는 여러 가지가 있지만 "비전이 없다"는 답이 가장 많다. 먼저 지금 직장에서 배운 것은 무엇이며, 앞으로 어떤 것을 더 배우고 성장하고 싶은지 냉철하게 생각해야 한다. 홧김에 사표를 쓰고 나와서는 적성에 맞지 않고 비전이 없어서 나왔다고 하는 사람은 금방 후회한다.

내가 하는 일이 의미 있는 일인가, 아니면 그렇고 그런 일인가? 회사에서 모두가 핵심적인 일을 할 수가 없고, 원하는 일을 할 수도 없다. 핵심적인 일이 되기 위해서는 드러나지는 않지만, 각자 위치에서 주어진 일을 성실히 하는 사람이 있기에 가능한 일이다.

전쟁에서 공군 전투력과 미사일로만 승리할 수 없다. 지원하는 보병부대가 있기에 가능한 일이다. 세상에는 의미 없는 일은 없다. 단지 내 생각이 어디에 있는지에 따라 의미가 다를 뿐이다. 지금 내가 하는 일보다 의미 있게 잘할 수 있는 일이 있다면, 그 일이 중요한 일이다. 일이 너무 많아 힘들다든가, 인간관계에 어려움이 있다든가, 일하는 것에 비해 연봉이 적다든가, 상사가 마음에 안 든다든가 하는 것들은 퇴사의 이유가 되지 않는다.

이직한 회사에서도 똑같은 문제에 직면하게 되어 있다. 만약 운이 좋아 이직한 회사에서 일이 적어 한가하면, 여러분을 망하게 한다는 것을 알아야 한다. 젊은이들에게 가장 필요한 것은 '성장'이다. 성장이 멈추는 것만큼 슬픈 일은 없다. 인간의 욕구를 크게 둘로 나누어진다. 하나는 '성장의 욕구'고 또 하나는 '소유의 욕구'다.

성장의 욕구는 지금보다 더 나은 미래를 만들어서 가고 싶은 열망이다. 하나를 알게 되면 다음 것에 호기심을 가지고 시도한다. 마치 식물이 햇볕을 찾아 뻗어가는 것처럼 자연스러운 일이다. 소유하기 위해서 성장이 필요할 수도 있다. 소유의 욕구는 남이 가진 것만큼, 내가 소유할 수 없기에 갈등을 유발하지만, 성장 욕구는 새로운 것을 배우고 만들어낸다면 함께 공유하고 경험하는 것이다. 세상을 이롭게 하는 대의명분에도 부합한다.

쉬운 것에 익숙해지면 조그마한 일에도 힘들어한다. 어디를 가나 인간관계는 따라 다닌다. 연봉도 어디서든 일한 만큼 준다. 내가 필요로 하는 것만큼, 주는 것이 아니라 회사에 기여한 것만큼 준다.

회사 적응에 한 번 실패하면, 철새처럼 계속 이동하게 되어 있다. 통계에 의하면 철새들이 계속 늘어나고 있다는 보도다. 자꾸 쉬운 곳을 찾아다니면, 그 길 끝에는 여러분이 원하는 게 하나도 없다.

나는 집에서 나서면 바로 산이라 마음만 먹으면 일주일에 몇 번은 1시간 20분 코스를 다녀올 수 있다. 그런데 결심이 없으면 추워서, 더워서, 비가 와서, 황사가 있어서, 늦어서, 피곤해서, 바빠서 등 못 가는 이유가 너무 많다. 작은 일상에서 벌어지는 일도 결단이 없으면 시행되지 않는다.

　나는 회사 초년 시절에 일이 너무 많아 힘들어 늘 사표를 지니고 다녔다. 아침 7시 30분 출근에, 퇴근은 매일 밤 10~11시였다. 일이 많다고 생각하니 월급도 적다고 느껴졌다. 그 당시는 일이 많아 벗어나겠다는 생각만 했지, 일을 잘하겠다는 생각은 별로 없었다. 신입 때는 내 일이란 게 없기에 잘하면 할수록 일이 더 많아진다는 것을 알기 때문이다.

　한 가지 좋은 점은 일이 많으면 인간관계도 사무적이기 때문에 마음이 상하고 틀어질 이유가 없다는 것이다. 인간관계도 여유가 있어야 그 사람이 좋니, 나쁘니 입에 올리고 정보를 나누는 자리가 있는데, 그럴 한가한 시간이 없다. 그 당시에는 일을 많이 안겨주는 상사의 눈을 피할 수 있는 자리만 보였다. 지나고 보니, 일의 기회를 무한히 공급해주고, 경험을 자산으로 만들도록 도와준 상사에게 고마워진다. 여러분은 일하면서 무엇에 '중요한 가치'를 두고 있는가? 스스로 질문해보길 바란다. 다음 키워드 6개 중, 여러분은 무엇을 위해 열심히 일하고, 의미를 두고 있는가?

성장

가치

돈

나눔

관계

워라밸

이 모두를 만족시킬 직장은 없다. 그리고 당연히 그런 직업도 없다. 여기서 2가지만 선택해보라. 워라밸의 균형을 이루고, 관계에 성공하면서도 돈도 많이 받는 일자리는 아마 없을 것이다.

여러분은 성장을 원한다면, 성장의 가장 큰 적이 무엇인지 알고 먼저 단절해야 한다. 만약 성장을 선택했다면 구체적으로 어떤 성장을 꿈꾸고, 무엇을 어떻게 할 것인지에 대한 계획이 명확해야 한다. 시간에 따라서 성장도 자연스럽게 할 수도 있지만, 그렇지 않을 수도 있다.

돈이라고 한다면 막연히 돈을 많이 버는 것은 추상적이다. 얼마 정도의 연봉을 몇 년 동안 받으면, 그 돈이면 하고 싶은 것을 할 수 있고, 누리기에 충분하다는 자신만의 범위를 설정해야 한다.

돈과 행복의 상관관계에 의하면 일정 구간까지는 돈이 행복에 영향을 미치지만, 그 이상은 행복감을 주지 못한다는 것이 노벨경제학상을 받은 앵거스 디턴(Angus Deaton) 교수의 말이다. 돈과 행복의 상관관계는 일정 구간을 지나면 정비례가 아니라 행복의 그래프는 더 이상 올라가지 않는다는 것이다. 행복은 늘지 않고 소유물만 늘었을 뿐이다. 소득이 늘어도 행복감은 늘지 않는다는 말이다.

여러분도 알지 않는가? 돈이 많은 것만큼, 행복의 지수도 따라 올라가지 않는다는 것을 말이다. 인간은 물질에 매이기는 하지만, 정신적인 존재기 때문에 마음의 빈 공간을 물질만으로는 충분하지 않아서 사랑을 찾고, 가치와 명예도 찾는 것이다.

가난한 사람에게는 돈이 해결할 수 있는 것이 많지만, 부자는 돈보다 더 가치 있는 것을 찾는다. 나이가 들지 않더라도 당연히 돈보다 건강과 삶의 의미를 선택할 것이다. 돈은 목적이 아니라 수단으로 돈을 더 가치 있는 것에 쓰려고 벌고 모으는 것이다.

실제로 내가 좋아하고 흥미를 느껴 집중할 수 있으면 내게 맞는 직장이자 좋은 직장이다. 일에 재미가 있다고 한다면 눈빛이 반짝거리고 흥미를 느껴 누가 시키지도 않아도 시간 가는 줄 모르고 집중하고 몰입하게 될 것이다.

철학자 버트런드 러셀(Bertrand Russell)은 인간의 욕구를 '성장 욕구'와 '소유의 욕구'로 나눴다. 여러분은 지금 성장 욕구를 위해 일하고 있는가, 소유의 욕구를 위해 일하고 있는가? 만약 여러분이 일터에서 함께 성장하는 구조로 되어 있다면 좋은 직장이다.

반대로 소유의 욕구는 성장의 욕구를 가로막고 '함께'는 사라지고, '나만' 남는다. 만약 월급 받는 것 외에는 흥미가 없다면, 그 월급의 의미는 나에게 무엇인가 생각해봐야 한다. 퇴근 시간만 기다려진다면 내가 이 회사를 왜 다니고 있는지 생각해봐야 한다. 동료가 파트너로 보이는 것이 아니라 경쟁자로 보일 때 회사를 위해 일하는 것이 아니라 나를 위해 일하게 된다. 이때가 가장 위험할 때다.

소유의 욕구는 집착에서 비롯된다. 나의 것이 있어야 비로소 안정감을 얻고, 가진 것이 많으면 많을수록 더 행복하다고 느낀다. 회사도 실적만 강조하고 한 방향으로 몰고 가면서 추켜세우면 소유욕이 강한 사람만 남는다.

돈이 많다고 해서 모두가 행복하지 않은 것처럼, 소유욕이 강하다고 해서 소유의 범위가 넓어지지 않는다. 처음부터 좋은 일자리를 기대하지 말라. 여러분에게 좋은 일자리라는 기준이 아직 정해지지 않을 수도 있고, 무엇을 해야 잘할 수 있을지도 모른다. 자신에게 좋은 직장이 다른 사람에게는 약간씩 다를 수는 있겠지만, 거의 일치할 것이다.

'어떻게 하면 좋은 일자리를 얻을 수 있을까?'가 아니라 '내가 하는 이 일을 평생 해도 지겹지 않겠는가?'라고 질문해보라. 번듯한 직장에 취직만 하면 일사천리로 원하는 것을 이룰 수 있다고 여겼는데, 기쁨은 잠시 현실은 다른 방향으로 가고 있다. 남들은 부러워하는 좋은 직장이지만, 나에게는 아니다. 그렇다고 어떻게 들어온 회사인데 옮기기도 녹록하지 않고, 새로운 직장이 낫다는 보장도 없다.

'내가 하는 일에는 거침이 없어야 한다', '세상은 내가 원하는 대로 흘러갈 것이다', '나는 실패를 용납하지 않는다'는 결기찬 기대로 시작하지만, 세상은 내가 원하는 방향보다는 원하지 않는 방향으로 흘러갈 때가 더 많다. 모든 일이 성공보다 실패의 아픔을 먼저 안겨준다.

사람들은 내일이면 오늘보다 막연히 좋아질 것이라 여기며 기대를 거나 어느덧 미래의 희망이 근심으로 바뀐다. 갈수록 들어가는 돈은 더 많아지고, 기억력과 체력도 예전 같지 않은데 경쟁자들은 더 많아지고 세대 차이만 확인하며 스스로 위로할 뿐이다. 나이가 들면 좋은 점이 하나가 있다. 주위 사람들의 기대와 부담감에서 자유로워질 수 있고, 강박감에서도 벗어날 수 있다. 세상이 원하는 인생길이 아니라 자신이 원하는 길을 찾아갈 수 있다.

인생에서 뒤돌아보게 하는 것은 '시간'이다. 깃털같이 많았던 날들의 소중함을 모르고, 무엇을 한지도 모른 채 이제는 남은 시간을 계수하며 주어진 시간의 의미를 생각한다.

프랭클린 D. 루스벨트(Franklin Roosevelt)는 "당신이 원하는 것만으로는 충분하지 않다. 당신이 원하는 것을 얻기 위해 무엇을 할 것인지 스스로에게 물어야 한다"고 했다. 내게 시간이 많다고 해서 원하는 것이 스스로 이루어지지 않는다. 반대로 시간이 많이 남아 있지 않다고 해서 불가능한 것도 아니다. 자신이 간절히 원하는 것이 무엇인지를 알면, 그 길이 보인다. 보이는 것만큼, 행동하고 앞으로 나아갈 수 있다.

일본 교세라의 창업자이자 경영의 신으로 불리는 이나모리 가즈오(稲盛和夫)는 그의 저서《왜 일하는가》에서 진정으로 가치 있는 인생을 살아가기 위해 일이 필요하다고 말한다. 무엇을 위해 일하는가? 일생을 살아가는 동안 일을 하는 데 가장 많은 시간을 쓰지만, 우리는 일하는 의미와 목적을 깊게 생각하지 않고 주어진 일만 열심히 한다는 딜레마를 가지고 있다. 일을 잘하기 위한 기술과 매뉴얼은 넘쳐난다. 매뉴얼을 따라 하면, 직장 다니는 데는 문제가 없을 것같이 보인다. 그러나 자신만의 로드맵을 만들지 못하면 평생 남이 만들어놓은 길을 따라다녀야만 한다.

일에 관심이 크게 없는 사람은 자산을 크게 만들 욕심도 없다. 자산을 만들지 않으면 언제까지 매뉴얼 대로 살 수는 없다. 자산은 돈을 벌게 해주고, 부채는 돈을 쓰게 한다는 로버트 기요사키의 말을 되새겨보아야 한다. 남이 하는 대로 하고, 돈을 절약하는 것만으로는 자산을 만들 수 없다. 돈을 절약하기 위해 많은 시간을 사용하지 않으면 안 되는 경우가 가장 나쁜 케이스다. 부자들은 돈을 절약하기 위해 시간을 투자하는 대신, 시간을 절약하기 위해 돈을 투자해 즐겁고 행복한 시간을 보낸다. 부자들은 시간 절약의 매뉴얼을 만들고, 투자와 관리의 시스템을 만든다.

미국에서 300만 달러 이상의 복권에 당첨된 이들 가운데 80%가 3년 안에 파산했다고 한다. 왜 그런가? 돈만 있다고 부자가 될 수 없기 때문이다. 복권에 당첨된 사람이 가장 먼저 하는 일은 호화 주택을 사고, 자동차를 바꾸는 것이다. 그리고 현재의 일을 그만두고 그럴듯한 명함을 가지고 다닌다. 사람들에게 자신이 부자라는 것을 가장 빨리 증명할 수 있는 것에 집중한다.

성공은 일시적인 은행 잔고를 요구하지 않는다. 직업을 바꾸는 것은 의미가 없다. 좋아서 하는 일이 아니라 그럴듯한 일을 하기 원하기 때문에 의미가 없다. 《아틀라스》의 저자 아인 랜드(Ayn Rand)는 "부는 인간이 가진 사고능력의 결과다"라고 했다. 직장 생활도 어렵지만, 사업도 못지않게 힘들다. 회사를 창업하고 5년 내에 실패할 확률은 90%라는 통계가 있다.

대부분의 사람들은 직장에서 오랫동안 쌓은 기술과 경험으로 창업을 한다. 영국 속담에 "잔잔한 바다에서는 좋은 뱃사공이 만들어지지 않는다"는 말이 있다. 치열한 경쟁에서 이기려면 혹독한 시련기를 잘 거쳐왔는가에 대한 평가에 의해 결정된다.

다이슨은 먼지 봉투가 없는 청소기를 만들기 위해 15년 동안 5,126번 실패하고 나서야 성공할 수 있었다. 절망에서 희망을 보는 안목은 어떻게 만들어질까? 한 사람의 인생의 크기는 그 사람의 스펙이나 됨됨이가 아니라, 그 사람의 '상상의 크기'로 정해진다. 상상의 크기만큼 성장할 수 있는 직장이 좋은 직장이다.

최고보다는 최선을
다하는 사람이 되라

사람들은 최선보다는 최고가 되길 원한다. 누구나 모든 일을 최고로 잘할 수는 없다. 그런데 선택한 것에 최선을 다해볼 필요는 있다. 최선을 다하지 않으면 원하는 것을 성취하지 못할 뿐만 아니라, 잘하는 일인지도 모른다. 최선을 다해도 안 되는 일이 있기에 때로는 절망하고 포기하기도 한다. 최선 외에도 우리가 할 수 있는 건 다르게 생각하고, 방법을 찾아 시도해보면 최고가 될지 누가 알겠는가?

최고는 최선이 포함되어 있지만, 최선은 최고만을 위해 존재하지 않는다. 옛날 가훈들을 보면 '최선을 다하자'라는 액자가 문패처럼 붙어 있는 집이 많았다. 최선은 일을 대하는 기본 태도며, 최선을 다하지 아니하면, 불성실하고 기대할 것이 없는 사람이 된다는 뜻으로 받아들여졌다. 그래서 나도 어릴 때 좌우명이 무엇이냐고 물으면 '최선을 다하는 사람'이라고 대답했다.

어릴 때 최선이 무엇을 의미하는지 잘 모르면서 모든 일에 최선을 다해야 성공한다고 생각했기 때문이다. 그 이후로도 좌우명을 따른다기보다는 '최선은 기본이다'는 생각을 늘 가지고 일을 한다. 최선은 기회를 만들어주고 열정을 불어넣어준다.

주어진 일에 최선을 다하다 보면 더 좋은 일, 더 소중한 일을 하게 되고, 좋은 일과 소중한 일들이 왜 최선을 다해야 하는지 가르쳐준다. 경영자가 쓰려고 하는 사람도 최고의 사람이 아니라 최선의 사람이다. 자신에게 최선을 다하고, 모든 일을 내 일처럼 책임감을 가지면, 언젠가는 최고로 인정해준다. 자신이 최고라는 생각을 가지면 적이 생기고, 교만해질 수 있기에 주위에서 인정해줄 때 비로소 최고가 된다.

어쩌면 최고보다 최선이 왜 중요한가를 아는 사람은 '최고가 되려고 하지 말고 최선을 다하는 사람이 되라'고 한다. 최고를 지향하는 사람은 때로는 최선을 생략하려고 한다. 최고가 되기 위해서 쉽게 불의와 타협할 수도 있다.

유명한 작가인 스튜어트 와일드는 "성공하려면 자신의 에너지를 높여라"고 한다. 최선에서 필요한 것은 열정이다. 최선을 다할 때 에너지를 높여 집중할 수 있고, 가지고 있는 자원을 최대한 활용할 수 있다.

최선을 다하지 못해 후회하는 사람들로 가득하다. 건성건성 했던 일들을 뒤돌아보며 어떻게 하면 앞으로 나아갈 것인지에 대한 답은 간단하다. 지금까지 했던 생각과 행동을 반대로 하면 그것이 최선이다. 언제 어디서든 최선을 다하는 것도 습관이다. 목표가 명확하면 최선을 다하게 되어 있다.

미국의 성공학 권위자 나폴레온 힐은 "목표를 설정하고 이를 달성하기 위해 최선을 다하라"고 했다. 우리도 충분히 생각할 수 있고, 많이 듣고 보았던 평범한 말이다. 성공하기 위해 어떤 과정을 거쳐야 하는지 특별하지 않은 것 같지만 정답이다. 우리는 몰라서 못하는 것처럼 생각하지만, 실제로 몰라서 못하는 경우는 거의 없다. 여기서 목표는 방향성이 올바르게 정립되어야 하고, 동기가 부합하고, 목적이 분명해 지치지 않아야 목표에 이를 수 있다. 최선을 다해서 하는 일은 사명감을 가지고 하지 않으면 성취할 수 없다.

최선은 늘 새로운 것을 찾고, 창의적인 생각에 기회를 제공하는 데 집중한다. 따라서 우리 뇌는 부정적인 생각을 긍정적인 생각으로 전환시켜주고, 새로운 아이디어를 제공해준다. 사람들은 자기 자신에 대해 잘 알 것 같지만, 의외로 깊이 알려고 하지 않는다. 자기 자신이 어떠한 존재인가를 분명하게 인식하는 것이 올바른 태도 형성의 출발점이다. 오늘 내 인생에서 최선을 다하지 못해 후회하고 있는 것은 무엇인가? 한번 적어보면 나를 더 잘 알 수 있다.

나는 최선을 다해 몰입할 일을 찾았는가?
나는 오늘 최선을 다할 준비가 되어 있는가?
나에게 이 일이 어떤 의미와 가치가 있는가?
나는 목표를 위해 최선을 다하고 후회하지 않을 자신이 있는가?
내가 하는 일이 사람들로부터 공감을 얻고 지지를 받고 있는가?

그럼 최선을 다한다는 것은 무엇인가? 지금 할 수 있는 것에 집중하는 것이 최선이다. 마라톤 선수가 기록과 등수와는 아무 상관이 없고, 박수 쳐주는 사람도 없지만 3시간 동안 달려 골인 지점을 통과하는 사람이 최선을 다하는 사람이다. 최선은 뒤돌아보았을 때 아쉬움이 남지 않아야 하며, 하루를 마감하고 뿌듯한 기분으로 잠자리에 드는 것이다. 물론 완벽한 만족은 없다. 가정에서도, 직장에서도, 만남에서도, 배울 때도 최선을 다할 수는 있지만, 모두 몰입할 수는 없다. 몰입한다는 것은 한 가지를 깊이 생각하고 거기에 집중한다는 뜻이다. 생각이 정리되면 깊이를 더해 집중을 이끌어내고, 집중은 결과를 만들기 위한 몰입이 필요하다.

하는 일마다 최선이 부족해 후회하는 삶을 살고 싶은 사람은 아무도 없을 것이다. 최선을 다한다고 했지만, 돌아보면 최선이 아닐 수가 있고, 열심히 산 것을 최선이라고 생각할 수도 있다. '최선을 다했다면 그것으로 족하다'고 좋게 넘어가기에는 아쉬운 점이 많은 것이 인생이다. 그 아쉬움의 보상이 '최선을 다하는 사람의 행동은 여러 사람에게 잔잔한 감동을 준다'라고 한다면, 여러분의 최선은 다르게 조명받을 것이다. 최선을 다해도 되는 일보다, 안 되는 일이 더 많을 수도 있지만, 최선이 아니면 다음 단계의 문이 열리지 않기 때문이다.

따라서 최선을 다했던 흔적이 없어지는 것이 아니라 경험과 지식, 방법 등은 그대로 남아 있다. 최선이 하나하나 쌓이면 최고의 길로 들어설 수 있다. 왜냐하면, 최선을 다하지 않은 사람이 최고가 된 경우는 없기 때문이다. 과정에 대한 최선은 사람을 감동하게 하고, 결과는 최선의 과정을 요구하기 때문에 과정이 생략된 결과는 존재하지 않는다.

우리는 '왜 최선을 다해야 하는가?' 최선을 다하지 않으면 제대로 되는 일이 하나도 없기 때문이다. '최선'과 '열심'은 다르다. 최선은 가능한 방법을 동원해 잘할 수 있도록 기회를 만들어가는 것이라면, 열심은 주어진 일에 전력을 다해 성실히 노력하는 자세를 말한다. 최선에도 열심히 포함되어 있고, 열심에도 최선이 포함되어 있다. 사람들은 이 질문에 한 번도 진지하게 생각해 보지 않고, 주어진 일을 바쁘게 하다가 나이가 들어 뒤돌아보면 앞으로 남은 시간이 부족해 할 수 있는 일이 거의 없었다고 말하기도 한다.

데일 카네기는 "운명이 레몬을 주었다면, 그걸 레모네이드로 만들라"고 했다. 각자의 능력(레몬)을 '자신의 것(레모네이드)'으로 만들라는 말이다. 인생을 결정하는 핵심 포인트는 '언제', '어디에서', '누구와', '무엇을', '어떻게' 최선을 다하느냐가 중요하다. 모든 일을 다 열심히 하고, 최선을 다할 수 있는 것은 결코 아니다. 자신이 선택한 일에 최선을 다하지 않으면, 만족할 만한 결과가 나오지 않을 뿐만 아니라, 깊은 후회의 그림자를 남기기 때문에 최선을 다하는 것이다. 이때, 다음의 5가지는 매우 중요하다.

첫째, '언제(When)' 계획하고 시작하는가는 매우 중요하다.

시간은 어제, 오늘, 내일이라는 연속성을 가지고 있지만, 어제에 사는 사람과 오늘에 사는 사람 그리고 내일에 사는 사람에 따라 성공적인 삶을 사느냐, 실패한 삶을 사느냐가 나누어진다. 만약 결정을 내일로 미룬다면, 아무런 문제가 없는 것처럼 보이지만, 그 내일이 인생을 망치게 될 것이다. 내일은 영원히 반복되는 시간이기 때문에 게으르고 실패한 사람들이 내일을 좋아한다.

한편으로는 꿈을 가진 사람들에게는 내일이 있기 때문에 오늘을 너끈히 버티고 견디게 하는 소망의 시간이다. 여러분은 '내일'을 어떤 시간으로 맞이하고 있는가? 현대는 타이밍의 시대다.

둘째, '어디(Where)'에 집중해서 몰입하면 경쟁력과 차별화로 나타날 것인가에 대한 자신의 물음에 반응하는 답이 명확해야 한다.

호기심이 있다고 이것저것 다 해볼 수는 없다. 한 가지 일에 집중해도 성공한다는 보장은 없다. 다만 성공의 확률을 높일 뿐이다. 주어진 일에만 충실하다 보면 자신의 위치가 어딘지도 모르고, 먼 훗날 되돌리려 해도 너무 멀리 와버려 되돌아갈 수 없는 강을 건너는 경우도 많다. 자신이 오랫동안 해왔던 일을 집어치우고 '그 어디에서' 다시 시작한다는 것은 많은 것을 포기해야 하는 결단이 필요하다. 시작이 늦는 법은 없다. 다만 적잖은 인내와 노력을 요구한다. 자신이 잘하는 일, 좋아하는 일을 평생 한 번도 해보지 못한다면 얼마나 억울하겠는가?

셋째, '누구(Who)'와 하는가는 '누구를 만나는가'와 같은 말이다.

좋은 사람을 만나는 것은 축복이다. 따라서 인생에서 좋은 사람을 만나기 위해 노력해야 한다. 우리는 그 누군가와 함께 일하고, 성장하고, 유대관계를 맺고, 교제하는 사회적 동물이다. 그 누군가가 당신일 때 주위의 사람들이 기뻐하고 좋아한다면 인생을 잘 살고 있는 것이다.

시간이 흐를수록 사람의 중요성이 드러나는 시대에 살고 있다. 나는 가끔 자신에게 이 질문을 해본다. 내 곁에 인생을 끝까지 함께하고 싶은 사람은 몇 명이나 있겠는가? 반대로 주위 사람들에게 내가 원픽(One pick)이 된다면, 가장 행복한 사람이 아닐까 생각한다.

넷째 '무엇(What)'을 하는가는 어떤 것을 하느냐보다 훨씬 중요하다.

많은 일 중 어떤 것 하나를 하는 것이 아니라, 내가 무엇을 선택해서 그 일을 의미 있게 잘할 수 있느냐다. 무엇을 하느냐는 '무엇을 위해 사는가'와 연결되어 있다. 사랑하는 가족을 위해서 일할 수 있고, 자신의 가치 실현을 위해 살 수도 있다. 나는 한때 꿈을 이루기 위해 산다고 할 때가 있었다. 내가 그 일에 싫증이 나지 않고, 기대를 가지고 지속할 수 있다면 좋아하고 잘하는 일이다. 무엇의 의미와 가치가 그 일에 집중하게 하고, 나의 노력을 쏟아부어도 후회 없는 '그 일'을 하게 하는 것이다.

다섯째, '어떻게(How)'는 방법론이다.

어떻게 살면 잘 살고, 잘할 수 있는지, 생각과 행동에 대한 근원적인 물음에서 시작된다. 세상은 계속 '어떻게 하면 잘할까요?'라고 묻는다. 인생에서 수많은 문제에 각자 다른 방법을 찾아서 가야 한다는 말이다. 여럿의 길 가운데 방향을 잃고 나만 덩그러니 홀로 남겨진 것 같은 때가 있다. 나에게는 나만의 길이 있고, 그 길은 나만이 완주할 수 있다. 내가 잘하는 일을 상대방이 못할 수 있고, 내가 못하는 일을 상대방이 잘할 수도 있다. 따라서 우리는 함께 '어떻게 하면 될까?'라고 끊임없이 묻고 물어 길을 만들어가야 한다.

오늘날은 혼자서 성공할 수 있는 범위가 축소되고 있다. 공유해야만 가능한 일들이 점차 늘어나고 있다. 회사에서도 협업이 원활한 부서가 좋은 성과를 냄에 따라 자연스러운 소통의 시스템이 만들어진다.

잘해야 한다면, 어떻게 해야 하는지?
효율적인 결과를 원하면, 어떻게 적용해야 하는지?
비즈니스 모델은 어떻게 만들어갈 것인지?

경영학의 관점에서 보면 장황한 설명이 필요하지만, 비즈니스 세계로 돌아가면 의외로 간단하다. 미국에서는 첫 일자리로 스타트업을 한다거나, 정년 퇴직 후에 스타트업을 하는 것을 적극적으로 만류한다. 미국의 창업 기획자(Accelerator)들은 "회사에 다니면서 하루에 2시간 이내로 일할 수 있는 사업 아이템을 찾아라. 그것을 찾아서 하루 2시간씩 투자하다가 독립할 수 있다는 충분한 자신감이 있을 때 창업에 뛰어들라. 서둘러 창업하면 충분히 준비할 수 있는 기간이 부족하고, 돈이 모자라서 파산한다"고 조언한다.

창업을 빨리 해서 성공도 빨라지면 좋겠지만, 그만큼 감수해야 할 리스크도 많다. 스타트업의 성공 확률은 10% 미만이다. 신생 벤처기업은 기존에 없던 새로운 것을 창조해 경쟁을 피하고 새로운 시장을 만들기 위해 뛰어든다.

중국은 매일 1만 6,000개 창업을 하고, 1분마다 7개를 창업한다. 중국 스타트업의 성공 키워드는 제로 투 원(Zero TO 1)에서 원 투 앤드(1 TO End), 여기서 앤드는 최종 소비자다. 일종의 응용(Application)이라고 한다. 응용하는 이유는 미국의 신기술을 따라갈 수 없다는 판단이며, 한편으로는 중국 시장에 맞게 비즈니스 모델을 만드는 것만으로도 충분한 수익을 낼 수 있기 때문이다. 세계에서 2등 기업이 글로벌 기업으로 대우받는 유일한 내수 시장이 중국이다.

올바른 비즈니스는 많은 지식과 능력이 아닌, 올바른 기준과 방향에서 나온다. 올바른 기준과 방향에서 열심히, 최선을 다해야만 시행착오를 줄일 수 있다. 시행착오가 없는 것만이 좋은 것도 아니지만, 기본방향 설정이 잘못되면 녹다운(Knockdown)이 아니라, 녹아웃(Knockout)이 될 수 있다. 먼길을 돌다 보면 해는 지고 갈 길은 멀기만 하다. 좌충우돌하며 경험을 쌓고 피드백을 받는 것과는 별개의 문제다.

시간을 단축하고 제대로 배우는 것도 비즈니스의 능력이다. 비즈니스 마케팅의 핵심은 '제품판매'가 아니라 '네트워크의 구축'이다. 첫 방향이 누구를 상대로 할 것이며, 어디에서 시작하고 연결할 것인가가 분명하면 가진 역량만큼 큰 그림을 그릴 수 있을 것이다.

자신이 가진 자원을 가장 효율적으로 활용할 수 있는 방법을 찾고 남들이 쉽게 도전할 수 없는 일에 뛰어든다. 한 사람의 인생의 크기는 그 사람의 스펙이나 됨됨이가 아니라, 그 사람의 올바른 상상력의 사이즈로 정해진다.

다른 사람이 하는데,
나는 왜 못해!

미래의 핵심성장동력 사업은 '공유와 연결'이다. 미래융·복합사업이 시대의 트렌드가 되었고, 서로 다른 사업간 화학적 결합을 통해 새로운 가치를 창출한다. 발전소 없는 에너지 사업, 병원 없는 의료 서비스, 땅 한 평 없는 농사, 백화점 없는 쇼핑, 호텔 하나 없는 숙박 서비스, 차 한 대 없는 택시 회사 등이다.

유형의 자산이 없는 구글의 가치는 5,000억 달러 수준으로 세계 1위 기업이다. 에어비앤비는 세계 1등 호텔 체인인 힐튼보다 가치가 더 높고, 차량공유업체 우버는 한때 미국 3대 자동차 업체(GM, 포드, 피아트크라이슬러)를 모두 합친것만큼 가치를 인정받았다. 이렇듯 고정관념을 깬 상식 파괴가 미래융·복합성장산업이다. 정보통신기술(ICT) 기반으로 데이터를 모으고(IoT), 저장하고(Cloud), 분석(Big Date)해 지능화한 사업이 오늘날의 화두가 되고 있다.

영국이 증기기관을 만들어 산업혁명을 주도할 때 우리는 소달구지에 의존했다. 구글이 AI에 알파고를 탄생시킨 딥마인드(DeepMind)를 2014년 인수한것을 비롯해 그동안 33조 원을 쏟아부었고, 2007년 IBM은 인공지능 왓슨에천문학적인 돈을 투자해 금융, 의료, 법률, 자율주행, 무인 항공기 등 각 분야에 응용하고 있다.

IT 강국이라는 우리는 겨우 삼성전자가 스마트폰에 음성인식 기술을 적용하고, 몇 업체에서 스마트카(Smart Car) 통신 서비스 콘텐츠 사업에 뛰어들고 있는 실정이다. 오늘날은 막대한 돈을 투자해서 개발해 상용화하겠다는 전략을 세우기 전에 기업이 미래의 가치를 제대로 알아보는 시스템과 능력이 더 중요하다.

인력을 구성해 팀을 꾸리고, 성과를 내는 데는 어느 정도의 시간이 필요하다. 선점할 수 있는 타이밍을 놓칠 수도 있다. 세계 최고 회사 구글은 2007년 작은 회사 '오픈 핸드셋 얼라이언스'에서 만든 운영체제(OS) 안드로이드를 인수하고, 딥마인드 테크놀로지서 운전대와 액셀, 그리고 브레이크가 없는 무인 자동차, 유튜브, 구글 포토 등을 인수해 상업적으로 발전시키며 일약 세계 제일의 기업으로 올라섰다. 그리고 검색 알고리즘인 '페이지 링크'를 만들어서 단번에 세계 검색 시장을 장악했다. 구글은 단기간에 성장해 엄청난 영향력을 미치는 회사로 성장했다. 알면 알수록 문득 이런 생각이 든다. 구글과 같은 기업이 IT 강국이라는 한국에서도 나올 수 있지 않을까? 그들이 할 수 있다면 우리도 당연히 할 수 있지 않겠는가? 반대로 우리가 할 수 없으면 그들도 할 수 없어야 한다.

그들은 내수 시장이 없어서 글로벌 시장을 겨냥해 제품을 만들고 눈을 돌린 것일까? 아니다. 우리가 밖으로 나가지 않으면 안 되는 더 절박한 환경이다. 전통 산업은 내수 시장을 뒷받침할 인구와 국가의 규모에 따라 성장하지만, IT 산업은 가용성(Availability), 편리성(Serviceability), 신뢰성(Reliability)이 있으면 내수 시장과는 전혀 상관없이 글로벌 네트워크가 만들어진다.

우리 기업들이 구글처럼 좋은 기술력을 가진 기업을 알아보고, M&A에 과감하게 투자해 시너지 효과를 통해 더 나은 사업 영역으로 발전시킬 수 있는 자원과 능력이 있을까? 안타깝게도 국내 대기업이 외국 IT 기업을 인수해서 성공한 경우는 거의 없다. 국내에서 글로벌 기업의 문화와 생태계가 가능할까 하는 의구심이 든다. 높은 법인세, 법정 근로시간, 고임금, 강성노조 등을 극복하면서 사업을 하려고 하는 기업이 없다는 것이다. 국내보다 해외로 나가고 싶은 기업이 훨씬 많다는 조사 결과가 있는 판국에 해외 기업을 국내에 유치하는 것은 거의 불가능하다. 나는 IBM에서 개발팀은 아니었지만, 경영지원과 제품의 분석 및 시장 조사를 통해 경쟁력을 모색하는 마케팅 업무를 했고, 실리콘밸리에 파견된 2년이라는 짧은 시간임에도 기억에 남는 일이 많다.

실리콘밸리에서 스타트업들이 성장할 수 있는 토양을 제공하고, 경쟁과 협업을 통해 경쟁력과 차별화를 확보하는 미국의 글로벌 기업의 문화가 부러웠다. 가까운 거리에 있는 애플(Apple), 구글(Google), 메타(Meta, 이전의 페이스북), 넷플릭스(Netflix), 우버(Uber), X(이전의 트위터), 드롭박스(Dropbox) 등 세계적인 IT 기업들은 협업하면서 기술혁명의 성지를 만들고 있다.

산타클라라에는 인텔(Intel)과 AMD, 엔비디아(NVIDIA)와 같은 반도체와 하드웨어 기업도 있다. 그리고 실리콘밸리에서 가까운 곳에 스탠퍼드(Stanford), UC 버클리(UC Berkely), 캘리포니아 공대, UCLA 대학교 등이 있어 인재풀이 엄청나다. 나는 창업 동아리 스타트업을 지원하기 위해 학생들을 만나 여러 주제로 토의하고 필요한 부분을 지원했는데, 치열하게 경쟁하면서 이익을 극대화하기 위해 새로운 블루오션에 도전하고, 시간을 잊고 도전하는 젊은이들이 지금도 눈에 선하다.

포춘지 선정 세계 1,000개 기업에 속하는 거대 IT 회사 30개가 실리콘밸리에 위치한 기업으로 상위를 차지하고 있다. 미국 내 모든 벤처 투자금의 3분의 1이 여기에 모일 만큼 이곳은 유니콘 기업의 성지라고 불린다. 이렇다 보니 삼성과 SK하이닉스도 지사를 두고 있다. 만약 여러분들이 기회가 된다면, 아니 기회를 만들어서라도 글로벌 회사 인턴으로 입사할 수 있으면, 여러분의 꿈이 확장되고 앞당겨질 것이다. 그렇게 어려운 것만이 아니다. 어렵다고 생각하면 할 수 있는 것은 만만한 것밖에 없다. IBM에서도 인턴사원을 많이 모집한다. 업무시간은 월~금요일 주 5일에 아침 9시~오후 6시까지로(1시간은 점심시간) 한국과 비슷하다. 시급은 18달러, 주 1~2회 초과근무가 발생할 수도 있다.

물론, 해외의 취업 활동이 무조건 좋다고 따라가서는 안 된다. 남들이 좋다고 해도 직접 근무해보기 전에는 모를 수도 있다. 명성 있는 회사가 아니더라도 근무해보면 자신에게 잘 맞는 회사일 수 있고, 그곳에서 능력을 인정받고 영주권 스폰을 받아 안착하는 사람도 있다. 회사가 좋고 나쁘다는 것은 결국 나의 기준에서 '맞는 회사'와 '안 맞는 회사'로 결정된다.

외국 기업에 취업을 하려고 한다면 '왜(Why)'가 명확해야 한다. 그리고 '무엇을(What)', '어떻게(How)' 할 것인지 자신의 기준과 목적에 맞아야 올바른 기회를 만날 수 있다. 외국에 취업하는 동기가 영어 실력 향상에만 있다면 그것은 좋은 방법이 아니다. 외국인들과 일을 하다 보면 영어는 늘게 되어 있다. 빨리 실력이 느는가, 늦게 느는가의 차이다. 매일 0.1%만 늘어도 3년이 채 걸리지 않는다. 영어가 안 되도 겁을 먹을 필요 없이 부딪치면 방법이 생긴다. 미국인이 한국말을 못하는 것과 차이가 없다. 우리는 미국인이 알아듣게 하려고 애를 쓰면서 가르쳐주려고 한다. 그들도 업무를 하는 데 있어 자신이 답답하면 소통을 위해 더 노력한다.

업무시간 외에 외국인들을 위한 무료 영어 수업(Free English Class) 강좌가 열리니 부족한 언어는 배우면 된다. 사람 사는 곳 어디든 길이 있고, 방법이 있기 마련이다. 젊을 때 뛰어들면 문제를 헤쳐나가는 데 큰 어려움이 없다. 그러니 오늘 여러분들이 해야 할 일은 지금 바로 시작하는 것이다. 시작하기 전에는 아무런 일도 일어나지 않는다는 사실을 두려워해야 한다.

첨단 과학도시 실리콘밸리와 그 주변 대학의 연구실에는 항상 불이 꺼지지 않는다. 이러한 젊은이들의 열정이 글로벌 기업의 토양이 되고 있다. 그들이 할 수 있는 것을 우리도 얼마든지 할 수 있지 않을까 하는 생각이 계속 드는 것은 우리 젊은이들의 능력이 그들에게 뒤지지 않는다는 것을 나는 알기 때문이다. 미국 글로벌 기업에 대한 관심이 많은 젊은이들이 나에게 이것저것 많이 물어본다. 글로벌 기업의 HR(Human Resource)과 네트워크에 관심이 많은 것은 좋은 현상이다.

특별히 관심을 많이 가지는 친구에게는 한국 IBM, 한국 구글, 한국 MS의 HR멘토링을 소개해준다. 글로벌 기업을 이해하고 시스템을 배우는 데는 원하는 기업에서 근무해보는 것이 가장 좋은 방법이지만, 여의치 않으면 멘토링을 통해 간접적으로 배울 수도 있다. 그런데 문제는 우리의 스타트업에 대한 민관 합동 지원이 단발성으로 끝나는 경우가 많다는 것이다. 한시적이 아니라 생태계를 만들어갈 수 있도록 자금뿐만 아니라 연계 지원 기술력과 시장성이 함께 확보되어야 꽃을 피울 수 있다. 스타트업은 혁신적인 기술과 아이디어가 있지만, 자금이 부족해 성장하지 못하는 경우가 있는가 하면, 자본 논리에 의해 인수 합병되는 경우가 많다.

스타트업은 신생 벤처기업으로, IT 기술을 기반으로 하는 웹(Web), 애플리케이션(App) 스타트업이 실리콘밸리에서 처음 탄생하게 되었다. 스타트업은 위험을 내포하고 있기 때문에 고위험, 고수익, 고성장의 가능성을 지니고 있다는 점이 특징이라고 볼 수 있다. 모바일이나 소셜 시장의 규모가 메가급으로 커졌으며, 인터넷 사용 인구가 1999년 4억 명에서 현재 30억 명 이상으로 늘어나, 기업 가치가 1조 원 이상 되는 '유니콘 기업'이 탄생되는 베이스가 되었다.

우리라고 하지 말라는 법이 없다. 그리고 안 된다는 법은 더욱 없다. 최고가 되기 위해 100명이 최선을 다하면, 그중 1~2명은 반드시 최고가 될 수 있다. 우리는 하고 싶은 일을 하며 살아야 하지만, 해야 할 일을 하며 사는 사람이 훨씬 많다. 그럼에도 자신이 하고 싶은 일을 하면, 지금 자신이 할 수 있다고 생각하는 것보다 훨씬 많은 것을 할 능력이 있다.

무엇을 하고 싶은지?
무엇을 해야 하는지?
무엇을 하면 좋은지?

하고 싶은 것을 다 할 수는 없다. 직장에서는 무엇을 해야 하는지는 이미 정해져 있다. 직장에서 하고 싶은 것을 하는 것과 무엇을 하면 의미가 있고 가치가 있는 것과는 별개의 문제다.

나는 직장에서 도전의 목표를 정했을 때 못할 것이라고 생각해본 적이 한 번도 없다. 마음먹은 목표를 한 번 성취하고 나니 힘들어도 끝은 반드시 온다는 믿음이 생겼다. 성공하는 것과 목표에 도달하는 것은 다를 수 있다. 누구나 목표에 도달할 수는 있지만, 누구나 성공했다고 말할 수는 없다.

목표한 학위를 받았다고 성공과 결부시키는 것은 무리가 있다. 학위 받는 데 의미를 두면 목표를 이루었지만 성공했다고 말할 수 없다. 한편으로는 성공보다 가치를 둘 수도 있다. 그러나 우리가 흔히 말하는 성공의 개념과는 거리가 있다는 말이다.

성공할 사람은 이미 정해져 있는 것처럼 보인다. 길게 보면 그렇다. 다르게 생각하고 행동하고 시도를 멈추지 않는다는 데서 알 수 있다. 회사를 위해 일을 하는 사람이 아니라, 회사에 필요한 사람이 되도록 노력한다. 어떤 일이든 시작할 준비가 된 사람, 업무 코드에 맞추어진 사람이 결과적으로 성공한다. 사람은 각자의 짐이 있다. 20대는 20대의 짐이 있고, 30대는 30대의 짐이 있고, 40대는 40대가 짊어져야 할 짐이 있다. 20대는 좋아하면서 하고 싶은 일들을 두루 해보고, 30대에는 잘하는 일을 찾고, 40대에 나만의 경쟁력 있는 일을 통해 전문가의 길에 들어서야 한다.

세대에 맞는 꿈을 꾼다고 해서 모두가 꿈을 실현할 수 있는 것은 아니다. 그러나 꿈꾸지 않으면 제로가 된다. 한낱 꿈이라고 생각했던 것을 현실로 만들어가기 위해 자기 계발에 필요한 목표를 달성하려는 동기, 즉 모티베이션(Motivation)이 반드시 필요하다. 동기부여 유발 효과는 스스로 목표를 설정하고 달성하기 위한 의지의 표현인 셀프 모티베이션(Self-motivation)에서 시작된다. 작은 실패의 경험이 쌓이면, 작은 성공의 경험도 함께 쌓인다. 실패의 크기만큼, 성공의 크기도 비례한다.

정상에 서보면 성공을 성공답게 만들어준 실패가 기억에 남고 소중하게 다가온다. 어려움이 없었다면 지난날을 이야기할 추억거리도 없을 것이다. 만일 내가 선택한 것을 쉽게 포기한다면, 내 스스로가 나를 신뢰하지 못하는 증거다. 내가 나를 신뢰하지 못하고 믿지 못하는데, 누가 나를 지지해줄 것인가? 지금 모티베이션을 찾는 것보다 하던 일을 하는 것이 낫다. 그래서 선택과 집중이 중요하고, 그것은 나를 신뢰하는 데서 시작한다.

무엇을 간절히 원하는지도 모르고 시작만 하다가 인생을 허비하는 사람들이 있다. 성공한 사람은 신중하게 선택하고 끊임없이 '방법'을 찾는다. 그러나 실패한 사람은 안 되는 '구실'을 찾는다. 인생은 누가 먼저 도착하느냐의 문제가 아니라 어디로 향하는지가 중요하다.

지금 나에게는 도전한다는 의미가 옛날과 다르다. 그동안 해보고 싶은 것에 용기를 내서 하는 정도다. 나이에 따라 어떤 일을 하면 의미가 있고 가치가 있는가를 생각하게 된다. 나의 작은 도움이 필요한 이들에게 바로 설 수 있도록 돕고, 절망에 있는 이들의 손을 잡아줄 수 있는 멘토링(Mentoring) 역할을 할 수 있다면 가치 있고 보람 있는 시간을 보낼 수 있을 것이다.

나이가 들어서 이 일도 안 되고, 저 일도 못한다고 한다면, 할 수 있는 일은 건강 챙기는 일밖에 없다. 최소한 노력으로 결과를 얻을 수 있는 것을 찾고, 남과 같이 노력해서 결과를 얻을 수 있는 것이 있다면 행복한 것이다.

그동안 해왔던 노하우가 있기 때문에 인생 후반전에는 전문적인 일이 가능하다. 젊을 때는 가능했던 일이 나이가 들어서는 불가능한 일이 있다. 결과가 늦게 나타나는 것을 도전해 성취할 수도 있겠지만, 큰 의미는 없다. 일을 위한 일이 아니라 할 수 있는 시간의 가치와 의미를 생각하게 된다.

젊을 때는 앞만 보았다면, 지금은 자꾸 뒤를 돌아보게 된다. 살아온 날을 돌아보면, 나를 위해 산 것보다 남을 위해 살았던 것만이 남는다. 남을 위하는 것이 결국, 나를 위한 것임을 아는 사람은 좋은 리더가 될 수 있다.

직장에서 직원들은 상사의 따뜻한 격려 한마디에 힘을 얻고, 꿈꾸었던 일에 도전하도록 용기를 북돋아주면 꿈을 향해 나아갈 수 있다.

성장하고 꿈을 현실로 만드는 데는 누군가의 도움이 있었기 때문에 가능했던 일이다. 내가 꿈을 향해 나아가면, 나를 따라 함께하는 사람들이 늘어난다. 함께했던 사람들을 돕고 이끌어주면, 그의 의는 하늘의 별처럼 영원히 빛날 것이다.

죽음을 앞두고 일을 더 많이 하지 못해 후회하는 사람은 아무도 없을 것이다. 일할 시간에 최선을 다하면 그것으로 족하다. 현역에 있을 때 돈을 벌기 위해 시간을 투자했다면, 이젠 시간을 절약하기 위해 돈을 투자하는 삶을 살면서 여러 사람에게 재능과 기술을 나누어 줄 수 있도록 노력한다.

어렵게 글을 쓰는 것도 이런 이유가 된다. 길게 생각하라. 전반전에 아무리 잘해도, 결국 승패를 결정 짓는 것은 후반전 스코어다. 마지막이 아름다워야 모두가 행복하다. 바다의 제왕 상어는 죽을 때까지 헤엄을 친다. 부레가 없기 때문에 잠을 잘 때도 헤엄쳐야 한다. 나도 죽을 때까지 현역으로 있다가 아름다운 퇴장을 하고 싶다.

IV. 목표는 분명한가?

무엇을 간절히
갈망하고 있는가?

　우리가 사는 게 마치 카지노에서 도박을 하는 것과 비슷하다고 생각해본 적이 있다. 다른 사람은 몰라도 나는 도박장에서 베팅을 하면 돈을 딸 수 있을 같다고 생각하며 덤벼든다. 그렇지 않으면 아까운 돈을 카지노에 기부하려고 하는 사람은 없기 때문이다.

　그런데 하다 보면 생각대로 풀리지 않는다. 이번에는 실패했지만, 다음 번에는 반드시 성공할 것이라 생각한다. 안 되는 줄 알면서도 돌아서지 않고, 비싼 수업료를 내고 나서야 비로소 후회하게 되는 게 인생이다. 우리도 이렇게 살면 안 된다는 것을 알면서도 더 노력하지 않고, 개선하려고 시도조차 하지 않는다. 인생은 수업료를 많이 내는 사람과 적게 내는 사람의 차이가 있을 뿐이다.

　왜 카지노에서 돈을 플라스틱 칩으로 바꿔야만 게임을 할 수 있는지 아는가? 그것은 심리적으로 100달러 지폐보다 가치가 더 적게 느껴지도록 하기 위해서다. 플라스틱 칩을 단순한 플라스틱으로 보면 돈처럼 안 보인다. 카지노에서 돈을 벌 수 있는 유일한 방법은 카지노 주인이 되는 것이다. 모든 게임이 항상 카지노 측에 유리하게 설정되어 있기 때문이다. 도박꾼들이 돈을 날리는 것만큼, 카지노가 부를 창출한다.

"나는 고귀하고 인정받을 만한 충분한 가치가 있는 사람이다"라고 말하라. 직장에서도 충분한 역할을 감당하고, 내가 없으면 부서가 불편을 겪을 정도로 필요한 사람이 되어라. 한 사람의 무게가 단지 숫자 하나에 들어가는 존재가 아니라, 일당백을 감당하는 그 무게가 태산 같아야 한다. 자신의 영향력 아래 있는 사람들이 많을수록 말에 권위가 있고, 질서가 만들어진다.

나는 직장에서 일당백(一當百)을 자주 말하곤 했다. 일 년에 직원들이 읽어야 할 백 권의 책이라는 뜻으로 의역을 했다. 한 사람이 일 년에 백 권의 책을 읽는다면, 분명 일당백의 영향력을 미칠 수 있는 사람이 된다는 뜻이다.

책을 읽으면 흔히 새로운 뭔가가 채워지는 것만을 생각하는데, 그렇지 않다. 생각에 변화를 주고, 고정관념을 내려놓고, 마음을 비우는 작업을 통해 전에 보지 못했던 것을 볼 수 있는 시선과 여유가 생긴다. 내가 무엇을 간절히 원하는지, 무엇이 지금 가장 필요한 때인지, 독서는 상상의 공간을 제공한다.

사는 게 쉽다고 생각해본 적도 없지만, 사는 게 점점 더 복잡하고 어렵게 느껴지는 것은 여전히 높기만 한 현실의 벽 앞에서 정면으로 돌파할 건지, 우회할 건지, 뛰어넘어 갈 건지 결정하지 못하고 있다는 뜻이다.

삶이 계획대로 이루어지지 않는다고 해서 이상하거나 잘못된 것은 아니다. 삶에서 일어나는 일이 성공을 하든, 실패를 하든 모두가 연결되어 있기 때문에 길게 보면 다 소중한 것이다.

삶에서 일어나는 모든 과정과 경험은 당신을 당신답게 만드는 과정이라 생각하라. 지금 성공이 반드시 좋다고 단정할 수 없는 것은 지금의 실패가 더 크고 나은 성공을 가져다줄 수 있기 때문이다. 대부분의 사람들은 회사원이 되면 나도 TV에 나오는 사람처럼 근사하게 살 수 있을 것이라는 꿈을 꾼다. '이제는 내 인생에서 고생 끝, 행복 시작'이라는 생각을 하게 된다.

어렵게 들어간 회사에 열심히 다니는 것으로 장밋빛의 인생이 예약된 것으로 믿는다. 별다른 생각 없이 직장 생활하는 것을 행운이라 생각하며 사는 것에 만족한다. 그렇게 앞만 보고 열심히 달리는 경주마같이 보이지 않는 목표를 향해 내달리기만 할 뿐이다. 문득 아이들이 크고, 나이가 들어가면서 뒤돌아보면 무엇을 바라보며 직장에서 노력하고, 진정으로 원하는 것이 무엇인지도 모르고 열심히 일만 했다는 생각이 든다면, 열심히 살기는 했지만 잘 살았다고 말하기는 어려울 것이다. 어느 날 직장 선배들을 보면 직장에 열심히 다녔지만, 생활이 더 개선되거나 좋아지지 않았던 것을 알게 된다. 나도 그 길을 따라갈 것인지, 다른 길을 선택할 것인지 결정해야 한다.

직장에서 대부분은 '할 수 있는 일'을 하거나 '해야 하는 일'을 하고 있다. 사람들은 할 수 있는 일을 하기를 원한다. 그리고 좋아하는 일을 해야만 성장하고 성공한다고 생각한다. 정확하게 말하면 '도전해야만 극복이 가능한 일'을 해야 성공할 수 있다. 할 수 있는 일은 이미 익숙해져 있어 크게 노력하지 않아도 되는 일이라 쉽게 손을 놓으려고 하지 않는다. 입사를 위해 스펙을 쌓고 공부를 많이 했더라도 할 수 있는 일은 그렇게 많지 않다. 해야 할 일을 위해 배우고 경험해야 할 것뿐이다.

입사하면 해야 할 일들은 모두가 생소해 정신이 없을 정도다. 샐러리맨으로 성공하려면 하기 싫은 것을 하면서 배우고, 그로 인해서 할 수 있는 것도 많아지는 것이다. 원하는 목표가 정해지고, 간절히 갈망하는 것이 있으면 못할 것이 하나도 없다. 다른 사람이 하는 것은 나도 할 수 있다는 확증이다.

지금처럼 직장 생활에 최선을 다할 때 주어지는 성과가 만족할 수준인가? 아니면 더 이상 딛고 올라설 디딤돌이 있는가를 판단해야 한다. 내가 갈망하는 것이 이 안에 있는가? 1~2년 후의 나의 모습을 상상해보면, 회사에서 나의 모습이 그려져야 한다. 내가 원하는 방향으로 흘러가면 행운이지만, 대부분 그렇지 않을 경우가 많다. 물론 회사 생활도 슬럼프가 올 때가 있다. 적응이 힘든 신입 시절이 지나면 체질이 개선되고, 적응기를 거치게 되면서 업무의 노하우가 생기고, 문제 해결 능력이 점차 생기게 마련이다.

드라마 속에서 해외에서 MBA 코스를 이수하고, 젊은 나이에 뛰어난 카리스마로 초고속 승진하는 창의적인 주인공을 동경하던 이상형이 내 모습과 너무나 다르기에 실망할 수도 있다. 현실에서 괴리감을 느끼는 것은 당연하고, 지극히 정상적이다. 중요한 것은 내가 그가 될 수 없고, 그가 내가 될 수 없다는 것이다. 인생은 각본 없는 드라마처럼 흘러가는 것처럼 보이지만 단지 그렇게 보일 뿐이다.

과정이 올바르지 않은 결과는 설령 이루었다고 해도 큰 의미가 없다. 현실의 바닥은 깊다. 시작은 바닥부터 출발하는 게 좋다. 바닥에 있을 때는 누구에게나 묻고 도움을 구해도 쳐다보지 않는다. 그리고 실수를 해도 탓하거나 책임의 소재를 따지지 않고 인정하고 넘어간다. 내가 바란 모습과는 너무나 달라도 그게 실제 내 모습이다.

나는 신입 사원일 때 선배들에게 귀찮을 정도로 묻고 도움을 구했다. 선배와 상사는 폼으로 있는 게 아니다. 아래 직원들을 위해 존재하는 것이다. 때로는 함께 스터디를 하기도 한다. 선배와 상사는 후배의 질문에 답하고, 가르치기 위해 생각하고 공부해야 한다.

우리가 살아간다는 뜻은 생존만을 의미하지 않는다. 역사의 이정표는 세우지 못할지라도 최소한 자신에게 의미 있고, 가치 있는 존재로 그 무언가를 하기 위해서다. 자신에게 100점은 주지 못하더라도 최소한 70~80점은 줄 수 있어야 한다.

지금 하고 있는 다음에 무엇을 할지 정하고, 그것을 얻기 위해 시간이 연결되어 있다는 사실은 내일이 중요한 것이 아니라, 시간에 따라 일에 진전이 있고, 성장해가고 있느냐가 중요하다. 시간은 원래 구분되고 끊어지는 단위가 아니라 연결된 개념이다. 오늘 잘 산 사람은 내일에도 잘 살아갈 수 있는 동기부여가 된다. 오늘 미완성이 다음에 완성되는 과정에 놓여 있는 게 시간이다.

지금 하는 일이 원하는 일이 아니라고 해서 당장 거절한다면 다음에 할 수 있는 일은 없다. 원하는 일이 아닐 때 긴장하고 배울 수밖에 없는 환경이 나를 성장시키는 계기가 된다. '누구나 할 수 있는 일'에서 '누구나 할 수 없는 일'을 하게 되는 기회가 된다는 사실이다.

여러분들이 직장에서 얻은 지식과 통찰력으로 오늘부터 앞으로 다가올 5년을 준비해 계획하고 실행한다면, 지금까지 살아왔던 시간 중 가장 안정적이며, 만족스럽게 잘 살아왔다고 할 수 있을 것이다. 그러면, 다음 5년도 잘 준비된 성공자로 살아갈 수 있다.

스탠퍼드 대학은 매년 졸업생들에게 기말고사를 대신해 5년 후 자신의 모습이 어떤 모습인가, 미래를 상상하는 과제를 내준다. 자신의 미래를 촘촘하게 생각하고, 꿈꾸는 미래에 자신의 결정에 따라 진정 원하는 것을 할 수 있는지, 아이디어와 상상력을 심어주기 위해서다.

회사 입사 초기에는 여러분이 생각하는 것만큼 넉넉하게 살 수 있도록 월급을 받을 수 없다. 월급이 노력에 비해 작다고 한탄하지 말고, 업무과제 수행능력이 없음을 한탄해야 한다. 주변의 선배들이나 직장 동료들의 말을 들으면 "못 해먹겠다", "때려치우고 싶다"는 말이 주류를 이룬다. 그런 그들의 모습이 내 모습일 필요는 없다. 그들이 나일 수 없고, 나 또한 그들이 될 수도 없다. 그들의 모습이 내 미래의 모습이 된다고 생각하지도 말라. 물론 내가 머뭇거리고 두리번거리면, 그들의 모습이 내 미래일 가능성이 점점 커진다. 그들 모두는

꾸었던 꿈이 한계를 돌파하지 못했기 때문에 그저 평범한 회사원으로 전락한 것이다. 그리고 평범한 서민으로 돌아가는 길을 선택한 것이다. 도전해야 할 한계 앞에 멈추어 선다면, 나의 미래는 내가 원하지 않은 방향으로 흘러갈 수밖에 없다. 할 수 있는 것을 하는 것이 아니라, 하기 어려운 일을 해내기 위해 우리는 공부하고 경험하고 도전하는 것이다.

우리 앞에 놓인 미션은 불가능한 일이거나, 어려운 일밖에 없다. 어려운 일은 성취할 수 있지만, 불가능한 일은 성취할 수 없다. 남 이상의 것을 생각해야만 얻을 수 있는 것들이 가치가 있다. 할 수 있는 것을 하는 것은 도전이 아니라, 주어진 일을 지금 처리하느냐, 나중에 처리하느냐의 차이일 뿐이다.

따라서 한계를 태산같이 받아들이는 실패한 그룹에서 벗어나 '생각의 힘'은 세상을 뒤흔들 수 있다고 믿고 도전하는 그룹에 편입하라. 사람은 같은 환경에서 교육을 받고, 같은 경험을 해도 생각의 영역은 너무나 다르다.

파나소닉의 창업자이자 일본의 대표적인 경영자인 마쓰시타 고노스케(松下幸之助)는 "감옥과 수도원의 차이는 불평을 하느냐 감사를 하느냐에 달려 있다"고 했다. 감옥은 가해자인 죄인들임에도 불구하고, 모두 억울한 사람들이 모여 있는 곳이다. 감옥처럼 반성하고 회개해야 할 곳에서는 하지 않고, 수도원은 감옥보다 더한 죄인들이 모인 것처럼 매일 회개하고 고백한다. 우리의 환경과 생각이 어디에 머물러 있는가에 따라 인생이 나누어진다.

모든 원인을 남 탓으로 돌리고, 일을 하더라도 환경을 탓하고, 안 되는 이유를 먼저 생각하는 사람은 조직을 와해시키고 결국 자신을 파탄시킨다. 지금까지 살아온 환경은 바꿀 수 없지만, 미래는 얼마든지 의지에 따라 바꿀 수 있다. 바람의 방향은 바꿀 수 없어도 돛을 조정하는 것은 가능하다.

자신의 처지와 환경의 프레임에서 벗어나 함께 꿈을 꾸고, 오늘 할 수 있는 일을 찾고, 좋은 만남을 사모하면 생각지도 못한 기적이 일어난다. 기적의 시간이 짧기에 매력이 있는지도 모른다. "인간의 삶이란 연극무대에 잠시 등장했다가 퇴장하는 배우다"라고 했던 셰익스피어의 말처럼, 열정적으로 일할 시간도 짧고, 행복한 시간을 가지기에는 너무나 짧은 인생이다.

나는 직장과 학위 공부를 병행할 때 나의 의지로는 감당이 안 되는 한계가 왔고, 그때 비로소 모든 것을 내려놓고, 힘든 이 어려움을 감당할 힘을 달라고 하나님께 간절히 기도했다. 그때가 엊그제 같은데 벌써 많은 세월이 흘렀다. 그리고 미국에서 유학할 때 사방이 막힌 듯한 상황에서도 꿋꿋하게 견뎌낼 힘을 달라고 기도하면서 눈물을 흘렸는데, 그 기억 또한 새롭다. 그럼에도 불구하고의 감사를 배웠고, 그 지점에서 다시 시작할 수 있는 만남의 축복을 경험했다. 이 모두가 인생은 짧다는 것을 깨우쳐주는 기회였다.

만남은 하늘의 인연이요, 관계는 땅의 인연이다. 세상의 모든 일은 만남과 관계를 통해서 이루어지기 때문이다. 삶이 죽도록 힘들고 고단한가? 오늘의 일상이 그 어느 누군가에게는 희망이 되고, 또 다른 이에게는 절망이 될 수 있다. 나는 어렵던 그 고비를 넘어온 것이 얼마나 다행이고 행운인가를 생각하면 너무나 감사하다.

지금 여러분이 평범하게 보내고 있는 하루가 어떤 사람에게는 영원히 돌아오지 않을 하루라는 것을 잊으면 안 된다. 모든 인생이 연극무대에 잠시 등장했다가 퇴장하는 배우와 같지만, 인생의 무대에서 어떤 행적을 남기고 사라지는가의 의미는 다르다. 영화 한 편을 보고도 남는 장면은 한두 장면에 불과하지만, 그 영화를 끝까지 보려고 하는 이유는 나의 기억 속에 하나라도 저장하기 위해서다. 그리고 힘들 때 보았던 그 영화의 한 장면을 생각하며 의지를 다졌고, 읽었던 글을 소환해 위기를 극복했다.

마쓰시타 고노스케는 "누구에게나 어려운 때는 찾아온다. 바람이 강하게 부는 날, 연을 더 높이 날릴 수 있는 것처럼 위기는 최고의 기회가 될 수 있다"

라고 했다. 그는 '가난한 집안에서 태어난 덕분'에 어릴 때부터 갖가지 일을 했고, '허약하게 태어난 덕분'에 운동으로 건강을 유지할 수 있었다. 그리고 '학교를 제대로 다니지 못한 덕분'에 만나는 모든 사람을 선생으로 생각하고, 모르면 묻고 배웠다고 한다. 그는 성공의 바탕이 역설적으로 가난, 허약 체질, 무학(無學) 덕분이라고 말한다. 단점을 장점으로 승화시키고, 위기를 기회로 만들어가는 인생 스토리는 생각이 만들어낸 역전 드라마다. 나는 힘들 때 마쓰시타 고노스케 전기를 읽고 용기를 얻은 적이 있어 지금도 가끔 꺼내어 본다. 불우한 환경에서도 희망의 싹을 틔우고 성공의 신화를 써내려간 마쓰시타 고노스케는 여러 사람에게 잔잔한 감동을 주기에 충분하다.

우리는 할 수 없고, 안 되는 이유가 얼마나 많은가? 여러 가지 이유가 많은 사람은 한마디로 '아무것도 안 하겠다'는 뜻이다. 가난하고 실패한 인생에게 도전은 변명과 하소연의 소재로 사용될 뿐이다. 실패한 사람은 '되는 이유'보다 '안 되는 이유'가 훨씬 많기 때문에 성공하지 못하는 것이다. 안 되는 이유에 명분을 주기 시작하면, 습관이 되고 자연히 실패자로 사는 것을 당연하게 여긴다.

돈으로 할 수 있는 것이 많다는 것을 잊은 샐러리맨은 '월급만으로는 부자가 될 수 없다'는 사실을 깨달았음에도 안 되는 이유에 갇혀 평생을 생각 없이 사는 사람이다. 부자가 되어야 하는 충분한 이유와 동기부여가 왜 필요한지 알면서도 그 자리에 머물러 있는 것을 당연하게 여기는 사람은 모르는 것보다 더 못하다.

회사가 넉넉하게 살 수 있도록 월급을 준다면 절실하게 진급해야 할 이유를 찾지 않을 것이고, 사유(思惟)의 영역을 확장하려고 하지 않을 것이다. 그 월급에 만족해 나도 모르게 익숙해 그저 그런 평범한 샐러리맨이 되고 만다. 누구나 마주하는 인생의 터닝 포인트(Turning Point)에서 '이대로 사는 건 아니야!

뭔가 잘못된 방향으로 가고 있어!'라고 생각하면서도 그 방향으로 흘러가는 것을 적극적으로 멈추어 세우지 않았기 때문에 후회하면서 사는 것이다.

더 나은 삶을 원한다면 위기 대응 계획을 세우고, 자신이 잘할 수 있는 프로세스를 구체적으로 만들어 뛰어들어야 한다. 위기가 올 때 극복하려고 하는 사람들보다 피하는 사람들이 압도적으로 많기에 오히려 기회가 되는 것이다. 여러분들이 그토록 원하고, 바라는 그 모습이 되었을 때를 상상의 힘을 발휘해 시각화하고, 선명하게 그림을 그려보라. 그러면 선후가 정해지고, 경중이 나누어질 것이다. 다음에는 누구와 언제 어떻게 시작할 것인가를 생각하면 된다.

젊음이라서 좋은 것은 '큰 꿈을 꾸고 도전'하는 것이고, 가장 큰 기쁨은 '성장하는 즐거움'이다. 자신이 점점 발전하는 모습을 보고 긍정적 피드백을 많이 받는다는 것은 무엇과도 견줄 수 없는 기쁨이다. 레퍼런스(Reference)와 경험의 가치가 하나하나 쌓이면 아이디어가 힘을 얻고 성장한다.

성장이 활발하게 진행되는 시기에 신체적 성장통을 경험하듯, 내면을 성장시키는 정신적 성장통은 혼란기를 이겨내고 간절히 원하는 것을 얻기 위해 미래로 나가는 모습이다. 오늘 잘할 수 있는 일은 내일은 더 잘할 수 있기 때문에 성장하고 발전하는 것이다. 비록 오늘 서툴다고 해도 처음부터 잘했던 사람은 없었기에 중단만 하지 않으면 잘할 수 있다는 확신이 곧 도전이 된다.

일반적으로 보기에는 직장에서 도전할 것이 없어 보이지만, 가장 많은 곳이 직장이다. 직장은 계속 새로운 일을 찾고 만들어야만 성장하고 앞서갈 수 있기 때문이다. 도전은 샐러리맨에게는 직장의 딜레마를 어떻게 극복할 수 있느냐의 문제며, 스타트업을 시작하는 사업가에게는 리스크를 얼마나 줄여갈 수 있느냐의 문제로 남는다. 직장의 딜레마와 사업의 리스크에 대한 해결 방안이 정리되지 않아 중간지대에서 갈등하는 사람이 의외로 많다.

세상에는 두 부류의 사람이 있다. 할 것을 다하고 힘든 사람과 할 것을 못하면서 힘든 사람이 있다. 형편이 어렵다고 하면서도 여행 다닐 것을 다 다니고, 남들이 맛있다고 하면 찾아가서라도 먹어야 직성이 풀리는 사람들이 많다. 그리고 브랜드 커피를 매일 마셔야만 만족하는 사람이 많다. 자신을 위해서는 아낌없이 투자하면서 함께 나눌 일이 있거나 힘을 보태야 할 때는 어렵다고 쏙 빠진다. 반면에 자기가 원하는 것을 모두 뒤로 미루고, 어렵고 힘든 고난의 터널을 지나가고 있는 사람도 있다. 한 설문 조사에서는 자신이 하고 싶은 것을 절반도 못 하고 있다는 응답이 56%가 나왔다.

100% 중 80%를 하면서 20%를 하지 못한 사람과 20%를 하면서 80%를 하지 못하는 사람이 있다. 아프리카 빈민을 구제하는 선교사님들은 자신의 삶을 온전히 내어주면서 한 생명을 살리는 데 헌신하는 모습이 늘 가슴 한켠에 남아 울림을 준다. 그들의 삶이 우리의 삶과 무엇이 차이가 있겠는가? 그분들도 여유로운 음악을 들으면서 커피를 마시고, 우아하고 고급스러운 옷을 입고, 가족과 함께 여행을 다니고 맛있는 음식을 먹고 싶은 유혹이 없겠는가? 내가 하기 싫은 것을 그분들이라고 해서 좋기만 하겠는가. 그럼에도 그분들은 직업의식을 넘어 생명의 절박함을 아는 소명의식(召命意識)이 모든 유혹보다 앞서기 때문에 그 일을 할 수 있는 것이다. 우리도 얼마든지 할 수 있지만, 다만 나타나는 행동이 다를 뿐이다. 처음부터 그 길이 좋아서 뛰어든 사람은 없었을 것이다. 내가 원하는 일이 아니었더라도 나를 필요로 하는 그곳에 남겠다는 의지가 곧 소명, 즉 콜링(Calling)이다.

나를
귀찮게 하라

　초등학교 저학년일 때 나는 자전거가 너무나 갖고 싶어 부모님에게 사달라고 매일 졸랐다. 자전거 타고 달리는 꿈을 꿀 정도로 간절했다. 물론 낭떠러지에서 떨어지는 꿈을 꾸고 소리를 지르기도 했지만 괜찮았다. 그리고 어른이 되면 자전거를 파는 가게 사장이 되고 싶었다. 그만큼 자전거가 좋았다. 어른 자전거가 있는 친척 아저씨에게 부탁해 배우곤 했는데, 다리가 짧아 안장 아래 사이로 다리를 넣어 탈 수밖에 없었다. 넘어져 다리에 깁스를 했지만, 그래도 타는 것을 중단하지 않았다.

　그런데 그 시기에 형님은 시계를 사달라고 부모님을 귀찮게 하고 있었고, 동생은 덩달아서 친구와 같은 가방을 사달라고 떼를 쓰고 있었다. 나는 형과 동생이 없을 때 "엄마! 나 자전거 사주면 안 돼? 자전거 사주면 심부름은 내가 다 하고 공부도 일등 할게, 응?" 어머니는 "아버지께 이야기해볼게" 하시고는 답이 없었다. 그래서 나는 전략을 바꾸기로 했다. 내가 원하는 어린이용 자전거 말고, 좀 더 큰 자전거를 아버지도 타고, 형도 탈 수 있는 중간형 자전거의 필요성을 알게 하는 것이었다. 결정권자인 아버지가 자전거를 배우시게 하는 전략이었다. 친척 아저씨의 자전거를 빌려 아버지 앞에서 틈이 나면 자전거를 탔고, 시장에 가시는 길이며 친구 만나러 가시는 데 편리하겠다는 것을 아시고 아버지는 자전거를 배우려고 하셨다.

"아버지! 남의 자전거로 배우지 말고 우리 자전거로 배우면 좋지 않을까요? 걸어 다니는 것보다는 열 배는 빠르게 다닐 수 있어요!" 나의 끈질긴 설득 끝에 드디어 자전거를 사게 되었다. 그 자전거로 학교에도 가고, 사방으로 돌아다녀도 피곤한 줄 몰랐다. 결국 나의 전용이 되었고, 아버지는 다시 큰 자전거를 사셔서 "이렇게 좋은데 왜 걸어 다녔을까?" 하셨다.

실제로는 자전거를 사고 나니 내가 할 일이 귀찮을 정도로 많아졌다. 약속대로 심부름은 내가 다 해야 하고, 공부도 1등을 해야 하고, 갈 때는 많아서 숙제는 눈을 비비며 늦게까지 해야 했다. 자전거는 세워두는 물건이 아니다. 아인슈타인은 "인생은 자전거와 같다. 균형을 잡으려면 계속 움직여만 한다"고 했다. 자전거는 끊임없이 페달을 밟아야만 넘어지지 않고 앞으로 나가는 인생과 같다. '균형(Balance)'은 명사지만 동사로써 의미가 더 크다. 한곳에 머무는 순간 균형이 깨지고 만다. 직장에서도 균형을 맞추는 귀찮은 노력이 없으면 자전거처럼 넘어진다. 귀찮은 일이 없으면 만들어서라도 해야만, 그 일을 감당하게 되고 새로운 세계를 경험하게 된다. 균형을 맞추기 위해 노력하면 할수록 불균형한 삶을 살게 될 가능성이 높다.

성공한 단 한 사람도 균형적인 삶을 살기 위해 워라밸을 생각하지 않았다는 것이다. 그렇기 때문에 성공할 수 있었다. 그렇다고 워라밸이 없었다고 균형이 깨진 삶을 살았다고 할 수 있을까?

여러분도 간절히 원하는 것이 있을 것이다. 원하는 것을 갖기 위해서는 남들이 하는 것을 하고, 생각하는 것을 생각하면 남들이 얻을 수 있는 것만큼 얻을 수 있을 것이다. 내가 귀찮더라도 일을 만들고 공부하고 탐구하는 사람은 즐거움으로 받아들인다. 내가 만약 부모님께 몇 번 자전거를 사달라고 하고 포기했더라면, 자전거를 얻지 못했을 것이다.

'꿈을 꾸는 것'의 반대말은 '꿈을 안 꾸는 것'이 아니라, '포기'하는 것이다. 포기는 할 수 있는 일조차 망가트리고, 스스로 자신을 불쌍히 여기며 아무것도 하지 않고 원망만 한다. 포기가 여러분에게 주인 노릇을 하기 전에 포기가 자리 잡지 못하도록 먼저 NO라는 프레임을 만들어야 한다.

유일한 방법은 실패한 그 자리에서 다시 일어나서 지금까지 꿈꾸었던 것을 새로 시작하는 것이다. 평소에 가보고 싶은 새로운 곳을 자전거를 타고 가보는 것처럼 시작할 수 있는 용기다. 물론 행동에는 용기가 필요하고, 리스크와 책임이 따른다. 하지만 앞으로 나아가는 데 가장 나쁜 것은 내일로 미루고 시작하지 않는 것이다. 행동에 생각을 더하면 긍정적인 사고에 변화를 주고, 변화는 무엇을 어떻게 해야 하는지 가르쳐준다.

우리가 여기서 주의할 것은 '긍정적인 생각'이 성공의 중요한 요소기는 하지만, 완전체는 아니다. 행동 없이 생각만으로 이루어지는 것은 아무것도 없기 때문이다. 그리고 행동도 마찬가지다. 생각 없이 행동하면 값비싼 수업료만 낼 뿐이다. 생각보다 행동의 속도가 빠르면 일이 꼬이기 시작한다.

그리고 잘못된 방향에 열심을 더하면 돌이킬 수 없는 나락으로 떨어진다. 나는 이 두 유형을 많이 보게 된다. 물론 나도 그중에 포함되어 엄청난 수업료를 내고 반면교사로 삼고 있다. 나의 경우 생각하고 검토하는 게 부족했던 것은 남을 쉽게 믿었기 때문이다.

실제로는 생각하는 것이 귀찮아서 넘어갔다고 해야 옳다. 모두가 내 주위에 있는 사람 같은 줄만 알고 믿었던 것도 '귀차니즘'이 작용했다고 볼 수 있다. 생각하기 싫어하는 사람은 경솔한 태도로 이어진다. 문제를 대하는 태도가 승패를 결정하고, 그 일을 바라보는 시각이 욕심과 연결되어 있으면, 큰 대가를 지불하고 나서야 정신을 차리게 되어 있다.

　여러분이 어떤 위험을 감수하냐를 보면, 여러분이 무엇을 가치 있게 여기는지 알 수 있다. '누구나 할 수 있고, 하는 일을 하지 말고, 다른 사람들이 쉽게 할 수 없고, 하지 않는 일에 도전하라'고 하면 그런 일이 어떤 일이 있느냐고 묻는 직원들이 있다. 대단하거나 특별한 일이 아니다.

　같은 일을 하더라도 다르게 생각하고, 아이디어를 동원해 차별화를 주면 경쟁력이 생긴다. 다소 어렵게 느껴지더라도 하면 할수록 묘한 매력을 느낄 때가 있다. 나는 신입 직원일 때 해외 글로벌 기업의 동향 분석하는 일을 해보고 싶어 자원했다. 그 당시 선배들도 주저했던 일이었기 때문에 상사는 의아하게 생각했다. 그런데 막상 하려고 하니 어디에서 어떻게 시작해야 할지를 몰라 혼란스러웠다. '지금이라도 상사에게 못한다고 할까? 일을 망치는 것보다는 낫지 않을까? 그만두면 동료들이 얼마나 비웃을까? 아니야, 신입 직원에게 얼마나 큰 기대를 하겠어? 이미 주사위는 던져졌으니 부딪쳐보자! 그래, 하는 데까지 해보는 거야. 겸손하지만 비굴하지 않게, 당당하지만 교만하지 않게 하면 되는 거야. 처음부터 잘하는 사람이 더 이상한 거야.'

　결정은 했지만, 생각보다 할 일이 너무 많아 잠을 설칠 정도였다. 특히 영어 소통이 자유로워야 하고 번역도 엄청 스트레스였다. 그리고 글로벌 기업문화에 대한 메커니즘이 없다 보니 지식으로는 이해가 안 되는 것이 많았다. 차라리 해외 지사에 나가는 게 좋을 것 같았다.

　공부하지 않으면 안 되는 코너에 몰렸기 때문에 문을 두드리고 길을 찾기 위해 노력할 수밖에 없었다. 가만히 있으면 더 불안했다. 그 덕분에 언어 공부도 하게 되고, 미국에 들락날락하며 글로벌 기업 컨퍼런스도 참석하면서 혁신 기업의 생태계를 하나씩 배우는 계기가 되었다. 그런 필요성을 느꼈기 때문에 훗날 유학하게 되고, 글로벌 기업에 취업하게 되는 동기가 되었다.

한계는 넘어서라고 있는 것이다. 원래 변화는 서서히 일어난다. 그게 정상이다. 우린 항상 새로운 매일매일을 처음으로 사는 인생이다. 내가 하는 일이 누구나 쉽게 시작하고 할 수 있는 일이라면, 시간을 들여 노력할 필요가 없다. 남들이 쉽게 흉내는 내지만 따라오는 데는 시간이 걸리는 일은 쉽게 시작하지 못한다. 기업의 혁신 제품도 마찬가지다.

삼성의 전자 산업과 반도체 산업이 그런 이유로 글로벌 기업으로 발돋움할 수 있었다. 다르게 생각하는 습관이 발상의 전환을 모색하고, 우리에게 변화를 유도해 새로운 방향과 경쟁력을 만들어주는 모멘텀(Momentum)이 된다. 이것을 믿고 받아들일 때 부가 이동한다.

승자의 시작은 패자의 시작과 다르다. 승자의 플랜은 누가 봐도 내비게이션처럼 선명하게 목적지를 따라가도록 설계되어 있고, 창조적 아이디어가 기회를 얻도록 선명하게 계획되어 있다. 그러나 패자의 플랜은 가다가 쉼표가 있고, 도돌이표가 있어 더 이상 나갈 수 없어 유턴하고, 좌충우돌하다가 결국, 오리지널 포지션(Original Position)으로 돌아가게 설계되어 있다. 승자의 이유는 간단하지만, 패자의 이유는 다양하다. 승자의 시작은 조용하지만, 패자는 시작은 요란하다. 결국은 생각의 차이다. 생각을 다르게 할 수도 있고, 생각만 하고 행동하지 않은 경우도 있다.

괴테(Johann Wolfgang von Goethe)는 "생각하는 건 쉽고, 행동하는 건 어렵다. 하지만 세상에서 제일 어려운 건 생각대로 행동하는 것이다"라고 했다. 어려우니까 가치가 있고 도전하는 것이다.

《명상록》의 저자이자 로마 황제였던 마르쿠스 아우렐리우스(Marcus Aurelius

Antoninus)는 "우리 인생은 우리가 생각하는 대로 만들어진다"고 했다. 우리가 장애물을 더 많이 생각하면 할수록 인생이 장애물로 가득 차게 된다. 그러니 장애물을 보지 말고 앞으로 나갈 목표를 봐야 한다. 장애물은 극복의 대상이지 걱정의 대상이 아니다. 원하는 목표를 분명히 정하고 반드시 이루어진다고 믿으면 장애물이 디딤돌이 될 수 있다. 이미 이루어진 것처럼 굳게 믿고 노력해야 한다.

장애물이 없는 목표는 목표가 아니다. 목표가 크면 클수록 큰 장애물이 여기저기 기다리고 있다. 장애물이 없기를 바란다면 풍랑이 거센 대양을 항해하는 배가 되지 말고 호수의 거룻배가 되어라. 물론 장애물이 크면 클수록 얻을 보상이 크다는 것을 알면서도 거센 파도가 목표를 멈추게 한다. 눈앞에 만난 장애물보다 그 너머에 있는 목표가 더 크고 선명하게 보여야 도달할 수 있다.

목표가 때로는 감당하기 버거운 비현실적으로 보일지라도 중단하지 말라. 목표를 누가 보느냐에 따라 어떤 이는 가능하다고 말하고, 또 어떤 이는 어렵다고 말한다.

누구나 생각하고 성취할 수 있는 현실적인 목표는 설명이 가능한 평범한 결과를 만들어낼 뿐이다. 평범한 사람에게 비현실적으로 보이는 일이 비범한 사람에게는 도전의 목표로 보인다. 자신이 하는 일을 남들에게 충분히 설득력 있게 설명할 수 있어야 그 일을 완성할 수 있다.

오늘의 시간은 내일을 예측하게 해준다. 누구에게나 시간의 양은 똑같다. 그러나 질은 다르다. 우리가 맞이하는 하루는 워런 버핏, 빌 게이츠, 래리 페이지, 일론 머스크(Elon Musk), 제프 베이조스(Jeff Bezos), 마크 저커버그(Mark Zuckerberg)와 똑같은 24시간이다. 그럼에도 그들은 똑같은 시간에 사람들에게 지대한 영향을 미치고, 큰 부를 쌓을 동안 우리가 이룬 일은 너무나 적다.

왜 그럴까? 시간을 쓰는 방식이 달라서다. 부자들은 자신이 정말 이루고 싶은 일에 시간과 노력을 집중한다. 반면에 우리는 이것저것 고민만 하거나 중요하지 않은 일을 하느라 정작 중요한 일에는 시간을 쓰지 못한다.

전철에서 출퇴근하는 젊은이들이 스마트폰으로 무엇을 하는지 얼핏 보면, 웹툰과 예능프로를 보고 게임을 하는 사람이 어림잡아 40%는 되는 것 같다. 나머지 40%는 SNS나 검색, 쇼핑을 하는 것 같다. 지금보다 나은 미래를 꿈꾸며 노력하는 젊은이들이 많을 것 같은데, 의외로 하는 행동을 보면 그렇지 않다. 젊을 때는 할 일이 너무 많아 정리가 안 될 정도로 해야 할 일이 쌓여 있다. 누가 어디에 시간을 보내고 소비하는지 보면, 그 사람의 라이프스타일을 알 수 있을 뿐만 아니라 관심사가 무언지 금방 알 수 있다.

돈이 없어 쩔쩔매면서도 일하기를 싫어하고, 돈 버는 일에 뛰어들지 않는 것을 어떻게 설명할 수 있을까? 다음 달에도 여전히 힘들어하는 것은 자신을 귀찮게 하는 일을 감당할 용기가 없는 것이다. 보기에는 직장 다니는 것을 비롯해 모든 초점이 돈 버는데 시간과 행동이 맞추어져 있는 것 같다. 돈을 벌기 위해 무엇을 해야 하고 어떤 태도가 필요한지 공부하지 않으면 평생 돈타령에서 벗어날 수 없다.

10%의 소수만이 회사 임원과 부자에 도전하면서 승진과 재테크를 위해 노력한다. 결국, 10% 안에서 임원과 성공한 부자가 탄생한다. 자신을 귀찮게 하지 않으면 가능한 것은 하나도 없다. 10% 안에서 상위 0.1%, 0.01%가 나오는 게 당연하고, 설령 10% 안에서 0.1%가 되지 못하더라도 자기 뒤에 90%가 줄을 서 있다. 만약 10%가 꼴등이라고 생각하면 언젠가는 0.1%가 되고, 0.01%도 될 수 있다.

일단 여러분은 성공한 리더가 되겠다는 그룹 10%에 들어가라. 그렇게 어렵지 않다. 왜냐하면, 처음부터 치밀한 계획을 세워서 도전하는 사람이 많지 않기 때문이다. 이 세상에는 계획을 하루가 멀다하고 변경하고 수정하는 사람이 널려 있기 때문이다. 좋은 리더를 상상하고 서서히 시간의 관심사를 성공 모델로 옮기면 원하는 목표가 정해진다. 동기부여에 대한 방법과 아이디어가 떠오르고 마인드셋이 성공할 수 있는 루틴이 만들어질 것이다.

여러분이 자동차를 살 때 막연히 좋은 차를 사고 싶다고 한다면 차를 안 사겠다는 말과 같다. 먼저 경제적으로 가능한지, 다음 달 언제, 얼마짜리를 몇 개월 할부로, 자동차 메이커와 모델은 어떤 것으로 살 것인지 결정하고 차를 구입해야 한다. 우연히 자동차 전시장 앞으로 지나다가 쇼핑하듯이 들어가서 덜컥 계약하는 사람은 없을 것이다.

하물며 마트에 갈 때도 사야 할 것을 메모해서 가지 않으면 필요한 것을 놓칠 뿐만 아니라 쇼핑하는 데 시간이 걸리고 필요하지 않은 것까지 살 확률이 높다. 원래 이것을 사려고 갔는데, 저것을 잔뜩 사서 오는 경우도 있다. 그런데 인생을 살면서 동네 마트에 가듯이 아무 생각 없이 살고 있는 사람이 많다는 것이다. 소중한 인생을 설계하는 데 방향과 목표가 없고, 되는 대로 사는 사람이 많기 때문에 우리에게는 기회의 문이 열려 있는 것이다.

여러분이 원하는 것을 위해 어떤 계획을 세우고 무엇을 해야 할지를 모르겠다면, 일단 종이에 생각나는 대로 적어보라. 원하는 것을 얻기 위해서 지금 할 수 있는 일을 적어보면 방향이 정해지고, 목표가 뚜렷하지는 않지만 희미하게 보일 것이다. 두려워하지 말고 쉬운 것부터 시작하고, 썼다가 지우고 또 수정해도 괜찮다. 다시 목표를 정하고, 기록하고, 수정하고 보완한 것을 반복하면 여러분이 원하는 목적지에 도달하도록 도와줄 것이다.

선명한 목표를 위해 치밀한 계획과 행동이 필요하다고 말하면, "나는 시간이 없어요"라고 말하는 게 습관이 된 사람이 많다. 자신의 인생이 걸린 문제에 시간이 없다고 하면 그 시간을 어디에다 쓸 것인지 궁금해진다.

"자기계발을 위해 시간을 낼 수 있나요?"

"바빠서 시간을 내기가 어렵네요."

"그럼 그 많은 시간을 어디에 쓰나요?"

"어디에 쓴지도 잘 모르지만, 시간이 후딱 지나가네요."

"요사이는 어때요?"

"여전히 정신없이 바쁘네요."

정말 시간이 하나도 없는 것일까? 시간이 없는데 잠은 어떻게 자는가? 출퇴근도 하고 식사도 하는데 그건 시간이 아닐까? 회사에서도, 집에서도 일만 할까? 워라밸로 일과 삶이 조화롭게 균형을 유지하는 일상이 내 삶의 목표라 생각하는 사람이 모여 있는 집단에 오래 머물수록 삶의 불균형을 경험할 것이고, 경제적으로 심한 불균형을 감수하게 될 것이다. 일과 일의 조화, 삶과 삶의 균형이 필요할 뿐이다. 일의 방향과 속도가 조화를 이루어야 만족한 결과를 만들어내고, 삶의 균형을 통해 만족을 느끼며, 안정된 인생을 설계할 수 있다.

경제적 불안을 느끼며 살고 싶은 사람이 없듯이 워라밸을 누리며 살고 싶지 않은 사람은 아무도 없을 것이다. 여러분도 알 것이다. 남들처럼 일하고, 쉴 때 쉰다면 남과 같이 된다는 사실을 말이다. 워라밸을 포기하는 것이 아니라 순서를 바꾸어 뒤로 미루자는 것이다.

회사에서 꼬박꼬박 주는 월급을 받으며 적당히 살기로 작정했다면 지금 즉시 워라밸을 실천할 수 있다. 하지만 꿈을 꾸고 성장이 목표라면 무엇을 어떻게 해야 성공할지 알 것이다. 워라밸은 집중과 몰입을 방해하고 우선순위를 뒤집어 놓는다. 그렇게 해서 절대 성공하거나 부자가 된 사람이 없다. 그러면 답은 분명하다. 성공적인 삶을 포기하든지, 워라밸을 포기하든지 여러분의 선택만 남아 있다. 워크 라이프 밸런스(Work-Life Balance)는 없다.

사람들은 질문한다. "워라밸이 가능하면서 연봉이 많은 직장에 어떻게 들어가요?" 물론 그런 직장이 있다. 그런데 그런 회사를 들어가기 위해서는 스펙뿐만 아니라 당신의 능력이 탁월해야 한다. 그 실력이 쌓일 때까지 최소 10년은 워라밸을 포기하고 집중해야만 문이 열린다고 생각해야 한다.

워라밸이 중요하지 않다는 말은 결코 아니다. 지금이 아닌, 나중에 누리는 워라밸이 여러분에게 자유와 풍요를 주는 진정한 워라밸이라는 것이다. 내가 원하는 만족한 삶을 살지 못한 채 즐기는 워라밸은 허상이며 가짜다. 워라밸은 나를 귀찮게 하지 않는 마음씨 좋은 할아버지와 같다. 할아버지는 내일의 일에 대해 걱정할 필요가 없기 때문에 건강을 챙기며, 편안하게 살면 된다.

소중한 것을 얻기 위해
무얼 포기할 것인가?

인생은 끊임없이 우리에게 질문한다. "당신이 소중한 것을 얻기 위해 당장 무엇을 포기하고 내어줄 수 있느냐?"고 묻는다. 왜냐하면, 무엇을 포기하느냐에 따라 얻을 수 있는 것이 달라지기 때문이다.

우리도 나의 시간과 좋아하는 것뿐만 아니라 게으름까지도 모두 포기하고 더 좋은 것을 선택하기 위해 자신을 귀찮게 해야만 성취할 수 있다. 세계적으로 성공한 사람들을 조사해보면 모두 소문난 '하드워커(Hard Worker)'이다. 만약 여러분이 진정한 워라밸을 원한다면, 역설적으로 먼저 워라밸을 포기하고 최선을 다하는 법을 먼저 배워야 한다.

우리는 특별한 삶을 살겠다면서도 대가를 치를 준비가 되어 있지 않다면, 평범한 삶을 사는 것으로 대가를 치를 수밖에 없다. 기대하지 않았던 평범한 삶이 얼마나 많은 사람을 절망으로 이끌어가는지 아는가? 평범한 삶은 소중한 꿈을 앗아가고 희망을 절망으로 몰아간다.

그림자로 왔다가 모양과 형체도 없이 유명무실하게 사라지는 인생이 되어도 좋은가? 만약 성공하겠다고 하면서 남들처럼 여가 시간 다 누리고, 하고 싶은 것 다 하면서 회사에서 승진하고 인정을 받고 싶어 한다면 운이 억세게

좇기를 기대하는 것과 뭐가 다를까?

'가장' 원하는 것을 '지금' 원하는 것으로 대체할 수 없다. 실패한 사람은 '지금'을 위해 많은 시간과 에너지를 쏟아붓는다. 지금 하고 싶은 일에 에너지를 사용하면 나중에 사용할 에너지가 없다.

사람마다 환경과 경험 그리고 능력이 다르다. 그렇기에 각자 남들보다 조금 더 쉽게, 잘할 수 있는 일이 존재할 뿐만 아니라, 지치지 않고 목표를 찾아갈 수 있는 장점이 있다. 성공에 가장 중요한 요소는 '꾸준함'이다. 꾸준하기 위해서는 할 수 있는 일, 잘하는 일을 찾아야 한다. 아무리 좋아하는 일이더라도 남들보다 숙련도가 낮고, 성장 속도가 느리면 의욕을 상실하고 오래도록 지속하기가 어렵다.

우화 중 독수리와 닭에 관한 이야기가 있다. 독수리 한 마리가 닭 무리에서 성장한다. 주변이 모두 닭이니 스스로 닭이라고 생각한다. 그러나 독수리는 땅을 파서 벌레를 잡거나 부리로 모이를 쪼는 일에 흥미가 없다. 그러니 닭으로 사는 게 너무 힘들고 고단하다. 그런데 어느 날 다른 독수리 한 마리가 하늘 위를 힘차게 날아간다. 이를 본 독수리는 자신도 왠지 그 독수리처럼 날 수 있을 것 같다고 생각했다. 그리고 이내 날개를 펴고 날아오른다. 닭이라면 상상도 못 할 일이다. 높은 상공에서 급강해서 발톱으로 먹잇감을 움켜잡는다. 독수리에겐 땅을 파고 벌레를 잡는 일보다 하늘의 지배자가 되는 일이 더 쉬웠다. 독수리에게 계속 땅을 파고 벌레를 잡는 일을 시켰다면, 오랫동안 지속할 수 있었을까? 하늘의 지배자로 태어난 독수리가 땅 파는 일에 흥미를 느낄 리가 없다. 흥미가 없으니 지속할 수가 없다.

우리도 마찬가지다. 흥미를 느끼는 일이어야 꾸준히 할 수 있다. 꾸준히 해야 성공할 수 있다. 그러니 흥미를 만들고, 따르는 일이 곧 성공하는 길이다. 아인슈타인(Albert Einstein)은 이렇게 말했다. "나무에 오르는 재능으로 물고기를 판단한다면, 물고기가 멍청하다고 믿으며 평생을 살게 될 것이다."

재능과 흥미를 찾아야 한다. 말처럼 쉽지 않을 수도 있다. 내가 뭘 잘하는지, 뭘 좋아하는지 모르는 사람이 많기 때문이다. 재능과 흥미를 찾는 것도 쉽지 않지만, 더욱 어려운 것은 수입이 있어야 일정한 삶을 유지할 수 있다. 주위에 여러 사람을 보면 자신이 좋아하는 일이면 다 잘할 것이라 생각하는 사람이 의외로 많다. 자신이 잘한다고 생각하는 것과 남들의 평가는 다를 수 있다는 것을 인정하지 않는다. 좋아하는 일에 매달릴수록 잘하는 기회를 잃어버릴 수 있다. 좋아한다는 이유로 수입은 무시하고 계속 붙들고 가기에는 인생의 짐이 너무 버겁다.

이것저것 시도해보며 좋아하는 일보다 잘하는 일에 몰입할 수 있고, 지속할 수 있는 일을 찾아야 한다. 사이클 선수들도 처음에는 세발자전거를 타고 넘어지면서 타는 법을 배운다. 선수로 성공하려면 포기해야 할 일이 한두 가지가 아니다. 선수 생활에 조금이라도 방해되는 일은 철저히 차단해야만 집중할 수 있다. 아무리 유능한 사람이라도 한 번에 두 가지 일을 잘할 수 없다.

인간은 그냥 현실로 사는 게 아니라 꿈을 갖고 현실을 산다. 인간은 과거가 아니라 미래를 위해 집중할 때 존재감을 느끼는 존재다. 내가 무엇이 되어 어떻게 살고 싶다는 이야기가 꿈이고, 더디지만 소망하는 계획이 멈추지 않고 앞으로 나아갈 수 있다는 믿음이 오늘을 살게 한다.

꿈이 없는 인생은 오아시스 없는 사막을 걷는 것처럼 절망스럽다. 오늘 다음 내일을 어떻게 맞이하고 보낼까에 대한 설렘과 두근거림이 매일은 불가능하지만, 일주일에 한두 번은 윤활유처럼 필요하다. 작은 것에서부터 감사와 기쁨을 찾으면 주위에 널려 있다. 작은 것들이 모여 큰 것으로 연결되어 있다는 것을 알게 된다.

현실의 관습에서 탈피하는 상상을 할 때 다름이 나온다. 앨빈 토플러(Alvin Toffler)는 "미래는 예측하는 것이 아니라 상상하는 것"이라고 했다. 상상은 누구나 할 수 있고, 제한이 없다는 말은 정답이 없다는 말이다. '크리에이티브 코리아(창조 한국)'를 외치면서도 한국 학생들은 한날한시에 정답이 정해진 똑같은 문제를 풀고 있다. 이런 방식으로는 창조 한국을 기대할 수 없다. 입시가 끝나고 나면 정답이 없거나 복수인 경우 국가적 '재난'이 일어난다.

작은 상자(한국)에서 정답을 찾을 것이 아니라, 지도 밖에서 길을 만드는 선도형 인재를 찾아야 한다. 우리 내부에서 정답을 찾다가 글로벌 경쟁에서 '기울어진 운동장(Unlevel Playing Field)'에서 경기하는 결과를 불러올 수 있다. 경기가 끝나고 나면 그때 기울어진 운동장을 이야기하는 사람이 많다. 자신은 약자이며, 불합리한 규정으로 처음부터 공정하게 적용되지 않았다고 주장한다. 이유 없는 무덤은 없다. 다만 변명을 위한 이유가 되면 발전이 없다. 같은 문제가 이유가 되지 않도록 변명을 포기해야 한다.

세계적으로 성공한 기업들도 처음에는 기울어진 운동장에서 경기를 할 수밖에 없었다. 운동장이 불공정하다고 불평하는 대신 기울어진 곳에서 잘할 수 있는 방법을 모색하고 적응하는 방법을 찾으면 유리한 곳에서 경기할 날이 반드시 온다.

내가 속한 회사를 비롯한 기업의 성공 기준은 매출과 영업이익이 얼마인가로 판단하게 된다. 나무를 보지 말고 숲을 보는 안목도 필요하다. '회사의 비즈니스 모델은 경쟁력이 있는가?', '재무제표는 건전한가?', '일 년 치의 주가 차트는 안정적으로 우상향하고 있고, 등락 폭이 크지 않은가?', '사업설명서는 실현 가능한 내용이고 비전이 있는가?' 이것은 대개 주식을 매수할 때 공부하고 검토하는 내용이다. 자신이 다니는 회사도 언제든지 열람이 가능하다. 여러분의 회사가 비전이 있는지, 없는지도 일 년 치의 재무제표와 차트를 보면 알 수 있다.

우리가 부자가 될 수 있는지 알려주는 공식이 있다. '나이×연봉×0.1' 공식에 따라 계산해보면 예상 가능한 금액이 나온다. 예를 들어 나이가 30세고 연봉이 5,000만 원이라면 30×50,000,000×0.1=150,000,000이라는 답이 나온다. 이 공식은 '예상 순재산'의 공식이다. 부채를 제외한 순재산이 예상 순재산보다 높다면 여러분은 앞으로 부자가 될 가능성이 높다. 반대라면 지금처럼 살면 부자 되기 힘들다는 뜻이다. 혹시 지금 재산이 적어도 너무 실망할 필요 없다. 부자가 될 수 있는 길이 있다.

첫째, 수입 이하로 살아라.

수입 이하로 살려면 무엇을 포기할 것인지부터 결정해야 한다. 부자 하면 떠오르는 이미지가 있다. 슈퍼카, 펜트하우스, 명품 등. 그런데 진짜 부자들이 이런 사치스러운 생활을 좋아할까? 조사에 의하면 고급 승용차를 모는 사람 중 86%는 부자로 간주될 만한 소득이나 순재산을 가지고 있지 않다고 한다. 대부분 '카푸어'라는 것이다. 물론 부자들 중 슈퍼카를 타는 사람도 있다. 그렇지만 과시적 소비가 부자들을 대표하는 이미지가 될 수 없다는 말이다.

현실 세계의 부자들은 대부분 검소하다. 부자의 방정식은 동서고금을 막론하고 자신의 수입 이하로 생활하는 것이다. 나는 부자라고 하면 '검소함'을 떠올린다. 검소함을 위해 가장 먼저 할 일이 있다. '적정 가격의 집'에 사는 것이다.

부의 축적을 가장 방해하는 것은 우리 집과 주변 환경이다. 부촌에 비싼 집에 산다면 거기에 걸맞은 생활을 요구한다. 그리고 제품과 서비스에 더 많은 돈을 요구한다. 이웃들의 소비를 보고 따라 한다.

"이 정도는 지출해도 괜찮아" 하며 지출을 늘리는 데 쉽게 동의한다. 사람은 끊임없이 비교하는 동물이다. 그러니 주변에 돈을 많이 쓰는 사람이 많다면 돈을 쓰지 않을 수 없는 상황이 생긴다. 온 동네 아이들이 학원을 3개씩 다니고, 고급 차로 픽업한다면 우리 아이만 외톨이로 키울 수 없지 않겠는가. 검소하기 위해 가장 먼저 해야 할 일은 환경설정이다. 환경설정은 무엇을 어떻게 할 것과 포기할 것의 목록을 정하는 것이다.

내 경제력에 맞게 집을 구하고 사람과 어울려야 한다. 그러면 어떤 집이 내 소득 수준에 맞는 집일까? 보통 '연 소득 5배 이내' 가격인 집에 살아야 한다고 한다. 연봉이 5,000만 원이라면 시세 2억 5천 이하의 집에 살아야 한다는 것이다. "요새 그런 집이 어디 있어?"라고 할 것이다. 맞는 말이지만, 비싼 집이야말로 통장에 돈이 남아나지 않는 길임은 분명하다.

《부자 아빠 가난한 아빠》의 저자 로버트 기요사키(Robert Toru Kiyosak)가 "당신의 집은 부채다"라고 말하는 이유가 있다. 실거주 집은 대출이자, 관리비, 수선비, 세금 등 호주머니를 가볍게 하는 부채다. 혹자들은 '뭘 모르고 하는 소리'라고 할 것이다. "좋은 동네의 집을 사놔야 집값이 많이 오르지"도 맞는 말이다. 그런데 살고 있는 집값이 오른다고 나한테 돈이 들어오지 않는다. 가격이 많이 올랐다는 마음의 위안일 뿐이다.

좋은 동네에 살다가 다른 동네는 가기 힘들어하는 게 인간이다. 좋은 동네에 사는 중산층과 부자는 다르다. 역설적으로 좋은 동네에 사는 중산층은 부자가 되기 어렵다. 부자는 일하지 않아도 돈을 벌어줄 자산이 있는 사람이다. 자산을 사려면 돈이 있어야 한다. 그래서 부자들은 검소하게 생활하며 자산 취득에 돈을 쓴다. 부유한 동네에서 살겠다고 대출금 내고, 소비도 동네 수준에 맞게 해서는 돈을 모을 수 없다. 부자처럼 보이려다가 정작 부자에서 멀어지고 만다.

당장 좋은 동네에 살지 않아도 된다. 돈을 모아서 부자가 되면 그때 살아도 된다. 부자처럼 보이려고 무리해서 지금 좋은 동네에 살 것인가? 아니면 진짜 부자가 되어 평생 부자로 살겠는가?

둘째, 생각하라.

성공하기 위해서는 생각을 바꾸어야 하는 것은 맞지만, 어떻게 바꾸어야 할지는 자신의 컨디션에 따라 결정해야 한다. 실제로 우리가 몰라서 못하는 경우는 거의 없다. 소중한 것과 덜 소중한 것, 전혀 소중하지 않은 것을 자신의 기준과 판단에 따라 결정되기 때문이다.

내가 생각했을 때는 소중하지 않은 것이 상대방은 소중할 수 있고, 반대의 경우도 있을 수 있다. 무엇을 가치 있게 여기는지, 자신이 어디에 흥미를 느끼고 관심을 가지는지 그걸 따라 가보면 기대하는 것을 쉽게 알 수 있다. 다만 우리가 인지(認知)하지 못하고 계발하지 못해서 알지 못할 수도 있다. 자신의 재능 밖의 일도 벅차지만, 재능을 제한하는 것은 성공의 기회를 놓치는 것과 같다. 할 수 없을 것이라는 두려움이 부정적인 생각을 불러온다.

문제의 한계는 생각의 한계에서 오기 때문에 대안을 찾기보다는 문제가 크게 보이고 쉽게 매몰되는 경향이 있다. 닭이 독수리가 되려고 애쓰면 애쓸수록 실패의 늪에 더 깊이 빠지고, 반대로 독수리가 닭이 되려고 하면 할수록 자신의 정체성을 잃어버리고 시간을 낭비하게 된다.

직장에서 특출하지는 않지만, 꾸준히 하다 보면 남들보다 유독 쉽게 할 수 있는 일이 한두 가지가 생긴다. 한두 가지를 확장하면 잘하는 것이 늘어나고, 전체를 조망하는 눈을 가지게 된다. 소중한 것을 얻기 위해 포기하는 것만큼 얻게 되어 있다. 집중하기 위해 필요한 것은 더 중요한 것을 찾는 것이다. 소중한 것을 할 때 행복을 느낀다. 직장에서도 자신의 존재를 좋아하고 잘하는 일로 증명하고자 한다.

친구 중에는 야생화를 관찰하려고 카메라를 메고 나설 때가 가장 행복하다는 친구가 있는가 하면, 골프를 하거나 산행을 할 때가 가장 행복하다고 하는 친구들이 있다. 이 행복을 찾기 위해 많은 과정을 거치면서 포기해 소중한 것이 된 것이고, 행복을 주는 요소가 되었다.

직장에서도 포기할 것을 얼마나 제대로 포기하고, 할 수 있는 일에 시간과 열정을 쏟아부으면서 공부하고, 몰입했는가에 따라 여러분의 포지션이 완전히 달라질 것이다.

상상은 누구나 할 수 있는데
왜 안 하는가?

이 지구상에 인간만이 유일하게 생각할 수 있을 뿐만 아니라, 누구에게나 상상할 수 있는 능력이 있다. 그리고 상상을 현실로 만들 수 있는 시간도 공평하게 주어졌다. 인간에게는 가장 중요한 '생각할 수 있는 능력'과 '공평한 시간'이 주어졌다. 성공적인 삶을 살기에 가장 필요한 자원은 공평하게 부여되었기 때문에 어떤 환경에서도 성장하고 성공할 수 있다. 생각의 힘을 장려하고 시간 관리에 성공하면 어떠한 목표도 이룰 수 있다. 상상하고 꿈을 이루는 시간이 있으면, 누구나 인생을 멋지게 살아갈 수 있도록 설계되었기 때문이다. 그래서 상상할 수 있는 자유와 시간은 돈으로도 살 수 없도록 만들었다. 각자 불우한 환경에서 자랐다고 계속 불우하게 살아야 한다면 얼마나 불공평한가. 한 번 실패했다고 계속 실패자로 살아야 한다면 꿈이라는 단어와 성공이라는 말이 없었을 것이다.

나는 직장에서 일을 잘할 수 있는 방법을 계속 상상하고, 도전할 것이 무엇인지 목록을 만들어 실행하기 위해 시간을 어떻게 투자할 것인지 생각했다. 동료들 중 가장 먼저 승진하는 것을 목표로 도전하기로 했고, 다음은 일을 잘하기 위해 박사 과정을 마치는 계획을 세웠다. 어렵지만 할 수 있겠다 싶었는데, 점점 업무가 많아 공부할 시간이 절대적으로 부족했다.

한 학기를 쉬면서 다시 생각해보기로 했지만, 업무 상황이 좋아지지 않아서 지도 교수님께 고충을 말하고 포기하려고 했다. 교수님은 어깨를 두드려주면서 "지금까지 잘해왔잖아. 조금만 참고 버티어보게, 지금 포기하면 영원히 학위를 못 받을 뿐만 아니라, 평생 두고두고 후회할걸세."

나는 교수님의 진심 어린 격려에 힘을 얻고 다시 시작하기로 마음먹고 시간을 나누고 쪼개서 잠을 줄이고 어렵게 박사 학위를 받을 수 있었다. 그리고 나보다 더 어려운 환경 가운데서 공부하는 동료가 있어 동기부여가 되었다. 학부 비전공자로 석사 과정부터 어려운 시기를 거쳐왔기 때문에 어지간한 일은 일로 여기지 않을 정도였다. 한계를 만날 때 성장하고 단단해진다는 것을 배우게 된 계기가 되었다.

내가 근무했던 IBM의 모토는 'Think'이다. 생각의 영역을 넓히기 위해서 다음과 같은 테마가 있다.

독서하라(Read)

경청하라(Listen)

토론하라(Discuss)

관찰하라(Observe)

생각하라(Think)

이 다섯 개의 테마가 핵심 원칙이었다. 글로벌 기업들이 인공지능 산업에 사활을 걸고 연구하고 투자하고 있다. 인공지능의 출발점과 핵심은 '인문학의 이해'에서 찾아야 한다며 인문학 공부가 한때 열풍이었다. 인문학 공부는 사람에게 끊임없는 생각을 유도하고 문제에 접근하도록 만든다. 인문학의 진정한 가치는 살면서 생각하는 것이 아니라 생각(Think)하면서 살 수 있도록 유도하는 사유(思惟)의 학문이라는 것이다. 인문학이 가져다주는 생각의 힘이 얼마나 위대한 일을 하는가를 깨우쳐준다.

IBM의 창업자 토머스 왓슨(Thomas John Watson)은 1914년 취임 후 C-T-R이란 회사의 이름을 'Think'로 정한 후 상상(생각) 중심의 기업으로 바꾸면서 1957년 매출 1조 원을 기록했고, 1972년 미국 1위 기업으로 도약했다.

이 영향을 받아 빌 게이츠도 마이크로소프트(MS)에 'Think Week(생각 주간)'를 정하고 영감을 불어넣었다. 스티브 잡스도 애플의 사훈을 'Think Different(다르게 생각하라)'로 정하고 세계에서 가장 혁신적인 기업으로 성장시켰다. 사고의 영역을 허물지 않으면 혁신적인 시나리오와 아이디어가 기회를 얻을 수 없다.

왓슨은 "기업의 성패는 직원들의 재능과 열정을 끌어내는 능력에 따라 좌우된다"고 했다. 그 중심은 'Think(생각)'에서 찾을 수 있다고 생각을 했던 것이다. 나는 '생각은 불가능을 가능하게 만들 수 있다(Ideas Can Make The Impossible Possible)'는 것을 IBM에서 경험하고, 상상력이 기업의 혼을 불어넣고 앞으로 나아가게 한다는 것을 알 수 있었다. 상상력은 모든 것을 가능하게 만든다. 상상의 아이디어로 라이트 형제는 하늘을 날았고, 헨리 포드(Henry Ford)에게 자동차를 만들게 했다. 그리고 가장 중요한 부분은 이 아이디어를 여러분이 가질 수도 사용할 수도 있다는 것이다.

모든 건 가능하다. 단지 안 된다고 생각하는 것은 불가능으로 남을 뿐이다. 그리고 한 가지 약속할 수 있다. 못한다는 생각을 10%만 줄여도 할 수 있는 일이 너무 많아진다. 지금 여러분이 뭘 하는지는 중요하지 않다. 진정으로 원하는 일을 하며, 성취하는 게 중요하다. 그리고 더 중요한 건 분명 그렇게 할 수 있다는 것이다. 이미 엄청난 성공을 했더라도 더 크게 성공할 수 있다. 왜냐하면, 여러분에게는 무한한 잠재력이 있고, 그 한계는 아무도 설정할 수 없기 때문이다.

만약 여러분이 실패만 했다고 하더라도 전혀 상관이 없다. 이제 과거는 과거에 묻어라. 그리고 우리가 누군지 더 이상 물을 필요가 없다. 어디서 무얼 했는지 중요하지 않다. 지금 뭘 할 건지에만 집중하면 된다. '의지' 하나면 충분하다. 의지는 우리의 정신적 능력으로 집중할 수 있도록 해준다. 여러분도 원하는 일에 강렬한 의지가 있다면, 아이디어를 찾고 자연히 집중하게 된다. 의지는 성공에 주파수를 맞출 것이고 필요한 모든 것을 끌어당길 것이다.

그리고 내가 찾은 한 가지 비밀은 정한 목표가 이루어질 거라고 지금 믿을 필요가 없다는 것인데, 계속 '반복'하다 보면 결국 믿게 된다. 거짓말도 자신에게 계속 반복하면 믿게 되고, 거짓말 같은 상상을 하게 된다.

철학자 윌리엄 제임스(William James)는 "믿으라, 믿음이 사실을 만들어낼 것이다"라고 했다. 모든 건 이미 존재한다. 원하는 모든 것이 바로 우리 안에 이미 있다. 이 사실을 알고 믿고 받아들인다면, 인생을 어떻게 살 것인가? 이게 여러분을 향한 질문이다. 이제 결정하라. 원하는 건 뭐든 할 수 있을 것이다. 왜냐하면 할 수 없는 것은 원하지 않기 때문이다.

나의 목표가 이루어질 것을 생각하면 들뜨고 기분이 좋아 설렌다. 목표를 이루기 위해 가능한 방법들을 다 동원할 수 있는 마인드와 열정, 그리고 시각화로 스스로 그걸 이룰 수 있다고 진짜로 믿는 사람만이 할 수 있는 일이다. "나는 2025년까지 부서장이라는 목표를 이루고, 2030년에는 연봉 3억 원에 도전하겠다"라고 말하고 시각화하라. 그런데 정작 스스로는 "과연 5년 안에 내가 무슨 방법으로 목표를 이룰 수 있을까?"라는 의심이 한 번이라도 들면 그 꿈에서 멀어지기 시작한다. 우리가 하는 무의식 속에는 '안 되어도 내 탓은 아니야! 그래도 시도해봤잖아!'라며 남들 하는 것처럼 하면 된다는 매너리즘(Mannerism)에 쉽게 매몰되어버린다. 마치 나와는 상관없는 일을 상상하고 있는 것처럼 하면, 열정이 없는 것은 당연하고 설레는 게 더 이상하다.

그렇다면 믿을 수 있는 목표를 세우는 것이 좋다. 연봉 1억 원이 스스로 믿어진다면 그렇게 바꿔보라. 목표는 항상 비현실적이다. 현실적으로 다가갈수록 목표가 아니라 일상이 되어버릴 확률이 높아진다. 그런데 '비현실적'이라는 것 역시 개인마다 기준이 다를 수 있다. 믿음은 원래 비현실에서 시작한다. 누군가에게는 1억 원이 현실적이지만 누군가에게는 비현실적일 수도 있다. 지극히 현실적인 곳에 초점을 맞춘다면 거창한 목표를 세울 것 없이 하루의 스케줄(Schedule)을 성실히 소화하면 된다. 옆에 있는 사람은 다이어트로 5kg을 감량했다고 하는데, 자신은 2kg도 다이어트를 할 수 없는 사람이 널려 있다. 다이어트가 안 되는 사람들은 '비현실적'인 이야기로 받아들이기 때문에 시도하지 않는 것이 당연하다. 자신이 상상하는 것처럼, 달라진 자신의 모습에서 설레는 감동은 언제나 비현실적인 것에서부터 시작한다. 만약 비현실적인 목표가 어렵게만 느껴진다면 세 가지를 해보라.

첫째, 매일 큰 소리를 내어 반복적으로 말하라.
둘째, 목표를 손글씨로 반복해서 써보아라.
셋째, 시각화하며 구체적인 그림을 그리고 상상하라.

지금 현실은 힘들더라도 끝까지 잘 버텨야겠다는 마음이 지속될 수 있도록 동기화하는 것이 중요하다. 그런데 '버티고 견딘다'라는 생각이 들 때 아무리 긍정적으로 생각하려고 해도 쉽지 않은 것은 사실이다. 중요한 건 오래도록 지속할 수 없다는 것이다. 그런데 여러분이 평소에 당연하다고 생각해서 신경조차 쓰지 않았던 것들에 대해 감사하고, 미래에 원하는 것이 이미 이루어진 그 모습을 상상하면 미래가 아닌 '지금' 현재를 버티는 게 아니라 '설레이는 과정'으로 인식할 수 있다. 왜냐하면 미래에 특정 좌표에서 여러분이 지금 원하는 그것을 이미 이루고 잘 살아가고 있다. 원하는 곳에 이미 도달한 그 지점에 하루하루 점점 가까워지는 중이기에 기대가 되고, 설레는 것이다.

과거의 여러분이 한 수많은 선택의 결과들이 쌓이고 쌓여서 지금 여러분이 된 것이다. 그리고 그렇게 똑같이 지금부터 앞으로의 해나갈 수많은 선택이 쌓이고 쌓여서 미래의 자신이 되는 것이다. 그런데 매번 최선의 선택을 하지 못하고 차선을, 차선이 아닌 차차선을, 어떨 때는 결과적으로 최악을 선택하기도 한다. 이렇게 좋지 못한 선택들이 차곡차곡 쌓인 미래는 어떤 모습일까?

반대로 어렵더라도 하지 않으면, 안 되는 절박한 마음으로 항상 100%는 아니더라도 최선의 선택을 계속해나간다면 몇 달, 몇 년, 어쩌면 십 년 후 여러분의 결과 값은 정말 충격적일 정도로 큰 차이를 보일 것이다.

환경을 극복하고 외부 압력을 헤치고 나간다는 것은 생각만큼 만만치 않다. 몸과 마음을 일정한 상태로 계속 유지하기가 점점 힘들어지면 어디론가 피하고 싶을 것이다. 나는 직장 생활이 힘들 때 투명인간이 되었으면 좋겠다는 생각을 여러 번 했다. 내가 힘들면 다른 사람도 힘들기는 마찬가지다. 힘들지 않게 보일 뿐이다.

나는 가끔, 어려운 환경에서도 성공을 위해 그들이 버티고 견디며 목표를 향해 달려갈 때, 나는 그 시간에 편하고 익숙한 일에 매몰되어 있지 않았는가 되돌아본다. 그들이 의미 있고 가치 있는 일을 할 때 나는 무엇을 했는가 생각하면 '이건 아니다'라고 말할 수밖에 없을 때가 있을 것이다. 여러분이 평소에 당연하다고 생각해서 신경조차 쓰지 않던 일이 세상에는 당연한 것이 없다는 것을 깨우쳐주기도 한다.

당연한 결과로 흘러갈 것을 알면서도 멈추지 않고, 필연을 과장한 우연이 길 바라는 허약한 선택이 앞으로 나아가지 못하게 한다. 그 중심에 여러분이 있다면 빨리 벗어나야 한다. 편안함을 허용해달라는 뇌의 요청에 노라고 응답하라. 육체적인 편리한 방법에 동의를 요구할 때 단호히 거절하고 바른 생각이 지배하는 삶을 이끌고가야 한다.

생각이 지배하는 것과 그렇지 않은 차이는 길을 알고 찾아가는 것과 모르는 길을 찾는 것의 차이다. 성공과 실패를 나누는 기준점이 된다는 사실을 기억하라. 패자는 항상 시작하고 나서 생각하고, 승자는 생각하고 나서 시작한다.

직장에서도 절실한 방법을 동원하지 않아도 할 수 있는 것들이 많다. 그 일을 이루었다고 해서 설레고 두근거릴 이유도 없다. 그리고 반드시 '할 수 있을 것 같은 일'은 누가 해도 열심히 하는 것처럼 보인다. 왜냐하면, 책상에 앉아 계획하고 생각할 일이 없기 때문에 바쁘게 움직이는 일이라 늘 분주하다. 그 수준의 일은 굳이 계획을 세우고 결심할 필요가 없어 편하게 일할 수 있다.

쉬운 길을 선택하지 말고, 어려운 길을 선택하고 도전하라는 것은 성공한 사람 모두가 그렇게 했기 때문이다. 고난의 시간을 거쳐 고통스러운 터널로 지나온 사람들이 과거에도 있었고, 지금도 있다는 사실은 나도 능히 통과할 수 있다는 말이다. 도전의 시간은 내 인생에서 무엇이 중요하고, 중요하지 않은지를 알게 되는 계기가 되고, 이런 깨달음이 내 인생을 진짜 중요한 것에 집중하게 하는 강한 동기부여가 될 수 있다. 마음가짐에 따라 세상은 다르게 보이기 시작한다. '손에 망치를 들고 있으면, 온 세계가 못으로 보인다'는 말이 있듯이 세상은 내가 생각하는 대로 보인다. 똑같이 길거리에서 사람을 봐도 신발 장수는 신발만 눈에 띄고, 군대 보낸 부모의 눈에는 군복을 입은 군인들만 보이고, 소매치기는 지갑만 보인다.

따라서 반드시 직장에서 성공하겠다는 마음을 먹으면 잘해야 하는 일이 무엇인지 보인다. 잘하는 일은 더 잘하도록 노력하고, 부족한 것은 부족한 것 때문에 업무에 지장을 주지 않을 정도로 실력을 쌓아야만 미래가 있다. 직장에서 가장 중요한 게 뭔지 생각해보고, 그렇게 하나의 목표에 집중한다면 미래는 여러분들을 환영하며 성공의 문을 활짝 열어줄 것이다.

'부의 양극화'보다
'지적 양극화'를 걱정하라

양극화는 다양한 분야에서 오랫동안 이어져왔고, 앞으로는 더 심화될 것이다. 전 세계가 소득 불균형을 걱정은 하지만, 격차를 줄이기는커녕 점점 벌어지고 있어 어디서 답을 찾아야 하는지조차 모른다. 양질의 일자리가 턱없이 부족하다. 일반적인 일자리도 AI와 로봇이 대체하고 있어 점점 줄어들고 있는 실정이다. 법조계에 있는 친구들은 AI와 GPT가 설 자리를 침범하고 있다고 걱정하고 있다. AI의 방대한 자료 정리와 연산 능력으로 판결문을 작성하고, 판례 인용, 실무 편람, 법령 분석 등을 하며 법률 시장에 뛰어들어 일손을 줄이고 소송도 할 정도다. 법조인을 비롯한 많은 법률 종사자들의 자리를 위협하고 있다.

경제적 양극화의 원인은 복잡하고 다면적이다. 기술발전, 세계화, 노동 시장의 변화는 부의 격차를 가져다주고, 기술발전은 고도의 숙련된 근로자에 대한 수요를 증가시켜 저숙련 근로자들이 설 자리를 잃게 만든다. 이것은 필요한 기술을 가진 사람들과 교육을 받은 사람들의 수요가 많고 더 높은 급여를 받을 수 있는 반면에 일반적인 근로자들이 할 수 있는 일이 줄어들어 양극화를 만들어낸다.

세계화로 인건비가 낮은 국가로 제조업 일자리를 아웃소싱하고, 인건비가 높은 우리나라의 경우 아예 기업의 생산공장 자체를 해외로 이전하는 '오프쇼어링(Off-shoring)' 기업이 점점 증가하고 있다. 정부는 대기업들이 왜 신규 투자를 해외에 하는지 많이 생각해야 한다. 여러 가지 이유가 있겠지만, 높은 법인세, 고임금, 강성노조, 52시간 근로제가 발목을 잡고 있다. 해외 생산기지 이전으로 대기업의 고급 기술이 해외로 유출되는 동시에 우리 국민이 많은 일자리를 잃게 되는 역차별을 받고 있다.

국가에서 '해외진출 국내 복귀 기업의 U턴 지원제도'라는 명칭으로 리쇼어링(Reshoring) 정책을 추진하고 있으나 근본적인 제도 개선 없이는 허구에 불과하다. 제조업 기업들이 인건비, 세금, 인프라 때문에 해외로 나갔는데, 다시 돌아오려면 그에 합당한 인센티브를 해주어야 U턴을 할 수 있다. 금융위기 이후 제조업 경쟁력 강화를 위해 미국은 U턴 기업에 설비 투자 세제 감면을 해주고, 제조업체에는 25%의 우대 세율을 적용해 효과를 보고 있다. 그리고 일본과 영국, 프랑스는 리쇼어링 정책에 법인세 인하와 노동 시장 개혁을 단행해 실질적인 성과가 나타나고 있다.

해외에 투자를 늘리고 있는 대기업의 양질의 일자리 유출을 막을 수 있는 제도적 장치가 시급하다. 해외 기업 유치는 못할 망정 내보낸다는 것은 문제가 많다. 일본의 경우 '잃어버린 20년' 이후 경제회복을 위해 대기업 규제를 과감하게 완화하고, 재정지원정책을 펴면서 리쇼어링하는 기업이 많아 다른 나라의 교과서가 되고 있다.

양극화는 사회의 불안을 조장하고, 정치적 갈등, 지역 이기주의, 계층 간 갈등, 빈곤율이 증가해 사회의 '악의 축'이 된다. 경제 양극화를 해결하려는 다양한 노력이 필요하다. 그중에서도 숙련된 인력 양성을 위한 다양한 훈련 교육 프로그램 운영, 양질의 일자리를 늘리기 위한 정책적 결단, 고용 안정 정책, 인력 고용 기업에게 세제 혜택 등의 방법이 있을 것이다.

양극화는 개인에게만 해당되는 문제가 아니라 국가 간에도 적용된다. 젊을 때 더 넓은 곳으로 갈 수 있으면 많은 것을 볼 수 있다. 미국 메이저리그 선수의 평균 연봉과 한국 프로야구 선수의 평균 연봉을 비교할 때 미국이 37배나 많이 받고, 일본 프로야구 선수들은 9배를 많이 받는다. 내 역량을 키우면 상상하는 곳으로 얼마든지 나갈 수 있다. 세계는 여러분들이 생각하는 것보다 넓고, 영감을 주는 사람도 배울 것도 많은 세계가 여러분 앞에 펼쳐져 있다. 그 세계로 나아가기 위해 다음을 실천해보자.

첫째, 목표를 구체화하고 시각화하라.

지루할 정도로 많이 들었고, 뻔한 소리로 들릴 수 있다. 한편으로는 많이 듣는다는 것은 그만큼 중요하다는 뜻이다. 우리의 보편적인 인사가 "밥 먹었느냐?"이다. 매일 때마다 밥을 먹지만, 의미와 가치를 따질 필요가 없을 정도로 중요하다는 뜻이다. "왜, 밥을 먹는가?"라고 말하는 사람이 없기 때문이다.

신입 시절에 상사에게 매일같이 '오늘의 계획표'를 적어내고 설명하는 것이 참으로 고역이었다. 뻔한 일을 하는데 무슨 특별한 계획이 있는 것처럼, 시키면 하는 일이 고작이고, 내가 어떤 계획을 세워서 임의로 할 수 있는 일이 없는 데도 말이다. 시간이 지나고 나서야 왜 그 일을 계속하라고 했는지 알 수 있었다. 같은 일을 하면서도 기계적으로 움직이지 말고, 다른 생각을 하고 아이디어를 적어보라는 뜻이었다. 잠재의식을 일깨우기 위해 구체적으로 글로 쓰고, 또 써보면 일기를 쓰는 것같이 사실화가 된다.

뇌는 상상과 현실을 구분하지 못한다. 무서운 이야기를 들으면 그 무서운 상상만으로도 몸에 소름이 돋는 것 같은 실제 반응을 한다. 남을 속이기는 힘들지만, 자신을 속이기는 쉽다는 말이다. 그래서 수시로 목표를 이루었다는 상상을 하면 뇌는 그 목표를 이루었다고 인식하게 되고, 어느 순간부터는 그 목표를 이루는 것이 당연하다는 확신이 들게 된다. 이렇게 목표 달성이 당연하다고 느껴지는 순간부터 성취 확률이 비약적으로 높아진다.

처음 미국에서 트레킹을 했을 때, 초행길이라 잘 모르기 때문에 완주까지 험한 산세와 힘든 고비를 맞았을 때 쉽게 포기해버리고 싶은 마음이 들었다. 하지만 한 번 완주해봤던 코스라면 전에 완주했던 기억이 저장되어 있기에 강한 확신이 있어서 훨씬 수월하게 느껴지고 포기하지 않게 된다. 내가 못할 것 같다는 의심이 들면 계속해서 못할 수밖에 없는 이유들이 떠오르고, 내가 할 수 있다는 확신이 있으면 어떻게든 방법을 찾게 된다. 사람들은 자신감이 있거나 확신을 가질 때 전력을 다해서 목표를 향해 나아가는 믿음이 생긴다.

성공할 수도 있고, 실패할 수도 있다는 마음이 들면 일단 피하고 싶어하는 인간의 '손실회피 성향' 때문이다. 이런 심리 때문에 손실의 가능성이 있고 불확실한 일은 가급적 시도를 미루거나 안 하고 싶어한다. 지금 시대에는 이 손실회피 성향을 역행해야 성공할 수 있다. 할 수 있다는 강렬한 욕망이 손실회피 성향을 극복하고 능력을 100% 발휘할 수 있게 만들어준다.

둘째, 독서도 경청이라는 사실을 잊지 말자.

나의 경험과 경청은 한계가 있기 때문에 지속적으로 시각을 넓혀줄 수 있는 것은 독서밖에 없다. 경청은 듣고 싶은 말을 듣는 것이 아니라, 들어야 할 말을 듣는 것이다. 때로는 듣고 싶은 말일수록 더 크고 달콤하게 들린다. 편향적인 시각이 있으면 리더는 균형감각을 잃는다.

현대는 TV나 컴퓨터 등의 각종 영상에 익숙해진 젊은이들이 책을 멀리하고 있다. 지식, 정보, 기술, 태도 등 독서를 통해서만 배울 수 있는 것이 분명있다. 인간은 읽기와 듣기를 통해 마음을 길들이고, 보다 정교한 생각을 이입해 자기 것으로 만드는 능력이 내장되어 있다. 결국, 부의 양극화도 누군가의 생각이 짧고, 지식이 부족해 창의적인 생각이 멈추었기 때문에 일어나는 현상이다. 지식의 양극화는 기술을 보완하는 것처럼 금방 습득되는 것이 아니다. 그래서 독서를 습관화했던 사람들이 결국 성공했다.

워런 버핏은 매일 500페이지씩 책을 읽고, 일론 머스크는 우주선 관련 책들을 독학해서 전문가 수준의 지식을 쌓았다. 빌 게이츠, 마크 저커버그, 에이브러햄 링컨(Abraham Lincoln), 앤드류 카네기(Andrew Carnegie) 등 우리가 아는 성공한 사람들은 거의 모두가 바쁜 중에 시간을 만들어서 책을 읽는 독서광이다.

소프트뱅크의 손정의 회장이 중학교를 마친 뒤 홀로 미국 유학에 나선 것도 시바 료타로(司馬遼太郎)가 쓴 대하소설 '료마가 간다' 시리즈를 읽고 감명을 받아서다. 그는 자신도 역사 속 인물인 료마처럼 큰 세상을 만나고 싶다고 생각했고, 곧바로 미국으로 떠난다. 손정의 회장은 책을 손에서 놓지 않았으며 읽은 책이 약 4,000권에 이른다고 한다.

제프 베이조스 아마존 CEO는 세계에서 가장 큰 서점을 만들겠다는 목표로 아마존 닷컴을 창업하고, 회사 내에 자신을 포함한 임원들만 구성된 독서 모임을 운영하는데, 이 또한 우연이 아니다. 독서를 통해서 성공한 사람들의 일대기를 보며 그들의 도전과 열정을 간접 경험할 수도 있고, 그들이 원대한 목표를 이루는 과정을 보면서 자연스럽게 시각화하고 뇌에 각인시킬 수 있다. 그래서 항상 독서를 하는 사람들은 목표에 대한 동기부여가 강하고, 남들보다 큰 꿈을 목표로 담대한 도전을 이어가는 사람들이다.

일곱 살에 투자 서적을 읽기 시작해서 열한 살에 시립도서관의 모든 책을 섭렵한 워런 버핏이 어려서부터 투자와 사업을 성공한 것도 독서의 힘이었다. 워런 버핏처럼 큰 시련 없이 성공한 사람을 보면 모두 책을 많이 읽었던 사람들이다. 그 이유는 책을 통해서 이미 여러 사람의 인생을 간접적으로 살아봤기 때문이다. 시간당 수십, 수백억 원을 벌 수 있는 그들이 값비싼 시간을 투자하면서 굳이 독서를 하는 이유는 독서 그 이상의 가치가 있다고 생각하기 때문이다. 진정한 부자가 되기 위해 독서는 반드시 필요한 가장 중요한 일이다.

최고의 리더들은 자신을 설득해줄 거인을 만나기 위해 끝없이 책 속으로 여행을 떠난다. 그들은 책을 통해 더 넓은 세상을 꿈꾸고, 그릇을 키우기 위해 자신의 지식과 경험이 얼마나 좁은가를 깨우쳐주기를 원한다. 실제로 책을 읽지 않으면 생각이 맴돌 뿐 시간이 지나면 이내 흩어져버린다. 대화할 때도 읽었던 책 내용이 떠오르지 않을 때가 가장 당황스럽다.

셋째, 사건을 거꾸로 해석하는 능력을 키워라.

미국의 연방 대법원장이었던 존 로버츠(John Roberts)의 인상적인 졸업 연설 내용을 소개하면, "졸업 연설자들은 대게 행운을 빌어주고 덕담을 합니다. 저는 그러지 않을 것입니다. 저는 가끔 당신이 부당한 대우를 받기를 바랍니다. 그래야 정의의 가치를 알게 될 테니까요. 또한, 여러분이 배신당하기를 바랍니다. 그래야 신의의 중요성을 배울 수 있으니까요. 미안한 말이지만 저는 여러분이 때로 외롭기를 바랍니다. 그래야 친구들을 당연하게 여기지 않을 테니까요"라고 했다.

사기를 몇 번 당해보면, 서로의 믿음이 얼마나 중요한지, 신중함이 왜 필요한지 알게 된다. 직장 내에서도 부당한 대우를 받는다고 생각하는 사람이 공정한 대우를 받고 있다고 생각하는 사람보다 훨씬 많다. 그 이유는 직장이나 사회 구조가 원래 그렇다고 생각하기 때문이다. 자신의 입장에서 해석하면 객관적 시각이 언제나 실종된다. 행복을 갈망하고 소중히 여기는 사람은 불행을 경험한 깊이만큼 행복을 느낄 수 있다.

넷째, 진리는 평범하다는 사실을 기억하라.

성공한 이야기와 부자가 된 이야기들은 사실 많이 들어본 평범한 이야기에서 시작된다. 자칫 지루하고 따분할 수밖에 없는 이야기로 가득하다. 즉, 말하지 않아도 알 것은 다 안다는 말이다. "아는 것을 적용하고 실천하는 게 문제지, 몰라서 못 하는 것은 없다"는 말은 맞다. "할 것 같았으면 벌써 했지, 지금까지 안 했겠어요?"라는 말도 맞다.

자신에게 주어진 하루하루를 어떻게 보내는가를 보면 미래의 지도가 그려진다. 작지만 중요한 일은 오늘부터 충분히 시작할 수 있다. 오늘 계획을 세우는 일부터 시작하면 된다. 내일은 더 구체적으로 계획을 세우면 해야 할 일이 늘어나고, 그렇게 일주일을 채우게 된다. '우리에겐 언젠가 좋은 날이 올 것이다'라는 막연한 믿음은 허상이다. 그렇게 올 것이라면, 벌써 왔을 것이다. 어렵게 생각할 것 없다. 지금 하고 있는 일 중에서 반드시 해야 하는 일부터 시작하라. 그런 다음 할 수 있는 것부터 먼저 시도하라. 무엇이든 시작해야만 가능성이 열리고, 불가능하다고 생각했던 것을 해낼 수 있는 용기가 생긴다. 한 번에 한 가지씩 일을 하는 것은 굉장히 중요하다.

그럼 매일 꾸준히 해야 하는 일은 뭘까? 또한, 자신이 원해서 하는 일은 뭘까? 사람들 모두는 너무 바쁘게 살며, 하고 있는 일을 잘하고 산다고 생각한다. 해야 하는 일을 하면서, 정말 좋아하고 잘하는 일을 하면서 바쁘면 좋은 시그널이다.

다섯째, 위험 감수자가 되라.

성공한 사람은 대부분의 사람이 두렵거나 용기가 없어 몸을 사리는 동안 위험을 감수한 사람이다. 성공한 사람은 '계산된 위험 감수자'다. 즉 위험을 감수할 충분한 시나리오를 만들어 감당할 때는 최악의 상황까지 염두에 둔다는 말이다. 위험을 감수하지 않고 안전하게 할 수 있는 일은 이미 누군가 하고 있을 가능성이 높다. 먼저, 오늘 할 수 있는 일을 찾으면 된다. 오늘 할 일을 미루지 말고, 차근차근 하다 보면 생각보다 더 많은 일을 해내고 있는 자신을 발견하게 될 것이다. 시간이 해결해줄 것이라는 기대를 버리지 않으면 시간은 여러분을 어디로 끌고 다닐지 모른다. 우리는 고난의 골짜기를 빨리 지나기를 원한다. 고난의 언덕을 제대로 넘기만 한다면 나머지는 저절로 해결되고, 정리될 것이다.

때로는 최선의 삶보다는 절망하지 않는 수준으로 기대치를 낮추고 안정된 삶에 초점을 맞추려고 할 것이다. 그러나 그런 방식에 쉽게 길들여지면 무엇 하나 제대로 할 수 없는 것들이 늘어난다. 성공의 길은 절망할 때도 있고, 분노할 때도 있고, 위험을 감수해야 할 때도 있다. 이 순간을 자원해서 즐길 필요는 없지만 받아들이고, 고통의 강을 건너는 순간에도 하고 싶은 일을 한다면, 여러분은 분명 남이 하지 못하는 일을 할 것이다. 더 많은 기회를 얻기 위해 더 많은 '위험 감수자'가 되어야 한다. 양극화는 단순한 이분법으로 만들어지는 것이 아니라, 대가를 충분히 지불할 의지에 대한 결과다.

V. 무엇을 위해 일하는가?

명퇴와 상관없는
전문가가 되라

모든 사람들의 꿈이 행복하게 사는 것이다. 행복의 조건에는 여러 가지가 있다. 그중에서도 직장에서나 종사하는 직업에서 만족감이 없다면 삶의 절반이 충족되지 못한다는 뜻이 된다. 일정한 조건을 충족해야 행복을 느끼기 때문에 본성에 따라 행복을 느끼기는 쉽지 않다. 행복하려면 먼저 일에서 만족하는 법을 배워야 한다.

"잘하는 일을 찾았는가?"
"하는 일을 사랑하고 있는가?"
"능력을 인정받고 있는가?"
"앞으로 비전은 있는가?"
"결과에 대한 보상은 만족하는가?"

첫째, 보람된 일을 하며 몰입하고 있는가?
둘째, 좋은 사람들과 함께 하고 있는가?
셋째, 내가 하는 일을 충분히 설명할 수 있는가?

넷째, 자신의 일에 전문가인가?

말콤 글래드웰(Malcolm Gladwell)의 '1만 시간의 법칙'이 조명을 받고 있는데, 이에 따르면 매일 3시간씩 1년에 1,000시간을 훈련할 경우 대략 10년이 걸리고, 이 정도로 훈련을 쌓아야 전문가 소리를 들을 수 있다는 말이다. 그런데 단순히 시간만 들이는 것과 분명한 목적의식이 있는 사람의 차이가 있다. 단순히 좋아서 하는 일과 목적의식을 갖고 하는 일에는 다른 결과가 기다리고 있다.

꿈을 꾸는 것은 쉽지만, 꿈을 이루는 것은 어렵다. 어려운 난간을 헤쳐나갈 용기가 없으면 꿈꾸는 것으로 만족하는 게 좋다. 어렵게 일하는 것을 싫어하는 사람이 훨씬 많기 때문에 성공한 사람을 만나기 어렵다. 성공한 사람은 고난을 즐길 만큼 내공을 가지고 태어난 것처럼 보이지만, 우리와 똑같은 성정(性情)을 가진 사람이다. 그들도 쉽게 편하게 일하고 싶고, 그건 누구나 마찬가지다.

한국에 존재하는 직업의 종류는 한국직업사전에 따르면 2019년 기준 16,891개라고 한다. 이렇게 다양한 직업이 있다는 걸 알았다면, 여러분들의 직업도 바뀌었을지도 모른다. 우리는 아이들에게 "공부만 열심히 해라"라고 하지, 아이가 무엇을 잘하고 어떤 사람이 되면 좋은지, 세상에 어떤 직업들이 있는지도 모르고 있다. 하나님이 각자에게 고유한 달란트를 주셨기 때문에 아이들에게 "너는 뭐가 되었으면 좋겠어"라고 말하지 말고, "네가 좋아하고 잘하는 일을 찾아서 할 수 있었으면 좋겠어"라고 말해주었으면 한다.

미국에 존재하는 직업의 종류는 31,286개로 우리나라의 거의 2배지만, 미국과 유럽의 경우 각각 현재 존재하는 직업의 42~47%가 향후 15년 이내에 사라질 것이라고 한다. '블루칼라'도 '화이트칼라'도 아닌 '뉴칼라' 계급이 생길 것이다. 직업도 흥망성쇠를 거듭하면서 사라지는 직업이 있으면, 새로 생기는 직업도 있다. 사람들은 직장을 다니면 직업이 있다고 여긴다. 직장이란 남이 만들어놓은 조직에서 일하는 것이고, 직업은 직장에 소속되어 있든지, 사업을 하든지 자신의 고유한 일을 통해 재화를 창출할 수 있는 '업'을 말한다. 오랫동안 직장 생활을 했지만, 퇴직하면 수입이 단절되는 절벽을 경험하게 된다면 직장은 있었지만, 직업은 없었던 것이다.

직장에서 전문적인 직업이 없으면 퇴근 후에 하고 싶은 일을 위해 1~2시간 공부하고 기술을 배워서 경력 단절이 오지 않도록 준비해야 한다. 앞으로 정규직을 늘리고 고용을 보장하는 기업은 찾아보기 힘들 것이다. 대안으로 기술과 전문성을 가지면 직장에서 필요한 인력으로 더 오래 근무할 수 있다. 기술이라고 하면 이공계일 수도 있겠지만, 경제·경영에도 전문가 그룹이 있어 함께 회사를 이끌어간다. 남들이 쉽게 할 수 없는 것을 할 수 있다면, 경쟁력과 차별성이 전문가로 만드는 것이다.

우리나라에서는 몇 년 전까지 만 55세였던 정년이 60세로 연장되어 법적으로 당연히 보장되어 있지만, 대부분의 사람은 50세 전후로 퇴직을 한다. 한 직장에서 오랫동안 근무한다고 해서 좋은 것도, 짧게 한다고 나쁜 것은 아니다. 마찬가지로 정년이 빨라진다고 반드시 나쁜 것도, 좋은 것도 아니다. 일자리가 없어진다는 뜻은 아니기 때문이다. 퇴직을 걱정하는 사람들은 전문직이 없기 때문이다.

우리나라 직장의 평균 정년 나이는 52.6세로 그것마저 정년의 나이가 10년 사이에 53세에서 49세로 줄었다. 앞으로 줄어들면 들었지, 늘어나지는 않을 것이다. 정년이 올 때 서둘러 준비하면 늦다. 명예퇴직은 사전적 의미로는 사직(辭職)과 비슷한 의미지만 실제로는 큰 차이가 있다. 사직은 근로자가 자발적인 의사에 의해 그만두는 것을 의미하지만, 명예퇴직은 회사가 사직을 권유하고 근로자가 이를 수락하는 형태로 이루어진다. 권고사직에서 자유로우려면 최소한 2~3년 전에 하고 싶은 일을 계획해 준비하는 방법밖에 없다. 넋 놓고 있다가 당황하지 말고 기업에서 필요한 직업을 가지면 여러분이 원하는 만큼 직장 생활을 할 수 있다.

"뭐가 문제인데 불안해 하는가?"
"남들이 명퇴한다고 나도 명퇴해야 하는지, 눈치가 보여서 말이지."
"퇴직 걱정을 안 하는 방법이 있지 않은가?"
"회사에 꼭 필요하고 중요한 일을 하도록 준비하는 것 말이지?"
"퇴직해도 그 전문성으로 어디서든 일할 수 있지 않은가!"

회사에서는 나이가 들어 연봉은 올라가는데 자기계발을 하지 않으면 당연히 패러다임을 따라갈 수 없기에 사직을 종용받을 수밖에 없다. 내가 원하는 회사를 찾을 게 아니라, 회사가 나를 필요로 하는 전문가가 되어야 한다.

나는 36년간 직장 생활을 했다. 그리고 내가 원해서 퇴직했다. 회사에서는 좀 더 있어주기를 원했지만, 내가 뜻한 바가 있어 사직하고 나왔다. 그런데도 한동안 우울증 비슷하게 무기력해졌다. 새벽에 눈을 떠서 아침 일찍 어디를 가야 한다는 환청에 시달리기도 하고, 한동안 길을 잃어버린 듯한 공황이 생기기도 했다. 그래서 더 바쁘게 움직이기로 하고 스스로에게 생각할 틈을 주지 않으려고 했다. 명퇴를 하신 분들의 이야기를 들으면, 자신의 시대가 막을 내리는 듯한 허무함과 다시는 되돌아갈 수 없는 직장 생활이 역사의 뒤안길로 사라지는 초라함이 오버랩된다고 한다. 직원들이 존중해주고, 지시에 따라주고, 챙겨주었는데, 그런 사람이 없는 텅빈 방에서 작아지는 자신을 발견하게 된다. 그래서 하던 일을 멈추면 급격하게 늙는다는 말이 맞는 것 같다. 그만큼 직장이 삶에 미치는 영향이 크다는 것을 알 수 있다.

누구나 직업전선에 뛰어들어야 할 운명이지만, 직장이 우리의 삶을 윤택하게도 하고, 초라하게도 할 수 있다. 어떤 이는 직장에 다니기 싫다고 하면서 계속 다닌다. 그리고 하는 일이 마음에 들지 않는다고 하면서도 그 일을 계속하고 있다. 직장이 싫으면 그만두고, 하는 일이 마음에 들지 않으면 다른 일을 찾아야 정상이다. 그렇게 버티면서 직장 생활을 하면 결국 돌아오는 것은 한숨과 후회뿐이다. 험담하면서 다니는 사람은 자기 얼굴에 침을 뱉으며 다니는 것과 같다. 생각을 바꾸든지, 직장을 바꾸든지 선택해야 할 것이다.

2011년 조사에 따르면 정년까지 채우고 퇴직한 사람이 11%였고, 2020년에는 7.5%에 불과하다. 그 외에는 모두 명퇴한 사람들이다. 그만큼 패러다임을 따라가기가 어렵다는 말이며, 쓰임 받을 전문성이 없다는 말이다. 나이가 들면 만사가 귀찮아지지만 공부를 게을리하고, 책을 손에서 놓으면 안 된다. 리더의 영향력이 미흡하거나 줄어들면 다른 리더에게 넘어가는 것이 직장의 생태계다. 말이 좋아 '명퇴(명예롭게 퇴직)'이지, 회사에서 사직을 권고해서 밀려나는 것이다. 보통 사람들이 꿈꾸는 삶은 일하고 싶을 때 일할 수 있고, 쉬고 싶을 때 쉴 수 있는 '워라밸'의 삶이다.

직장에서 올바른 직업을 가지고 나오면, 회사에서 받았던 연봉을 어디서든 받을 수 있다. 자신의 분야가 필요한 회사인가는 문제가 될 수 있지만, 만약 없다면 찾으면 된다. 연봉은 자신이 재화를 창출할 수 있는 능력의 몸값이다. 회사에서 퇴직하는 순간 다른 곳에서 연봉을 인정받지 못하면 몸값이 아니다. 관리직일 경우 자신만의 노하우나 기술로 인정받기 어렵다는 단점이 있어 직장은 있지만, 직업이 없는 경우가 많다. 만약 여러분이 직장에서 하는 직무와 상관이 없는 일을 직업으로 삼고 싶다면, 현재 직장에서 언제든지 이동이 가능하도록 해야 한다. 자신이 하고 싶은 일이 직장에서 하는 이 일과는 전혀 안 맞는 것을 아는 것도 성과고, 학습이다.

늦어도 30대까지 자신만의 직업을 찾고 계발하면서, 40대 중반부터는 남들이 쉽게 할 수 없는 일을 해야 한다. 자신의 분야에서 10년 이상의 커리어가 쌓이면, 다른 영역으로 확장할 수 있는 시각이 열린다. 그러면 점점 그 분야에서 직업으로써의 만족도가 높을 뿐만 아니라 좋아하고 잘하는 전문가가 될 수 있다.

20대는 자신이 좋아하는 일을 위해 이렇게 저렇게 시도해볼 수 있다. 새로운 시도를 해볼 수 있는 시간과 에너지가 있기 때문이다. 20대는 50:50에서 좋아하는 것과 하고 싶은 것의 비중을 절충하면 답을 찾기가 쉽다. 그런데 30대 중반 이후는 20대와는 환경이 달라 여러 가지 제약이 따르고, 절대적인 시간이 부족하다. 그래서 좋아하는 것과 할 수 있는 것의 비중을 30:70으로 해, '할 수 있는 것'에 치중해야 나중에 '잘하는 일'이 되어 성공할 확률이 높다.

그렇다고 싫어하는 일을 굳이 할 필요는 없다. 좋아하면서 잘하는 일이면 좋겠지만, 좋아한다고 잘한다는 보장이 없기 때문에 먼저 해야 할 일에 최선을 다하면, 할 수 있는 일이 보이고, 그중에 잘하는 일이 있기 마련이다. 내가 좋아하는 야구팀이 후반까지 지다가 마지막에 역전 홈런으로 승부를 뒤집으면 감동하고 환호하면서 쌓였던 스트레스를 날린다. 그런데 내가 좋아한다는 이유만으로 타석에 들어섰을 때 삼진을 당할 것이 뻔하다면, 타석에 들어서는 게 두렵고 피하고 싶을 것이다. 좋아하지만 즐길 수는 없고, 성과를 낼 수 없다면, 좋아하는 것이 어떤 의미가 있는지 생각하게 된다.

좋아하는 팀이 이겨서 기분은 좋지만, 그 기분은 오래 가지 못한다. 나와 직접적인 연관이 없고 보상이 없으면, 그냥 스트레스를 푸는 용도로만 만족해야 하는데, 그러기에는 너무 많은 시간을 투자해야 한다. 결국, 좋아하는 데 대한 비용을 지불하는데도 아무도 관심을 가져주지 않는 청중의 한 사람일 뿐이다.

'홈런? 근데 그게 뭐? 지금 내 현실과 무슨 상관이 있지? 내가 역전 홈런을 친 것도 아니잖아. 남이 홈런을 쳤다고 해서 내 인생에서 바뀌는 것이 뭔데? 저들의 성과가 내 성과가 될 수 없고, 내 문제가 저들의 문제가 될 수 없는데!'

지금까지 남의 일에 박수를 쳐주었지만, 정작 나는 박수를 받아본 적이 없다. 현실에서는 내 문제인 것처럼 열광했지만, 경기가 끝난 뒤에는 내 현실적인 문제는 그대로 남아 있다. 생각해보면 경기 내내 응원했지만, 나에게 어떤 보상이 있고, 오랜 시간을 투자해서 얻은 것은 무엇인가? 생각하면 텅 빈 운동장만큼이나 공허함을 느끼게 된다.

혹자는 스트레스를 풀 수 있다고 한다. 그러면 좋아하는 팀이 경기에서 질 경우 스트레스가 더 쌓이면 어떻게 해야 하는가? 또 다른 스트레스를 풀기 위해 술이라도 한잔해야 하나? '경기장에서 살다시피 하는 사람도 있고, 그 가족도 있는데 뭐' 하면서 넘어갈 것인가. 내가 진정으로 좋아하고 잘하는 일이 있다면, 아무런 소득도 없는 일에 낭비할 시간이 없다.

나는 한때 좋아하는 골프를 할 때 중요한 일이 있어도 미루고 골프를 치러 갔다. 남의 게임을 지켜보면서 스트레스받지 말고, 자신의 게임에 집중해보면 몇 배는 재미가 있다. 남에게 쳐주던 박수를 이젠 자신에게 쳐주면 자신도 박수를 받을 만한 존재라는 것을 알게 된다. 여기까지 열심히 달려온 자신을 칭찬하고 격려하라. 스스로에게 "매 순간 최선을 다하기 위해 노력한 당신에게 박수를 보낸다"고 말해보라.

좋아하고 잘하는 일에는 정년이 따로 없다. 목표를 가지면 건강해지고, 영원한 현역이 될 수 있다. 사람이 늙는다는 것은 생각에서 오는 경우가 대부분이다. 영원한 현역이라 생각하면 젊은이들의 눈높이도 맞출 수 있다. 반대로 나이는 젊지만, 늙은이처럼 생각하고 행동하는 사람이 있다. 미국에서는 70세가 한창이라는 말이 유행할 정도로 노익장을 과시하는 사람들을 많이 봤다. 그들은 일을 손에서 완전히 놓을 때가 은퇴하는 것이라고 했다. 타율적(강제적) 은퇴가 아니라 자율적(자발적) 은퇴를 하는 것이다.

지금 위대한 일을
시작하기에도 벅차다

해가 지는 것을 보려면, 해가 질 때까지 기다리지 말고 해가 지는 쪽으로 가야 한다. 미국 LA에서 시내가 한눈에 내려다보이고 일몰이 가장 환상적인 그리피스 천문대(Griffith Observatory)는 별을 보는 천문대보다 일몰 명소로 더욱 유명한 곳이다.

회사 동료들과 함께 영화 〈라라랜드〉의 추억을 회상하며, 어느 가을 오후 5시 그리피스 천문대에 도착했는데도 주차할 자리가 없어 빙빙 돌다가 좋은 자리는 이미 점령되어 아웃사이드에서 볼 수밖에 없었지만, 왜 사람들이 모여드는지 알 수 있었다. 저녁 하늘을 물들이는 노을이 일출과 일몰을 섞어놓은 듯한 장관이었고, 저렇게 환상적일 수 있다는 것을 처음 알았다. 여러 해 전에 석양의 아름다움을 보기 위해 말레이시아 코타키나발루를 여행했을 때 느낀 감동과는 다른 신비함이 있었다. 마치 핀란드에서 오로라를 보는 듯한 느낌이었다.

해가 지는 것을 잘 보려면 긴 차량 행렬을 뚫고 먼저 자리를 잡아야만 제대로 볼 수 있다. 해가 서쪽을 물들이는 시간은 너무나 짧다. 그럼에도 그 순간의 광경을 간직하려고 자리다툼을 한다. 인생에서 즐겁고 기쁜 날도 이와 같이 짧음에도 우리는 그저 흘려보내지 않고 그 순간을 의미 있게 보내려고 한다. 직장 생활을 할 때는 길었던 것 같았지만, 지나고 보면 어느 봄날에 꿈을 꾸는 것같이 그렇게 흘러갔다. 그렇지만 다시 직장 생활을 시작한다고 해도 전에 했던 것과 같이 영원히 살 것처럼 최선을 다할 것이다. 그리고 더 의미 있고 가치 있는 일이 무엇인가 생각하며, 좀 더 배려하고, 나누고 베풀면서 살도록 노력할 것이다. 돈은 이렇게 해도 줄어들지 않는다. 더 소유하고자 욕심을 부릴 때 있는 돈마저 떠난다.

꿈꾸던 것을 지금 시작하지 않으면 영원히 어둠 속으로 묻힐 수밖에 없다. 모든 사람에게 공평하게 기회가 주어지는 게 아니다. 빌 게이츠는 "인생이란 결코 공평하지 않다"고 했다. 공평이 가장 민주적이고 정의로운 사회의 모습 같지만, 가장 불공평한 시스템이 자본주의다. 태어날 때부터 어떤 사람은 가난하게, 약하게 태어난다. 반대로 어떤 사람은 부하게, 건강하게 태어난다.

워런 버핏은 "체력이 약한 내가 아프리카에서 태어났다면 사자 밥이 되었을 것이다. 내가 큰돈을 벌 수 있는 사회에 태어난 것은 정말 행운이다. 이 사회가 나를 부자로 만들어주었다"라고 했다. 불우한 환경을 딛고 성공할 수 있는 길이 열려 있는 자본주의 시스템이 역설적으로 공평하고 정의롭다.

평범한 일을 위대하게 만드는 사람이 있는가 하면, 위대한 일을 평범하게 만드는 사람이 있다. 사람들은 위대함을 평범한 일상에서 지금 찾으려고 하지 않기 때문에 과거를 답습하고, 현재에 얽매이고, 미래를 의미 없이 맞이한다. 행동경제학에 '프레임(Frame)'이라는 개념이 있다. 인간은 항상 객관적인 선택을 하기보다는 미리 정해진 '틀'을 기반으로 받아들이고 매인다. 예로 "나는 할 수 있는 것이 별로 없어"라는 프레임을 갖고 있다면, 할 수 없는 것들만 보이고 인생이 자연히 그렇게 흘러가도록 방치한다.

위대한 사람이 위대한 일을 시작하는 것이 아니라, 위대한 일을 시작하는 사람이 위대한 것이다. 눈에 보이는 거창한 일에서 시작되는 것이 아니라, 어쩌면 보이는 건 껍데기에 지나지 않는다. 눈에 보이지 않는 것들이 가장 중요하다는 것을 인식하기 시작할 때 기회는 주위에서부터 시작된다.

위대한 일은 사람의 마음을 얻는 데부터 시작한다. 세상에서 가장 어려운 일은 '사람이 사람의 마음을 얻는 일'이다. 내가 좋아하는 사람이 나를 좋아해 주는 건 기적이다. "나는 당신이 이 세상에 존재한다는 이유만으로 얼마나 기쁜지 모릅니다"라는 고백을 듣는다면 당신은 세상에서 가장 행복한 사람이다. 보이기 위함이 아니라, 진정한 마음의 씀씀이와 애틋한 사랑이 감동을 주고 영혼을 살린다.

나는 직장에서 직원들이 나를 얼마나 신뢰하고, 나를 어떤 리더라고 생각하는지 궁금할 때가 있다. 그들이 볼 때 리더의 역량이 있고, 배울 것이 있고, 따라 하고 싶은 것이 있는지 생각하면 자세를 가다듬게 된다.

"당신을 사랑한다"보다 "당신을 위해 기도하고 있다"고 할 때 감동하는 이유다. 사랑이란 상대적이고, 상황에 따라 얼마든지 바뀔 수 있는 에로스(Eros)나 필리아(Philia)적 사랑이다. 기도한다는 것은 당신의 좋은 점뿐만 아니라, 불리한 것까지도 품고 기도하겠다는 말이기 때문이다. 우리는 생각보다 이기적이라 아가페적인 사랑을 기대하다가는 상처를 받을 수도 있다.

좋은 사람을 찾지 말고 내가 좋은 사람이 되면 주변에 좋은 사람이 모인다. 사람을 사랑하되 받을 것을 너무 기대하지 말고 사랑하면 관계를 오래도록 지속할 수 있다. 친구에게 돈을 빌려줄 때 받을 것을 기대하지 않으면 관계를 원만하게 유지할 수 있는 것과 같다. 신실한 친구를 얻기 위해 여러분이 투자한 시간과 노력이 얼마나 많았는지 생각하면 알 수 있을 것이다. 직장에서도 좋은 리더, 좋은 동료가 되기 위해서는 섬김과 노력 없이는 불가능하다.

사람들은 돈이 많아야 큰일을 하고, 사람 마음을 얻고, 살리는 일을 할 수 있다고 생각한다. 물론 돈이 많으면 손쉽게 할 수 있는 일이 많을 것이다. 그러나 마음을 쓸어주고, 서로 공감하고 함께라는 공동체 의식을 가지는 것으로 마음을 얻을 수 있다.

위대한 일은 큰 그림을 그리기 위해서 물감을 아끼지 않는 것과 같다. 우리의 시야를 확장하기 위해서 외부에서 얻는 통찰력 즉, 아웃사이트(Outsight)가 필요하다. 내재적 가치는 인사이트(Insight)로 보고, 큰 비전을 향해 달려갈 때는 아웃사이트가 필요하다. 같은 일을 하더라도 인사이트에 오래 머물지 말고 아웃사이트에 두라는 것이다. 시작하는 일을 거시적(巨視的)으로 보면 나무에 시선이 고정되지 않고 숲을 볼 수 있다.

자신에게 주어진 일을 잘하면 잘할수록 일이 점점 쉬워지고, 점점 빨리 더 잘할 수 있다. 그래서 전문가가 된다. 그런데 명심해야 할 것이 있다. 리더는 이 일이 재미있고, 쉽기 때문에 새로운 일을 하려 들지 않는다는 것이다. 새로운 일에 적응하는 게 번거롭고 새로 시작하기 위해서는 도전해야 하기 때문이다. 익숙한 일에 안주하면 시야가 자꾸만 좁아진다. 익숙한 곳에 매몰되고 덫이 돼 자기계발을 포함한 다른 분야에서 성장을 방해하는 '능숙함의 덫(Competency Trap)'에 갇히게 된다. 따라서 리더는 외부의 확장을 통해서 가치를 평가받는 존재임에도 불구하고, 점점 내부적이고 사소한 문제에 매달리게 된다. 이런 경우를 '허브(Hub)'에 비유한다. 허브는 '안쪽(바퀴의 안쪽)을 본다'는 의미다. 돈이 어디에서 얼마가 들어왔는지, 누가 일을 잘하는지, 비용은 얼마나 빠져나갔는지에 집중한다. 많은 기업이 허브에 갇혀 외부에 눈을 돌리지 못하고, 내부에만 맴돌면서 성장을 멈추는 사례가 종종 있다.

그러나 덫에서 빠져나온 리더를 '다리(Bridge)'에 비유할 수 있다. 팀과 팀을 연결하고, 새로운 프로젝트를 개발하고, 협업이 가능한 분야를 기획한다. 모든 걸 직접 챙겨야 한다는 강박관념에서 벗어나야 기업의 시스템이 완성된다. 밖을 보면 도전해야 할 것밖에 보이지 않는다. 따라서 도전하려고 밖을 보는 것이다. 도전했다가 실패하면, 다시 도전하면 되지만 도전하지 않으면 평생 아무것도 할 수 없다. 시작하기가 두려운 것이 아니라, 도전하지 않아서 두려운 것이다. 인생은 도전의 연속이며 결국 도전하는 것이 인생이다. 겉으로는 도전하지 않은 것처럼 보이지만 결과적으로는 실패의 인생에 도전하는 것이다.

자기의 문제를 넘어서야만, 도전의 목표가 정해지고 특히 남을 아는 데 기준점을 가질 수 있다. 자신의 문제에 매여 시간을 다 보내면, 남을 돌아보고 챙길 수 없다. '내 코가 석자'인 사람은 절대로 리더가 될 수 없을 뿐만 아니라 앞으로 나아갈 수가 없다. 그래서 남을 아는 사람은 지혜로운 사람이라고 하고, 남을 이기는 사람은 능력이 있는 사람이라고 한다.

위대한 일은 폼나고 거창한 것으로부터 시작해야 한다는 생각이 우리가 위대한 사람이 못 되는 첫 번째 이유다. 그러나 모든 위대한 일은 사소하고 아무도 인정해주지 않는 허접한 일에서 시작해 그것을 충분한 '공감'을 넘어 '감당'해야만 완성된다.

사람들은 위대한 일을 하려다가 초라하게 시작해야 하는 걱정 때문에 아예 시도하지도 못한다. 초라한 것을 걱정할 게 아니라, 시작도 못 하는 용기가 없음을 걱정해야 한다. 초라하게 시작하면 더 이상 잃을 것이 없을 뿐만 아니라 실패해도 억울할 것이 없다. 진흙에서 피기에 연꽃이 아름다운 것이며, 천길 낭떠러지에서 피는 꽃이 더 아름다워 보이는 것이다.

거창하게 시작하는 것은 좋아 보이나 위대한 일은 초라하게 시작하지 않으면 건널 수 없는 강이 있기 마련이다. 10억 원으로 20억 원을 벌어도 잘한 것이지만, 가진 것 없이 바닥에서 일궈 20억 원을 번 것은 위대한 일이다. 10억에서 20억을 번 사람은 운이 따른 투자지만, 바닥에서 20억을 일군 사람은 땀의 결실로 부를 창출한 것이다.

대개 충분한 자금이 있는 사람은 사업에 총력을 기울이지 않는 경우가 많다. 왜 그런가? 절박함과 간절함이 없기 때문이다. 그 어떤 성공도 바닥을 보이지 않고 정점을 찍은 경우는 드물다. 경력이 화려하고, 고학력자일수록 창업하기 어렵다는 말이 있다. 주위 사람들이 그럴듯하게 시작하고, 반드시 성공하기를 원한다고 생각하기 때문에 초라하게 시작하는 것을 견디기 힘들어한다. 가장 바닥부터 시작한다는 대단한 각오로 뛰어들어야 하는데, 생각처럼 허물을 완전히 벗기가 쉽지 않기에 사업이 어렵다. 더욱이 바닥을 경험한 적이 한 번도 없는 사람은 용기를 내기가 어렵고, 두려움이 많을 수밖에 없다.

그 어떤 위대한 일도 허접한 일로부터 시작했다는 것은 사실이다. 가장 낮은 곳에 있을 때 남들이 보지 못한 것을 보고 경험하게 된다. 그때가 자신을 들여다볼 수 있는 가장 진실하고, 실제적인 시간이다.

도스토예프스키(Dostoevskii)가 감옥에서 《죄와 벌》, 《백치》 등의 불후의 명작을 창작했듯, 오 헨리(O. Henry)도 감옥에서 《크리스마스 선물》, 《마지막 잎새》 등의 탁월한 소설을 썼고, 존 번연(John Bunyan)이 《천로역정》의 영감의 우화를 생각해낸 곳도 바로 감옥이었다. 이들이 감옥에 있지 않았다면 이런 불후의 명작을 저술할 수 있었을까?

지금 하고 있는 일이 잘되지 않는다면 인위적이라도 바닥의 경험을 떠올려보거나 시각화해보라. 나는 어렵고 힘들 때 데모로 강제 징집된 험한 군대 생활을 추억하고, 직장 생활을 하며 학위를 받기 위해 절대적인 시간 부족으로 고통받았던 시간을 생각한다. 그리고 정신적으로 육체적으로 가장 힘들었던 경영학 학위를 받기 위한 늦깎이 유학 시절을 떠올리면, 못할 것이 하나도 없어 보인다. 그 이후로 힘들고 어려울 때는 그때를 떠올리며 전의를 다진다. 최선의 것을 선택할 때는 달려갈 충분한 명분이 있지만, 차선의 것은 그 일을 하면서도 자꾸 뒤돌아보게 된다.

자신의 생각과 말과 행동을 자기 통제 아래 둘 수 있는 사람이 직장에서 리더가 될 수 있다. 생각은 쉽고, 말도 쉽지만 가장 어려운 것은 생각과 말을 행동에 옮기는 것이다. 먼저 자기 자신을 통제할 수 없으면 남을 따라오게 할 수 없다. 만약 지금 하는 일이 잘되지 않더라도 그다지 위험한 게 아니다. 제일 위험한 것은 '가장 낮은 곳에서 시작하겠다'는 마음가짐이 없다는 것이다. 시작하고 실패하는 이유가 '실패할 수밖에 없다'는 절박한 태도로 하지 않기 때문이다. 실패는 방심하거나 느슨한 틈을 비집고 자만과 안일한 버릇이 자리 잡는다.

최선을 다해도 성공할 확률보다 실패할 확률이 더 높다. 그럼에도 도전하고, 최선을 다하는 이유는 최선은 더 나은 방법을 찾아주고, 잘할 수 있는 기회를 제공하고, 확률을 높여주기 때문이다. 자신이 좋아하거나 하고 싶은 일을 하는 것도 중요하지만, 사람들과 함께 할 때는 자신의 재능을 살려 잘하는 일을 해야만 함께 오래도록 갈 수 있다. 그리고 성공할 확률이 높다. 전문가로 자리매김하면 그때 자신이 좋아하는 일도, 그간 하고 싶었던 일도 잘하는 일에 연결하면 확장되고 시야가 넓어진다. 버킷 리스트(Bucket List)를 만들어서 죽기 전에 해보고 싶은 일에 도전해보면 자신의 이정표를 만들게 된다.

위대한 일은 상상했던 것을 지금 시작하는 것이고, 그다음은 그 일을 함께 하거나 조언을 얻을 수 있는 사람을 찾는 것이다. 나의 경험으로는 내가 생각했던 일을 시도하려고 할 때, 주변의 반응이 부정적으로 흘러가면 오히려 그 일을 성취하려고 더 노력해 성공으로 연결된 경우가 많았다. 반대로 주변 사람들이 잘될 것이라고 응원했던 일은 나의 노력과 능력보다는 외부환경에 갇혀 있는 시각이 방향을 흐리게 하고, 성장을 가로막고 있다는 사실을 알게 되었다. 실패하지 않았다고 해서 성공한 것이 아니다. 실패하지 않는 것을 목표로 하는 것은 실패를 목적으로 하는 것과 같다. 성공하지 못하면 실패한 것이다. 가장 나쁜 케이스가 중간지대다. 왜냐하면, 실패를 실패로 여기지 않기 때문이며, 가장 나쁜 것은 실패로부터 배우지 못한다는 것이다. 위대한 일은 실패를 딛고 일어서 성공을 향해 나아가는 것이다.

성공의 기준을
행복에서 찾아라

청년들은 자신의 청춘이 얼마나 소중한 시간인가를 알고 원하는 일에 집중하는 시간이 필요하다. 대개 부족함이 없이 자란 사람들은 큰 어려움 없이 무난하게 사는 것을 잘 살고 있다고 생각하는 경향이 있다. 이 말은 은퇴한 사람에게는 맞는 말이지만, 성장하는 젊은이들에게는 아니다. 평범한 것이 성공의 최대의 적이다. 최악의 삶을 살고 있는 사람은 평범한 삶을 추구했던 사람이다. 평범함은 실패를 거듭하며 좌충우돌하는 것보다 미래가 없다. 평범함은 곧 안일함이고 게으름이다.

청년들이 정녕 힘든 이유는 부단히 쌓아야 하는 스펙 때문이 아니라, 한 치 앞을 내다볼 수 없는 미래와 많은 선택이 그 앞에 놓여 있기에 불안한 것이다. 그러나 잊지 말아야 할 것은 미래가 불안한 이유는 역설적이지만, 그만큼 가능성이 열려 있기 때문이다. 선택할 것이 많으면 그만큼 스펙트럼이 넓다는 뜻이다. 다양하게 시도할 수도 있지만, 다양한 선택 앞에 자신의 정체성을 찾는 데 시간이 걸린다. 현재 선택지가 단순하면 고민할 것도 없는 만큼 대신 가능성이 줄어들고 나이를 먹는다는 뜻이다.

나이를 먹으면 젊을 때 할 수 있었던 일인데, 지금은 할 수 없는 일이 너무나 많다는 것을 알게 된다. 안 되는 이유가 점점 많아지는 것은 젊은 사람이든, 나이가 든 사람이든 안 좋은 시그널이다. 젊은 날 꿈을 위해 무언가를 저지르고, 성취하기 위해 좌충우돌하며 실패하면서도 포기하지 않는 기질이 미래를 열어간다.

우리나라에서 보통의 교육을 받는 사람일수록 안정된 직업을 가지고 안정된 삶을 살려고 한다. 2022년 SKY대 합격생 906명이 등록을 포기했고, 그중 상당수가 의대로 간 것으로 추정하고 있다. 앨빈 토플러는 "한국 학생들은 하루 15시간 동안 학교와 학원에서 미래에 필요하지도 않은 지식과 존재하지도 않을 직업을 위해 시간을 낭비하고 있다"고 지적했다. 따라서 정해진 길로 간다는 것은 결코 좋은 것이 아니다. 남들이 가지 않는 길이 힘들더라도 그 길을 가라. 내가 할 수 있는 일에 안주하지 말고, 하기 어려운 일에 포커스를 맞추어 생각하고 노력하라. 다양한 사람을 만나 경청하고 항상 배울 준비를 하라. 손에서 책을 놓지 말라. 인생에서 힘들 때는 자기보다 어려운 사람들을 쳐다보고, 잘 나간다 싶거든 자기보다 성공한 사람을 올려다보라. 여러분들이 죽을 것 같은 고통 속에 있을 때도, 여러분들보다 더 죽을 것 같은 어두운 터널을 지나는 사람이 있다는 것을 기억하라. 힘들다고 좌절하지 말고, 잘 나간다고 교만하지 말라는 뜻이다.

우리는 성공 스토리를 들을 때 화려한 결과에만 매력을 느낀다. 그런데 성공 뒤의 비하인드 스토리는 감추어지고 기억에서 희미해지기 마련이다. 성공을 오랫동안 유지하고 싶다면 익숙함에서 벗어나 초심으로 돌아가야 한다. 성공에 오래도록 도취되어 있으면, 이전의 삶으로 돌아가기가 점점 어려워진다. 오늘날 많은 부자가 초심으로 돌아가는 데 실패해 대를 이어 부자가 되지 못하는 것이다. 사랑도 익숙함에서 벗어나 처음으로 돌아갈 때 행복을 만날 수 있다. 직장에서 새로운 프로젝트를 수행하기 위해 야근까지 하면서 많은 인고의 시간 끝에 얻은 결과일수록 초심으로 돌아가 시작한 것들이다. 인생에서도 설렘과 벅찬 감동이 있는 사람과 없는 사람의 차이는 초심으로 돌아가느냐, 그렇지 않느냐의 차이다. '행복이란 불행에서 되돌아볼 때만 알 수 있다'라는 말이 있다. 가치를 제자리로 돌리는 데 가장 큰 적은 편안함과 익숙함이다. 인간에게 가장 치명적인 걸림돌은 타성적인 익숙함이다. 여기에 길들여지면 변화와 혁신에 둔감해지고 과거의 사람이 된다. 직장 생활에서 하는 일에 익숙해지면 타성에 젖게 된다. 나의 적은 내 안에 있다. 일에 익숙해질 때쯤 순환 근무를 자원해서 다른 부서에서 일해보는 것도 성장에 큰 도움이 된다. 나는 자원해서 3번 순환 근무를 했는데, 이 시간을 통해 생각보다 많은 경험과 지식을 습득했다.

행복은 단순히 불행을 피하는 것에서 만족하면 안 된다. 끊임없는 변화와 혁신에 눈을 감으면 육신은 늙고 생각도 녹슬어 이전보다 빠른 속도로 개혁의 대상이 된다. 행복을 맞이하는 세 부류의 사람이 있다.

첫째, 유일한 걱정은 이 행복이 언젠가 끝날 것이라는 두려움에 사로잡혀 있는 사람이다.

둘째, 지금의 행복을 행복인 줄 모르는 사람이다.

셋째, 있는 행복을 누리지 못하고 또 다른 행복을 찾는 사람이다.

모두가 불행한 사람들이다. 행복할 때 행복을 누리고, 만들어서라도 행복을 맞이하라. 행복은 성공과 함께 갈 수 있지만, 성공은 행복과 함께 갈 수 없을 때가 많다. 여러분도 알지 않는가? 성공한 부자들이 세상에서 가장 행복하게 보이지는 않는다는 것을 말이다.

인생에서 바닥까지 가보지 않은 사람은 소소한 일상의 소중함을 모른다. 감옥에 다녀오지 않은 사람은 지하 단칸방이 얼마나 천국인지 모른다. 아파 보지 않은 사람은 건강의 소중함을 모르고, 가난해보지 않은 사람은 돈이 얼마나 가치 있는가를 모르는 것과 같다.

사람들은 성공하면 행복할 것으로 생각한다. 반은 맞고, 반은 틀렸다. 성공한 사람들 중에 행복하다는 사람은 여러분들이 생각하는 것만큼 그리 많지 않다. 왜 행복이 어렵게 느껴지는가 하면, 성공하면 소소한 일상에서 감사를 찾고, 사람의 소중함을 알고, 행복을 누려야 되는데 목표지향적이라 그것이 잘 안 된다. 성공한 사람은 큰 목표에 대한 성취가 성공이라는 공식에 익숙해져 있기 때문에 작은 감사와 기쁨이 행복의 요건이라는 것을 무시한다.

행복은 성취에서 오는 것이 아니라 나눔에서 오기 때문에 적응이 안 되는 것이다. 사랑하는 사람과 일상을 오순도순 보내면서 작은 것에 감사하고, 기뻐할 줄 아는 사람이 행복한 사람이다. 큰 것에서 행복을 찾는 사람은 큰 것에서 더 큰 것을 추구하기 전에 내어줄 수 있는 것이 무엇인지 생각하지 않기 때문에 행복을 누리지 못하는 것이다.

모든 사람은 행복할 권리가 있다. 가장 많은 시간을 보내는 직장에서 먼저 행복하라. 그러면 가정에서도 행복하다. 직장에서 제대로 일이 풀리지 않아 우울하면 삶 전체가 불행할 수밖에 없다. 먼저 지금 할 수 있는 일에 감사하고, 배우고 성장할 수 있어 기쁘고, 함께 할 수 있는 동료가 있어 든든하다고 생각해보라. 직장이 마음에 안 들 수도 있고, 인간관계에서 상처를 받을 수도 있다. 직장에서 누구나 거쳐가는 과정이라고 생각하고 원인부터 찾으면 다 해결된다. 직장에서 행복하기 위해 생각만 조금 바꾸면 쉽게 해결될 수 있는 것이 있다.

그러나 행복은 나하고는 상관이 없다고 생각하는 사람이 많다. 불행한 경험을 많이 한 사람이 반드시 불행한 것은 아니다. 행복이 행복인 줄 몰라서 불행한 사람이 많으며, 자신이 얼마나 괜찮은 사람인지도 모른다. 반대로 불행을 불행으로 여기지 않음으로써 행복을 누리는 사람도 있다. 불행한 사람은 주로 불행한 순간을 언어화한다. 반면에 행복한 사람은 행복한 순간을 자주 언어로 고백한다. 행복을 희망 사항으로 남겨두는 사람이 있고, 그렇지 않은 사람이 있다.

내가 직장을 다닐 때는 힘든 것만 생각했지, 행복한 순간을 온전히 즐기지 못하고 감사하지 못했다. 오늘 일을 하고 나면, 내일 일을 걱정하기도 벅찬 시간이라고 여겼기 때문이다. 행복이란 원래부터 있다고 할 수도 없고, 없다고 할 수도 없다. 그것은 마치 땅 위의 길과 같은 것이다. 내가 길을 만들 수도 있고, 만들지 않을 수도 있다. 행복은 그런 것이다. 일상을 감사와 기쁨으로 여기면 행복의 기준이 된다. 누구나 초심으로 돌아가면 가지지 않아도 좋았고, 작은 것을 나누어도 행복했던 시절이 있었을 것이다.

행복에도 아픔이 있다. 목표를 이루기 위해 남모르는 고통과 희생이 있었기 때문에 직장에서 버티고 성공할 수 있는 것이다. 그렇다고 그 과정을 거쳐 오면서 불행하다고 말하지 않는 것은 성공의 과정이라는 것을 알기 때문이다. 불행에서 바라보면, 왜 우리는 행복해야 하는가를 알 수 있을 뿐만 아니라, 잔잔한 일상이 진정한 행복인 것을 알 수 있다. 성공의 기준에서 바라본 행복은 완전하지 않을 수도 있지만, 행복의 기준에서 바라보면 성공도 완성된다.

직장 내에서 동료들을 경쟁자가 아니라 협력자로 보면 함께 성장의 가치를 발견할 수 있다. 원래 좋은 사람, 안 좋은 사람은 없다. 단지 나하고 '맞는 사람'과 '안 맞는 사람'이 있을 뿐이다. 그래서 결혼도 자기가 좋아하는 사람이 아니라, 자기와 잘 맞는 사람과 해야 한다. 직장은 잘 맞는 사람을 선택해서 일하는 데가 아니라, 잘 맞지 않는 사람과도 일하는 곳이다. 화합하고 협력해서 결과를 만들어내기 위해서는 맞지 않은 사람과 협업하는 법을 배우는 곳이다.

성공에 대한 정의는 각자 다를 수 있다. 어떤 사람은 성공을 목표 달성으로 정의하고, 또 다른 사람은 부, 권력, 지위를 기준으로 성공을 측정한다. 돈이 많아 부자로 살 수 있으면 성공했다고 하고, 또 고위 공무원이 되거나 대기업의 임원이 되면 성공했다고 한다.

나는 주위에서 돈이 많아서 행복한 것이 아니라 오히려 불행한 사람을 종종 보게 된다. 성공한 줄 알았던 그들의 인생 전체가 부정당할 때, 그들은 가난할 때가 더 행복했다고 한다. 권력에 집착하면 화를 부르고, 돈을 사용하고 관리할 능력이 없는 사람에게는 돈이 불화의 근원이 된다.

버진 그룹의 창업자 리처드 브랜슨(Richard Branson)은 "진정한 성공은 얼마나 행복한가이다"라고 했다. 50억 달러의 재산가인 그가 보고 느낀 것은 진정한 성공의 의미는 정신적인 것에 가치를 두고 있다는 것이다. 워런 버핏도 "얼마나 많은 사람에게 사랑을 받고 있는가? 나는 그것으로 성공을 측정한다"라고 했다. 인간관계에서의 성공이 자신을 평가하는 기준이 된다는 말이다. 자신이 의미 있고 가치 있는 일을 하며 사는 것이 성공이라고 한다면 일하는 동안은 행복한 것이다. 진정한 성공은 개인의 목표 성취나 물질적 소유에 있지 않다는 것을 알 수 있다.

우리가 바라는 성공은 세상에 긍정적인 변화를 가져오고, 사람들에게 지속적인 영향을 주는 것이어야 한다. 연구에 따르면 다른 사람을 돕는 것은 행복감을 높이고, 스트레스 수준을 낮추며, 행복감과 만족감을 높일 수 있다고 한다. 세상에 선한 영향력을 미치고 긍정적인 차이를 만들 때 예상치 못한 장애물이 있지만, 이것이 목표를 향한 발걸음을 멈춰 세울 수 없다. 성공한 사람은 처음에는 모두가 실패자였다. 그러나 장애물을 걸림돌이라고 생각하지 않고 성장의 기회로 보고 더 도전하고 경험할 기회로 사용했다.

인간은 그냥 현실로 사는 게 아니라 꿈을 갖고 현실을 산다. 인간은 과거가 아니라 미래를 살 때 꿈을 꾼다. 내가 무엇이 되어 어떻게 살고 싶다는 이야기가 꿈이고, 인간은 꿈을 현실로 만드는 삶을 살 때 행복을 느끼는 존재다. 꿈이 없는 무미건조한 인생은 오아시스 없는 사막을 걷는 것처럼 절망스럽다.

직장에서 시계만 쳐다보며 퇴근 시간을 기다리고, 스트레스를 풀려고 주말을 온전히 보낸다면, 가면 갈수록 성장을 가로막는 지겨운 일이 될 것이다. 유일한 낙이 월급을 받는 것과 휴가를 가는 것이라면 직장을 걷어차고 나오는 게 자신을 위해서도 좋다. 직장에서 할 수 없어서 못하는 것과 게으르고 나태해서 못 하는 것은 다른 문제다. 처음부터 잘하는 사람이 없기 때문에 의욕만 있으면 얼마든지 할 수 있다. 그러나 타성이 습관화된 사람은 다른 사람에게도 영향을 미치게 된다. 시간이 지나면 아무도 나를 원하지 않는다는 고독감을 느끼게 된다. 모든 사람에게 외면당했다는 느낌이 들 때는 이미 늦다.

직장에서 동료들끼리는 서로 싫은 소리를 안 한다. 생각이 왜곡되어 있다면 스스로 깨우치고 잘못을 보완할 기회가 여러 번 찾아오지 않는다. 직장에서 성공하려면 '관심'을 갖고, '관찰'하고, '관계'를 중시하는 '3관'을 놓쳐서는 안 된다. 좋은 관계를 유지하는 것만으로도 직장에서뿐만 아니라, 사회에서도 절반은 성공한 것이다. 누구나 할 수 없는 일은 있지만, 관계는 누구나 성공할 수 있기 때문에 변명은 설득력이 없다. 실패의 원인인 자기 중심적인 생각과 태도에서 벗어나 섬김과 배려의 마음가짐만 가지면 된다. 결국, 남을 섬기는 것은 곧 나를 섬기고 배려하는 것으로, 작은 것들이 모여 성공의 기준을 높이는 행복이 된다. 행복은 미래의 목표가 아니라 현재의 선택이다. 행복을 미래의 목표를 설정하는 순간 현재의 불행을 경험하게 된다.

직장을 다니는 이유는 단순히 먹고사는 것을 넘어 행복하기 위해서고, 그래서 우리는 자신을 희생하고 노력한다. 행복하기 위해 직장을 다니고, 사회생활을 하고, 가정을 꾸린다. 이런 일련의 행위가 행복에 초점이 맞추어져 있다. 그럼에도 성공한 사람 중에는 일부만이 행복을 성취한다는 사실을 잊지 말자.

약점을 강점으로
바꾼 사람들

　성공한 사람은 약점도 없고 뛰어난 재능을 가졌다고 여긴다. 사람마다 약점이 없는 사람이 없다. 약점이 없는 것처럼 그렇게 보일 뿐이다. 핸디캡 때문에 더 노력해 극복한 사람은 많다. 베토벤은 귀가 멀어 자신의 연주곡을 듣지 못하는 치명적인 약점을 가지고 있었다. 만약 여러분의 가족이 청각장애로 음악을 하겠다고 하면 뭐라고 하면서 뜯어말리겠는가?

　헬렌 켈러(Helen Keller)는 들을 수도, 볼 수도, 말할 수도 없었으나 남들이 들을 수 없고 볼 수 없는 것을 볼 수 있다고 늘 하나님께 감사했다. 영어 외에 라틴어와 프랑스어, 독일어를 습득해 비장애인도 힘들다는 래드클리프 대학(1977년 하버드 대학과 합병)을 졸업하고, 여성 인권운동가이자 저명한 작가로 소외된 사람을 위해 평생 헌신했다. 논리대로라면 좋은 환경에서 자랐다면, 모두가 완벽한 삶을 살아야 하는 게 맞다. 그런데 완벽한 인생은 허물이 많은 사람이 변화되고, 극복하는 삶의 여정에서 아름다운 꽃을 피우는 것으로 증명한다.

　8,000곡 이상의 찬송가를 쓴 시인이자 선교사인 패니 크로스비(Fanny Crosby)는 태어나서 얼마 되지 않아서 의사의 실수로 눈이 멀었다. 돌보던 남

편도 일찍 죽게 되고, 끝없는 고난 가운데서도 영감적인 찬송시를 썼다. 어느 날 기자가 "나중에 당신이 눈을 뜨면 무엇을 할 거냐?"라고 물었을 때 그녀는 "나는 눈을 안 뜨겠다"고 대답했다. 기자가 "눈을 뜨지 않으면 어떤 좋은 점이 있습니까?"라고 물었을 때, "나는 눈을 감았기 때문에 여러분이, 눈 뜨고 사는 사람이 보지 못하는 세계를 보고 살았다"고 고백했다.

패니 크로스비는 그런 환경에도 원망과 불평 대신 감사기도를 하고 있었다는 게 놀랍다. 그녀의 기도 때문에 전쟁이 일어나지 않는지 어떻게 알겠는가? 정말 간절한 한 사람의 기도 때문에 이 땅에 천재지변이 일어나지 않고, 옆에 있는 내가 멀쩡하게 살아갈 수 있다고 생각해본 적이 있는가? 그래서 우리는 기도하는 사람에게 감사해야 한다.

학위 받는 것을 포기하려고 결심할 즈음에 극복할 이유가 생겼다. 휠체어를 타고 등하교를 하는 동료가 있었는데 시력과 청력이 약할 뿐만 아니라, 걸을 수 없어 가족의 도움을 받아서 공부하고 있었다. 나는 그 학우를 보면서 '나의 한계는 여기까지인가?'라는 생각이 들었고, 나 스스로 정한 한계의 크기가 그 학우의 절반에도 못 미친다고 생각하니 부끄러워 "어렵다", "힘들다"라는 말을 하지 않고 다시 마음을 추스르고 도전했던 경험이 있다.

미국에서 학위를 받을 때도 스미스라는 친구의 영향을 많이 받았다. 스미스는 태어날 때부터 맹인으로 수업을 듣고, 점자로 공부해 박사 학위를 받았다. 나는 이 친구에게 학문에서는 배울 수 없는 도전과 용기를 배웠다. 이 친구가 한 말이 지금도 생생하게 기억에 남는다.

사람들이 예수님에게 "이 사람이 맹인으로 난 것이 누구의 죄로 인함입니까?"라고 물었을 때 예수님은 "그 부모의 죄로 인한 것이 아니라 그에게서 하나님이 하시는 일을 나타내고자 하심이라"고 했다. 스미스는 "그에게서 하나님이 하시는 일을 나타내고자 하심이라"는 구절을 보고 자신도 용기를 내어 도전하게 되었다고 했다. 지금 그 친구는 UN연합사무국의 인권위원회에서 일하고 있는데, 그 일을 하나님의 소명이라고 여기고 있다고 했다. 헬렌 켈러의 "맹인으로 태어난 것보다 더 불행한 것은 시력은 있으나 비전이 없는 것이다(The Only Thing Worse Than Being Blind Is Having Sight But No Vision)"라는 말이 이 친구에게 비전이 왜 필요한가를 가르쳐주었다.

정말 비전은 마술과 같다. 비전은 품은 뜻이 이루어지도록 미래의 가능성을 확장하는 것이며, 크고 대담한 생각을 펼치는 것이다. 그렇기에 비전 없는 하루하루의 삶은 캄캄한 터널을 지나는 것과 같다.

고통은 기쁨의 한 부분이다. 평범하고 기름진 땅보다 절벽이나 척박한 땅에서 피어난 장미가 더 향기롭고, 따뜻한 곳에서 자란 나무보다 모진 추위를 견딘 나무가 더 푸르다. 호두와 밤은 서로 부딪혀야 풍성한 열매를 맺고, 대추는 바람이 불어서 흔들어주어야 하고, 보리는 겨울을 지나지 않으면 잎만 무성할 뿐 알곡이 들어차지 않는다. 따라서 고통은 기쁨의 한 부분이라고 할 수 있다.

나에게는 고비 때마다 늘 돌아볼 수 있는 기회를 준 '껌딱지' 같은 좋은 인연이 있어서 다시 일어설 용기를 얻었다. 그래서 나는 지금도 껌딱지를 붙여달라고 기도한다. 그들 덕분에 남들은 보지 못하는 것을 볼 수 있었다. 또한, 무언가를 성취하기 위해서는 임계점(Critical Point)을 넘어설 때까지 노력해야 원하는 결과가 나타나거나 목표를 이룰 수 있다는 것을 알게 되었다.

아직 성공하지 못했다면 절대적 시간과 노력이 임계점에 도달하지 못했기 때문이다. 물이 기체가 되는 임계점이 100도다. 99도까지는 액체 상태였던 물이 100도가 되는 순간, 기체 상태의 수증기가 된다. 물과 수증기는 전혀 다른 물질이라고 할 수 있다. 액체에서 기체, 기체에서 수증기가 되는 과정은 마치 애벌레가 번데기로, 번데기가 나비로 변화하는 과정과 같다.

연애에서도 임계점을 넘어서면 결혼에 골인하게 된다. 무관심에서 어떤 계기로 관심이 싹트고, 관심이 사랑으로 발전하고, 사랑이 믿음으로 확신될 때 인생을 통째로 맡기는 것이다. 물론 착오로 잘못 맡겨 환불(?) 사태가 빈번하게 일어나지만, 누구를 탓하겠는가!

대부분의 사람은 임계점에 도달하기 전에 포기하고 만다. 실제로 불가능을 가능한 것으로 만드는 방법은 없다. 불가능은 불가능한 것이다. 어떤 누가 달려들어도 안 되는 것은 안 되는 것이다. 인간이 할 수 있는 것도 많지만, 할 수 없는 것이 훨씬 많다. 불가능한 것을 붙들고 해보겠다고 도전하는 것만큼 무모한 것은 세상에 없다. 반면, 우리에게는 어렵지만 할 수 있는 것이 널려 있다. 문제는 사람들이 가능한 것을 불가능한 것으로 생각한다는 것이다. 불가능하다는 생각이 존재하면, 그 사람에게는 불가능한 것이다. 지치지 않고 임계점에 도달하기 위해서는 다음의 여섯 가지를 기억해야 한다.

첫째, 목표가 분명해야 한다.

'어떤 목표를 어떻게 이룰 것인가'도 중요하지만, 더 중요한 것은 '이 목표를 이루는 데 나의 에너지와 자원은 충분한가?'다. 나는 이 목표를 이룰 수 있는 충분한 능력이 있고, 내재된 잠재력을 발휘해 돌파할 수 있는 에너지가 있는가를 먼저 점검해야 한다. 대부분의 사람들은 자신의 능력을 과대평가하거나 과소평가하고 있다. 자신에 대해 정확하게 파악하고 있는 사람은 그렇게 많지 않다. 대부분의 사람이 실패하는 원인이 여기에 있다. 따라서 자신의 능력과 자질을 올바르게 파악해 그것을 또 다른 장점으로 연결하는 노력이 필요하다. 노력의 과정이 험난할지라도 목표가 뚜렷하고, 미래를 자신의 이상에 이미지화하면 이미 정상에 서 있는 자신을 형상화(形象化)할 수 있다. 형상화하면 볼 수 있고, 믿게 되고, 더 크게 뚜렷한 현실을 위해 그 일을 계속할 것이다.

둘째, 좋아하는 것을 포기하고, 희생할 각오가 되어 있어야 한다.

소중한 것을 얻기 위해서는 희생해야 할 것이 점점 많아진다. 어렵고 힘든 일 자체가 희생의 담보를 요구하기에, 사람들은 여기서 무너지는 경우가 대부분이다. 성공은 먼저 "당신이 얼마만큼의 대가를 지불할 것인가?"라고 묻는다. 가족과 보내는 시간, 취미 생활, 친구를 만나는 시간, 맛집을 찾아다니는 시간, 여행하고 쇼핑하는 시간을 포기해야 할 만큼 가치 있는 일을 선택할 것인가?

이렇게 질문하는 사람도 있다. "성공하기 위해서 꼭 이렇게까지 해야만 하나요?" 나는 "당신의 능력이 나보다 두 배로 뛰어나면 그렇게 안 해도 됩니다. 그러나 지금까지 그런 사람을 본 적이 없습니다"라고 말한다. 중요한 사실은 성공은 당신의 에너지 일부분을 원하지 않고 전부를 원한다는 것이다.

그럼 전부를 투자한다고 해서 모두가 성공하는가? 그건 아니다. 능력 밖의 일을 하는 사람은 아니다. 그게 답이다. 임계점은 99에서 도달할 수 있는 것이 아니라 전부인 100을 원한다. 그런데 자신이 가진 에너지를 몽땅 쏟아부어도 100이 안 되는 사람이 있다. 1이 99를 위해서 존재한다고 생각하면 절대로 임계점을 통과할 수 없다, 99가 1을 위해 존재한다는 각오로 도전해야 성공할 수 있다. 사랑하면 99가지를 잃는다. 그런데 얻을 수 있는 한 가지가 바로 '사랑'이다. 사랑하면 포기해야 하는 것도 많고, 감당해야 할 것이 얼마나 많은지 모른다. 99가지가 한 가지의 사랑을 대체할 수 없기 때문이다.

셋째, 실패는 하나의 과정일 뿐이다.

임계점에 도전하는 것은 역기를 드는 것과 같다. 만만한 것을 들면 근육이 붙지 않을 뿐만 아니라 늘지 않는다. 그렇다고 의욕이 넘쳐 무리하게 시도하면 근육통이 올 수 있다. 처음부터 500파운드를 들려고 하면 안 된다. 300파운드에서 시작해 매일 1파운드씩 늘려간다는 목표로 시작해야 한다. 어느 시기까지는 무난하게 성공할 수 있을 것이다. 그런데 500파운드 가까이 되면 한계가 올 것이다. 그때는 매번 실패를 밥 먹듯이 할 것이다. 실패를 즐길 필요는 없지만, 지금의 실패는 다시 실패하지 않기 위해 시도한다는 것만 기억하면 된다. 1파운드 올리기가 499파운드를 드는 것보다 힘들 것이다. 499파운드가 1파운드를 위해 존재해야만 가능한 일이 된다. 따라서 우리는 실패하기 때문에 절대로 포기하지 않는 법을 배우게 된다. 포기하지 않는다는 말은 될 때까지 계속해서 시도하는 것을 말한다.

넷째, 안 된다고 하는 사람을 멀리하라.

무엇을 하려면 주변에 안 된다는 사람들이 있기 마련이다. 내가 직장 다니면서 박사 학위 공부하는 것은 모두가 불가능하다고 했다. 이론적으로는 맞는 말이다. 거의 모두가 중도에 포기했기 때문이다. 물리적으로도 직장 생활도 힘들어 포기하는 터에 무슨 재주로 몇 년 동안 수업 듣고 논문을 쓸 수 있겠는가? 넬슨 만델라(Nelson Mandela) 대통령의 "모든 것은 언제나 불가능하지만, 누군가 해낸다면 가능한 것으로 바뀐다"라는 말을 늘 기억하자.

다섯째, 플랜B를 만들지 마라.

우리 주위에는 "그건 안 돼, 힘든 것을 왜 하려고 하느냐"며 말리는 사람이 많다. 여러분에게만 하는 말이 아니기에 그냥 무시하면 된다. 여러분 주위에 제대로 성공해보지 못했던 사람이 많으면 많을수록 부정적인 말이 난무한다. 실패한 그룹이 '해낼 수 없다'고 말하면, 여러분은 반드시 '해낼 수 있다'는 뜻이다.

그런데 자신을 믿지 못하면, 내가 실패했을 때 출구를 만드는 플랜B를 찾고 믿게 된다. 인간은 출구가 없는 상태에서 더 좋은 아이디어가 나오고 좋은 성적을 낸다는 것이다. 내가 실패하면 부모님 집으로 돌아갈 플랜B가 있다면 반드시 플랜A를 포기하고 돌아가게 되어 있다. 믿는 구석이 있기 때문이다.

사람들이 도전하다가 플랜B를 생각하는 이유는 실패가 두렵기 때문이다. 만약 내가 실패한다면, '그다음은 어떻게 하지' 하며, 불안해한다. 극복하는 방법은 하나다. 실패를 두려워하지 말라. 실패하는 건 절대로 나쁜 게 아니다. 실패하지 않고 성공한 사람은 단 한 사람도 없기 때문이다. 야구 선수가 배트를 휘두른다고 해서 다 안타가 되고 홈런이 되지 않는다. 오히려 헛스윙할 때가 많고, 홈런보다 삼진을 당할 때가 몇 배나 많다. 축구 선수가 공을 골문으로 찬다고 해서 다 골인이 되지 않는다. 90분 내내 차도 한 골도 넣지 못할 때도 있다. 그러고 보면 우리 모두는 실패자다. 그럼에도 실패자가 아닌 것처럼 살아가지 않는가? 진짜 실패자는 아무런 도전을 하지 않는 사람이다. 실패하고 도전하고 또 실패하고 도전하는 루틴이 성공의 방식이다.

여섯째, 집중하라.

해야 할 일도 많고, 하고 싶은 일에 대한 유혹도 있지만, 그것을 다 물리치고 오로지 해야 할 일, 원픽(One pick)에 집중하는 것이다. 마치 야구에서 투수가 정확한 컨트롤로 공을 던지기 위해 공 하나에 자신의 모두를 쏟아붓는 것과 같다. 오목렌즈는 햇볕을 모아 종이를 태우지만, 볼록렌즈는 초점이 흩어져 빛을 모으지 못한다. 이처럼 우리가 한곳에 몰입하면 그곳에서 반전과 기적이 일어난다. 성공한 사람의 공통점이 있는데, 그것은 자기 일을 사랑하고 몰입하는 것 외에는 다른 플랜이 없다는 것이다.

헨리 포드는 "사람은 누구나 자기가 할 수 있다고 생각하는 것, 그 이상의 것을 할 수 있다"고 했다. 우리에게는 생각이라는 상상의 도구가 있어 의지대로 만들어갈 수 있는 능력이 있다는 말이다. 목표에 도전하지 않는다고 해서 도전하지 않는 것이 아니라, 단지 그렇게 보일 뿐이다. 인생 포기에 도전하는 것이다. 할 수 없는 약점을 가진 사람이 할 수 있는 장점을 가진 사람만큼 하기 위해서는 2~3배는 더 노력해야 한다는 사실을 알면 멀쩡하다는 게 얼마나 큰 축복인지 알고 그들의 반이라도 노력해야 한다. 약점을 강점으로 만들기 위해서는 절대적인 시간이 필요하다. 약점을 강점으로 바꾼 사람들 때문에 우리도 할 수 있다는 용기를 얻고, 멀쩡한 사람들도 각성하고 반성한다. 옳은 일에 집중할 시간도 부족한데, 허튼 일에 시간을 낭비하면 남는 것은 후회밖에 없다. 일은 집중을 통해서만 성과가 나타나기 때문이다.

일의 의미와 가치를
어디에서 찾는가?

"직장 생활을 하면서 고민이 무엇인가?"라고 질문하면, "딱히 고민하고 있는 것이 없다"고 하는 사람이 있다. 지식에 대한 열망이 없고, 성장이 정체되어 있다는 말이다. 고민이 많다고 반드시 좋은 것은 아니지만, 일을 잘하려면 스트레스를 동반하는 문제가 있기 마련이다. 왜냐하면, 일을 잘하기 위한 지식의 탐구는 한계가 없기 때문이다. 과제를 스스로 해결하기 위해 목표를 세워 하나하나 고민거리를 찾아 나서면 문제를 뛰어넘어 새로운 시각이 열리고, 다르게 생각하는 힘이 생기는 것을 발견할 수 있다. 자신이 성장하고 있다는 것은 이런 것이다.

직장 생활에서 '성장의 기쁨'이 주는 것만큼 가치 있는 것은 없다. 실제로 부딪치고 경험하면서 공부해야 할 것이 한두 가지가 아니지만, 성장의 기쁨이라고 여기면 일을 사랑하게 되고 지치지 않는다. 때로는 직장에서 시키지도 않은 일을 하고, 아이디어를 내고, 고민거리를 만들어서 일하는 사람이 있다. 반면에 아무런 생각 없이 남들과 같이 회사에 출근해서 열심히 일은 하지만, 습관화된 일상에서 경력이 쌓이고 직업이 만들어진다고 볼 수는 없다. 자신을 습관적 자아와 동일시하는 경우가 많다. 그 이유는 자신의 익숙한 환경에서 벗어나지 않아도 되기 때문이다.

사람에게는 할 수 있는 일과 할 수 없는 일이 엄연히 존재한다. 할 수 있는 일은 더 잘하도록 노력하고, 할 수 없는 일이라는 것을 알았을 때 즉시 포기해야 한다. 의도된 포기는 새로운 일에 집중하기 위한 또 다른 선택이다.

PGA(미국 프로골프협회)가 선수를 선발할 때, 비거리부터 본다. 거리는 어느 시점이 지나면 연습해도 늘지 않기 때문이다. 즉, 어릴 때부터 노력하지 않으면 비거리를 늘리지 못한다는 말이다. 거리가 나가면 방향만 바꾸는 연습만 하면 된다. 방향은 수정·보완이 언제든지 가능하기 때문이다. 공을 멀리 보내려면 높이 띄워야 한다.

할 수 있는 일과 없는 일이 사람에 따라 다를 수가 있고, 생각하고 노력해 보지도 않고 포기하는 것은 경계해야 한다. 꿈을 크게 가지고 멀리서 보면 한눈에 들어오는 것이 많다. '높이 나는 새가 멀리 본다'는 말이 있다. 꿈을 높은 데 설정하면 주변에서 벌어지는 사소한 문제는 눈에 들어오지도 않는다. 이전에 고민했던 것이 지나고 보면 부스러기에 불과한 고민을 위한 고민이었다는 것을 알게 된다. 일을 못하는 사람이 고민하고 생각을 많이 해야 할 것 같은데, 역설적으로 일을 잘하는 사람이 고민하고 생각을 더 많이 한다. 가난한 사람이 생각을 더 많이 하고 노력해야 하는데, 오히려 부자가 생각을 더 많이 하고 노력하는 것과 같다.

의미 있고 가치 있는 일을 할 수 있다면 돈을 많이 벌면 벌수록 여러 사람들에게 혜택이 돌아간다. 돈으로 할 수 없는 것보다, 할 수 있는 것이 훨씬 많기에 부자가 되려고 하는 것이다. 특히, 전에 할 수 없었던 것을 할 수 있을 뿐만 아니라, 경제적 자유를 누릴 수 있다. 하기 싫은 일은 안 해도 되는 자유와 의미 있고 가치 있는 일을 할 수 있는 기쁨이 있다. 똑같은 돈이라도 어디에 어떻게 누구에게 쓰이느냐에 따라 돈의 가치는 완전히 달라진다.

내가 선교 여행을 갔던 콩고, 말리, 잠비아 어린이들은 먹을 것이 부족해 하루에 한 끼로 연명하고 있었다. 식수를 길러오려고 2~4km 거리를 하루에 3~4번 왕복하고 있었다. 그렇다고 깨끗한 물도 아니다. 그들은 이 일을 하느라 학교에도 못 간다. 15m만 파면 식수를 얻을 수 있는데, 우물을 팔 수가 없어 더러운 물을 마시고 있다. 하루에 3~4달러만 있으면 굶지 않고 공부도 할 수 있다. 우리가 흔히 마시는 커피 한 잔 값이다. 이 실상을 보는데도 아무 감정이 없다면 부자가 되어서 무엇을 하겠는가? 돈만 있다고 부자가 되는 것은 결코 아니다.

내게도 똑같은 아이가 자라고, 가르치는 아이가 있다면, 지구 반대편이라고 나와 상관이 없는 일로 여기면 안 되는 이유는 우리나라도 50년 전만 해도 지구 반대편에 있는 나라들이 기꺼이 도움의 손길을 주어서 이만큼 성장했기 때문이다. 세상에서 가장 불쌍한 사람은 아프리카 어린이가 아니라 '돈을 소유로 여기며, 돈을 어디에 써야 하는지 모르는 사람'이다. 나는 대학교 때 처음 아프리카에 다녀와서 내가 할 수 있는 일이 무엇인지 알게 되었다. 그때 직장에서 성공해 부자가 되어야겠다고 생각했다. 돈은 내가 할 수 없는 생명을 살리고, 내가 갈 수 없는 곳에 가고, 내가 할 수 없는 시간에 일할 수 있다. 돈이 할 수 있는 일이 내가 할 수 있는 것보다 비교가 안 될 정도로 많다. 내가 하지 못하는 일을 하도록 돈을 많이 벌어야 한다.

배는 항구에서 더 안전하지만, 그것이 배의 존재 이유가 아니듯이 부자가 되려고 하는 것이 그저 잘 먹고, 잘 사는 것이 목적이 되면 의미 없는 인생이 된다. 배가 폭풍우를 뚫고 안전하게 목적지에 데려다줄 때 비로소 가치를 증명하는 것과 같다. 마음을 주고 나눌수록 풍성해지고 줄지 않는 것처럼, 돈도 가치 있게 사용하면 줄지 않는다는 믿음이 필요하다.

과거는 '해석'에 따라, 현재는 '행동'에 따라, 미래는 '결심'에 따라 얼마든지 바뀔 수 있다. 문이 아무리 많아도 열지 않으면 그냥 벽이다. 할 수 있는 대로 많은 벽을 두들기고, 되도록 많은 문을 열어볼 용기를 가져라. 회사에서 중대한 프로젝트가 있으면 지원자를 모집하고 이 일을 충분히 돌파할 능력 있는 사람을 찾는다. 능력도 중요하지만 일에 두려움이 없이 뛰어들 수 있는 용기 있는 사람이 필요하다. 용기는 할 수 있다는 자신감에서 비롯되기 때문이다.

기업은 경력 직원을 채용할 때 미래를 담보해줄 과거의 개인 능력을 평가하기 위한 객관적 기준이 되는 자료 즉, 레퍼런스를 본다. 남들과 다른 실적을 거둔 적이 있는가? 진취적이고 적극적인 업무 태도로 좋은 평판을 받고 있었는가를 본다. 스펙이 좋다면 일터에서 입증해온 '실적'을 보고 싶어 한다.

회사는 미래에 잠재적 역량을 발휘할 수 있고, 기회를 만들어갈 수 있는 인재라고 여기면 스카우트에 돈을 아끼지 않는다. 젊은이들은 취직이 안 되어서 난리지만, 기업 인사 담당자는 채용할 만한 인재가 없다고 한다. 고용 시장은 결혼 시장과 비슷한 구석이 있다. 구직자는 자기 능력보다 더 좋은 직장을 구하려고 하고, 회사는 제공할 수 있는 대우보다 더 나은 지원자를 채용하고 싶어한다. 서로의 기대의 차이가 불균형을 만든다. 이 불균형이 지속되면서 구직난 속의 구인난이 생겨나는 것이다. 맞선 자리에서도 비슷한 일이 자주 발생한다.

하지만 고용과 결혼 간의 차이점도 있다. 처녀총각에게 "안 맞으면 나중에 이혼하면 되니까, 서로 눈높이 낮추어서 일단 결혼해봐"라고 할 수 없지만, 취업 희망자에게는 "나중에 기회가 많으니, 일단 시작해봐" 하고 조언할 수 있다.

펩시의 CEO인 로저 엔리코(Roger A. Enrico)는 "어떤 결정을 내려야 할 때 가장 좋은 것은 올바른 결정이고, 다음으로 좋은 것은 잘못된 결정이며, 가장 나쁜 것은 아무 결정을 하지 않는 것이다"라고 했다.

　사람들은 SNS나 유튜브 등에 너무 많은 사람의 '소리'를 듣다 보니 결국, 자신의 '결정'에 확신이 없고 뒤로 미루게 된다. 목표를 향해 가야 할 길보다 눈앞에 있는 일에 매달리게 된다. 문제를 문제로 보면 문제에 가려 해결할 수 있는 게 아무것도 없다. 문제가 크게 보이기 시작할수록 할 수 있는 일은 점점 줄어든다.

　스티브 잡스는 "기회가 오기를 기다리지 말고 기회를 만들라"고 했다. 해 뜨는 것을 먼저 보려면 해 뜨기를 기다리지 말고, 일찍 해 뜨는 곳으로 가야만 해를 먼저, 그리고 오래 볼 수 있다. 기회는 현재에서만 존재하는 유일한 시간이다.

　축구를 잘하는 사람은 공이 오기를 기다리지 않고, 공이 오는 길목을 알고 그곳에 있다. 축구를 못하는 사람은 공을 열심히 따라다니다가 금방 지쳐서 주저앉는다. 그리고 주위 사람에게 자기에게 패스해주지 않는다고 원망한다.

　현재는 기회를 통해 미래를 열어갈 상상에서 시작되고, 미래는 현재에서 시작한 기회가 완성되는 시간이다. 그래서 미래학자 앨빈 토플러는 "미래는 예측하는 것이 아니라 상상하는 것이다"라고 했다. 그는 앞으로 펼쳐질 미래사회는 이전과 전혀 다른 세상이 될 것이며, 지식을 가진 사람이 기회를 얻게 될 것이라고 했다. 우리는 지식을 가질 기회를 놓치지 말고, 지식을 가진 사람은 기회에서 일의 의미와 가치를 찾는다. 기회는 모두에게 똑같이 주어지지만, 내가 어떤 판단으로 일의 의미와 가치를 측정하고, 행동할지를 결정하는 시간이다.

　변화에 초점을 맞춘다고 해도 인생에서 '완벽한 때'는 오지 않기 때문에 예측할 수 있는 것은 거의 없다. 그리고 내가 완벽하지 않기 때문에 완벽한 때는 당연히 존재하지 않는다. 다만 내게 주어지는 기회를 통해 만들어갈 뿐이다.

학창 시절, 1등을 할 기회가 없어서 1등을 하지 못한 것이 아니다. 기회가 널려 있으니 기회의 소중한 가치를 몰랐을 뿐이다. 지나고 보면 그런 기회가 점점 소중해지는 이유는 '이렇게 살면 안 된다'는 것을 나를 통해 학습하고 피드백을 받기 때문이다. 그런 내가 어느덧 어른이 되어 자녀들에게 1등을 하라고 하지는 않는가? 자기가 몇 등을 했는가 생각해보면 어떤 말을 해야 할지 금방 알 것이다. 부모의 눈에는 자기 자식이 공부를 조금만 더 하면, 충분히 1등을 할 것같이 보인다. 그런데 아이는 자신이 1등을 할 수 없다는 것을 잘 알고 있기에 엄마가 생각하는 기회가 나에게 적용되지 않는다는 것을 안다.

두 부류의 사람이 있다. 기회를 받아들일 수 있도록 준비된 사람이 있는 반면, 기회가 주위에 널려 있어도 잡을 수 없는 사람이 있다. 따라서 어떤 사람은 이렇게 살면 안 된다는 것을 평생 보여주고 죽고, 어떤 사람은 이렇게 살면 성공한다는 것을 평생 보여주고 죽는다. 여러분은 어떤 사람이 되고 싶은가?

생각이 행동으로 연결되는 정신적 거리가 천리(千里)보다 먼 사람이 있고, 지척에 있는 것처럼 가까울 수도 있다. 그런데 간단한 것 같은데, 판단하고 결정하기가 쉽지 않은 것도 있다.

내가 좋아하는 사람을 만나야 하는가?
나를 좋아하는 사람을 만나야 하는가?

일반적인 만남에서는 만나보지 않으면 어떤 결정이 좋은지 알 수가 없다. 그러나 일에 있어서는 둘 다 틀렸다. 내게 '필요한 사람'을 만나야 한다. 연애할 때는 내가 좋아하는 사람이 나를 좋아하면 최상의 시나리오다. 그 어떤 것도 실패의 길은 넓고, 성공의 길은 좁다. 성공의 길이 실패의 길이 될 수 있고, 실패의 길이 성공의 길이 될 수 있다.

나는 대학 때 아르바이트를 해서 번 수입이 일반 회사원보다 좋았던 때가 있었다. 돈에 맛이 들어 때로는 수업까지 빼먹으면서 과외를 다녔다. 경제적으로 넉넉하다 보니 위기 의식이 없어 공부를 게을리하게 되었다. 그것이 성공의 길이라 여겼는데, 지나고 보면 실패의 길이었다. 과외 금지령이 내리지 않았으면 내가 어떤 길을 갔을지 생각만 해도 아찔하다.

막상 현실에서 돈을 포기하고 제자리로 돌아오기가 쉽지 않았다. 직장에서 고생하느니 학원을 차려볼까도 생각했다. 당장 수입에 눈이 멀어 꿈꾸던 미래를 포기하는 우를 범하면 안 된다. 돈은 의미와 가치를 창출할 수도 있지만, 젊은 날의 경제적 풍요는 때로는 독이 될 수 있다. 청년이 가야 할 길을 막아 버리고, 절실함을 잊게 만든다.

직장인이 경제적 자유를 성취하기 위한 가장 좋은 방법은 직장에서 인정받는 것이다. 성과를 내면 인정받게 되고, 승진이라는 보상이 주어진다. 에너지를 다른 데 집중하는 사람들은 직장에서 인정받기도 힘들고, 승진이 요원한 것처럼 보이는 사람들이 성급하게 투자에 손을 댄다. 사실 투자가 직장에서 성과를 내는 것보다 더 힘들 수도 있다. 시간을 투자하고, 종목을 분석하고, 재테크 서적을 열심히 읽고 공부해도 성공한다는 보장이 없다. 투자는 금방 손에 잡힐 것 같지만 손에 쥐고 있는 모래가 빠져나가듯 멀어진다.

회사가 주는 기회를 활용해서 나의 기술과 노하우를 쌓아 회사에 기여해 보자. 회사 일을 한다고 생각하지 말고 '내 일'을 한다고 생각하라. 내가 일했던 노하우는 회사에 남는 것이 아니라, 내게 남기 때문에 최선을 다할 필요가 있다. 만약에 직장을 옮긴다면, 전 직장에서 터득한 노하우, 기술, 성과 등 경험한 인사이트가 그대로 내게 남아 있다. 그 일을 회사에서 했지만, 내가 했던 내 일이기 때문이다. 그것은 어디에서 왔는가? 회사를 위해 일한다고 하면서 수행했던 일에서 왔다. 싫어했던 일을 억지로 했던 것까지도 전부 나의 자산이 된다. 따라서 일의 의미와 가치를 내게서 찾아야 한다. 따라서 전 직장에서 동료나 윗사람이 마음에 안 든다고 해서 하던 일을 그만두면 안 된다. 지금까지 했던 일은 그들의 일이 아니라 내 일이기 때문이다.

직장에서 인간관계 설정에 힘들어하는 사람이 의외로 많다. 직장에서는 자기가 좋아하는 사람을 골라서 일할 수 없다. 거의 매일 옆에 있는 게 익숙해지다 보면 동료의 소중함을 잊어버리게 된다. 옆에 동료가 어느 날 없을 때 아쉽고 생각이 난다면, 내 중심으로 살았다는 것을 반증한다.

상대방을 바라볼 때 "나도 괜찮지만, 당신은 더 괜찮은 사람이다"라고 말해주면 당신에게 괜찮은 사람이 되기 위해 상대도 노력할 것이다. 먼저 마음을 열면 상대방도 기다렸다는 듯이 마음을 연다. 그렇게 하지 못하는 여러 가지 이유와 핑계가 있겠지만, 절대로 변명할 수 없는 이유는 누구나 내어줄 마음이 있고, 배려해줄 인성이 있기 때문이다.

인간관계에서 벌어지는 일은 누구나 충분히 해결할 수 있는 능력이 있다. 할 수 없는 일이 있다면 회복할 수 있는 타이밍을 놓쳐 해결할 수 없는 일이 되어버린 경우다. 살아가면서 좋은 인간관계를 갖기 위해서는 도움이 되지 않는 인간관계를 끊을 수 있는 용기도 필요하다.

할 수 없는 일은 기회가 오지 않는다. 할 수 없는 일은 결국, 안 되는 일기 때문이다. 할 수 있는 일에 기회가 있고, 누구에게나 도전을 허용하고 길을 만들어가도록 기회를 부여한다. 기회는 지금도 여러분을 기다리고 있다. 그 기회를 이용할 때 의미와 가치 있는 삶을 살 수 있다는 사실을 꼭 기억하기를 바란다.

'좋아하는 일'과 '잘하는 일'은 다르다

직장 생활 이대로 괜찮을까요?

제1판 1쇄 2023년 11월 23일

지은이　데이브 신
펴낸이　최경선　**펴낸곳**　매경출판(주)
기획제작　㈜두드림미디어
책임편집　우민정　**디자인**　얼앤똘비악earl_tolbiac@naver.com
마케팅　김성현, 한동우, 구민지

매경출판㈜
등록 2003년 4월 24일(No. 2-3759)
주소 (04557) 서울시 중구 충무로 2(필동1가) 매일경제 별관 2층 매경출판㈜
홈페이지 www.mkbook.co.kr
전화 02)333-3577
이메일 dodreamedia@naver.com(원고 투고 및 출판 관련 문의)
인쇄·제본 ㈜M-print 031)8071-0961
ISBN 979-11-6484-635-1 (03190)